Klaus Grot

# So war's, damals

## Dienstchronik eines Pionieroffiziers

## im

## Kalten Krieg

## 1954-1991

# Klaus Grot

# So war's, damals

## Dienstchronik eines Pionieroffiziers
## im Kalten Krieg
## 1954-1991

2014

Carola Hartmann Miles-Verlag

CIP-Kurztitelaufnahme der Deutschen Nationalbibliothek:

Klaus Grot: So war's, damals. Dienstchronik eines Pionieroffiziers im Kalten Krieg 1954-1991, Berlin 2014

Carola Hartmann Miles-Verlag, 2014
ISBN 978-3-937885-77-3

Titelbild: Klaus Grot
Herstellung: Books on Demand, Norderstedt

© Carola Hartmann Miles-Verlag,
George-Caylay-Str. 38, 14089 Berlin
(email: miles-verlag@t-online.de; www.miles-verlag.jimdo.com)

Printed in Germany
ISBN 978-3-937885-77-3

„Es gibt keine so erfreuliche Betätigung wie die soldatische: Erstens sind die Kräfte, die sie in Anspruch nimmt, edel (denn von allen Tugenden ist der Mut die stärkste, die höchste und die stolzeste). Zweitens ist der Anlaß edel: nirgends ist der Nutzen, der erstrebt wird, so gerecht und so allgemeingültig, wie wenn es um den Schutz der Ruhe und der Größe des eigenen Landes geht. Wie schön ist es doch, die Gemeinschaft mit vielen hochgemuten, jungen tatkräftigen Männern zu fühlen und immer wieder tragischen Schauspielen zusehen zu dürfen; es bildet sich eine freie, ungekünstelte Kameradschaft; es wird eine männliche Haltung ohne viel Umstände verlangt; dazu kommt die Buntheit des vielseitigen Geschehens; der anfeuernde Klang der Kriegsmusik, die belebt und Ohren und Herz wärmt; ein weiterer Reiz liegt darin, daß Ehre mit einem solchen Einsatz verbunden ist, ja sogar darin, daß er so hart und so schwierig ist."

*Montaigne, Die Essais, Drittes Buch*

Der Autor Oberstleutnant a.D. Klaus Grot 1961

# Inhaltsverzeichnis

# Vorwort

Der Kalte Krieg liegt schon mehr als zwanzig Jahre hinter uns. Obwohl es nicht zu einer bewaffneten Auseinandersetzung kam, haben die Führer auf verschiedenen Ebenen ohne Zweifel die Unsicherheiten dieser Periode gefühlt und sollten diese Zeit nicht vergessen.

Im Gegensatz zu früheren Kriegen gibt es kaum Literatur über die Jahre 1950-1990. Allerdings gab es weniger lebensgefährliche Situationen für den Soldaten, aber viele Ereignisse sind es wert, beschrieben zu werden.

Oberstleutnant Grot hat in diesem Buch seine Karriere als Pionieroffizier beschrieben und dabei auch seine Beobachtungen und Erfahrungen aus seiner Dienstzeit hinzugefügt. Sehr ehrlich hat er seine Ideen geäußert und Vorschläge gemacht. Leider haben seine Vorgesetzten dies nicht immer gewürdigt.

Die Beschreibung seiner militärischen Laufbahn hat Herr Grot mit zwei Themen ergänzt, die ihn besonders während seiner Zeit beim Territorialheer beschäftigt haben. Es handelt sich dabei um Sperren und Hindernisse. Dabei beschäftigt er sich nicht nur mit Theorie und Praxis seiner Zeit, sondern auch mit der Entwicklungsgeschichte in Deutschland und anderer Länder.

Als Pionieroffizier außer Dienst habe ich die Zusammenarbeit mit den Deutschen Kameraden in guter Erinnerung behalten. Dreimal war ich in Deutschland stationiert. Beim ersten Mal kam ich auch während der Flutkatastrophe 1962 in Hamburg und dem Alten Land zum Einsatz. Das letzte Mal war ich Kommandeur des 41. Geniebataljon in Seedorf. In dieser Zeit gab es mit dem Pionierbataillon 120 in Barme/Dörverden eine enge Partnerschaft. Dabei fanden regelmäßige Übungen, Studien und sportliche Wettkämpfe statt.

In diesem Zusammenhang muss auch auf die vorzügliche Zusammenarbeit mit den Offizieren und Unteroffizieren der VBK und Wallmeister hingewiesen werden.

Ich habe das Buch mit Vergnügen gelesen. Oberstleutnant Grot verdient Lob für seine Initiative, andere Leute an seinen Erfahrungen und seinem Sachver-stand teilhaben zu lassen.

Waddinxveen/ Niederlande  
Februar 2014

Drs. Ing. T. de Kruijf  
Generaa-majoor der Genie b.d.

# 1.    Einführung

Zum Ende seines Lebens blickt Oberstleutnant a.D. Grot auf 36 Dienstjahre zurück, in denen er ohne die Ausbildungszeit berechnet, auf 19 verschiedene Verwendungen zurückblicken kann. Diese führten ihn in jungen Jahren zunächst in den Truppendienst vom Zugführer bis zum Kompaniechef in einer selbständigen Panzerpionierkompanie. Danach fand er in hohen Stäben der Bundeswehr Verwendung. Die Versetzung zum Kommando der Territorialen Verteidigung und dort zur Spezialstabsabteilung Pionierwesen führte ihn in das territoriale Pionierwesen ein, dem er bis zu seiner Zurruhesetzung in verschiedenen Funktionen dienen sollte.

Einundzwanzig Jahre nach der Wende hat sich das Bild der Bundeswehr völlig gewandelt. Von der umfangreichen Organisation des deutschen Territorialheeres ist kaum noch etwas vorhanden. Die bis dahin unter großem finanziellen Aufwand errichteten Anlagen der territorialen Landesverteidigung sind größtenteils entfernt. Vieles, was damals geleistet wurde, ist heute vergessen. Zwar gibt es Untersuchungen zur Geschichte einzelner Truppen- oder Waffengattungen oder zur Entstehung von Operationsplänen hoher oder höchster NATO-Kommandobehörden aber Berichte zur Aufstellung von Truppenteilen, den dabei aufgetretenen Schwierigkeiten, dem täglichen Dienstablauf sind selten. Dasselbe trifft auf den Dienst des Territorialheeres zu. Wer weiß heute noch um die Probleme der Sperrbearbeitung zum Beispiel auf dem Staatsgebiet der Freien und Hansestadt Hamburg. Um ein wenig Licht in die Vergangenheit zu bringen, bemüht sich der Verfasser, seine Erlebnisse und Erfahrungen dem Vergessen zu entreißen, um so der Gegenwart zu zeigen, wie es damals war. Viele der damals agierenden Kameraden weilen nicht mehr unter uns. Deren Mühen, Leistungen und Anstrengungen gilt es sich zu erinnern.

Am Ende seiner Dienstzeit hat sich der Verfasser geäußert, dass er seinem Schicksal dankbar ist, alles das, was er als Soldat gelernt hat, nicht anwenden zu müssen. Dieser Fall wäre für Deutschland zur Katastrophe geworden und hätte die Kulturnation Deutschland ausgelöscht.

Am 30. März 1934 wurde Klaus Grot in einer Welt voller Unruhe und Gewalttätigkeiten hineingeboren. Er wuchs in einem Umfeld voller sozialer Schwierigkeiten auf. Vor seiner Geburt wurde sein Vater wegen politischer Unzuverlässigkeit aus dem Polizeidienst entlassen und musste sich mit Hilfsarbeiten durchs Leben schlagen. Später wurde er wegen Hochverrats zu zweiein-halb Jahren Zuchthaus verurteilt. Demzufolge zog seine Mutter mit ihrem Sohn zu ihrer Mutter, die in Barmbek ein kleines Geschäft mit der Herstellung von Strickwaren betrieb. Weil sie Socken und Pullover für die Wehrmacht herstellte, galt das Geschäft als Wehrwirtschaftsbetrieb. Während sich Grots Großmutter seit 1915 als Kriegswitwe mit zwei kleinen Kindern – sie erhielt 50,00 Mark Kriegerrente – mühsam durchs Leben schlagen musste, war Grots anderer Großvater als Tischler tätig. Während Grots eine Großmutter ihrem gefallenen Ehemann nachtrauerte, schwärmte sein anderer Großvater von seiner Militärdienstzeit in Graudenz am Ende des 19. Jahrhunderts.

Die Zeichen der Aufrüstung vor dem II. Weltkrieg waren in Hamburg nicht zu übersehen. Überall entstanden in Hamburg neue Kasernen. Es fanden Waffenschauen und Aufmärsche statt. In den wenigen Zeiten, in denen Grots Vater sich um die Erziehung seines Sohnes kümmern konnte, folgte er dabei den Grundsätzen des Soldatischen, unter dem seine Ausbildung zum Polizeioffizier in Hamburg stand. Pflichtbewusstsein und Härte gegenüber sich selbst stand an vorderster Stelle. Im Grunde genommen wuchs Grot in einer militärisch geprägten Welt auf. Viele seiner Verwandten wurden als Soldaten eingezogen, so dass der Soldatenstand in dieser Welt als normal galt.

Insgesamt war es eine Welt, wie sie heute schwer vorstellbar ist. 1943 wurde Grots Vater als Wehrunwürdiger (Zuchthäusler) trotzdem eingezogen. Er kam in das Bewährungsbataillon 999 Heuberg und wurde nach der Ausbildung auf die griechische Insel Zante verlegt. Sehr einschneidend für ihn war der Rückmarsch 1944 durch den Balkan, der 1945 in der jugoslawischen Gefangenschaft endete. 1956 aus der Kriegsgefangenschaft entlassen, begann er sofort wieder seinen Dienst in der Hamburger Polizei.

Dies erlebte Grot sehr intensiv mit. Während im III. Reich im Elternhaus kein Wort zur politischen Lage fiel, weihte ihn seine Mutter erst kurze Zeit vor der Kapitulation Deutschlands in die Verfolgung seines Vaters durch die Machthaber ein.

Grot erlebte den Einmarsch der britischen Truppen 1945 in Dassendorf. Er hat dies damals nicht als Befreiung empfunden. Zu tief hatte sich die NS-Ideologie schon eingeprägt.

Der demokratische Neuanfang Deutschlands erfolgte durch die herrschende Not zögerlich. 1947 begann für Grot in Hamburg ein neuer Lebensabschnitt durch den Besuch des Oberbaus (Mittelschule). Er hatte dort das

Glück, durch bürgerliche, lebenserfahrene Lehrer unterrichtet zu werden. Gleichzeitig erlebte er die ersten Schritte des Staates auf dem Wege zur Demokratie.

Ende der vierziger Jahre wurde er Mitglied des Bundes der Freien Pfadfinder. Sein Stamm setzte sich intensiv mit der Zeit des III. Reiches auseinander und gab sich den richtungsweisenden Namen „Stauffenberg". Es war auch die Zeit der beginnenden ideologischen Auseinandersetzung in Deutschland. 1951 begann Grot eine Maschinenschlosserlehre bei der Firma Heidenreich und Harbek. Die Arbeiterschaft war durchweg vom Krieg geprägt. In den Pausen waren die Kriegserlebnisse in Russland das beherrschende Thema. Zum Ende der Lehrzeit kam in der neuen Bundesrepublik das Thema Wiederaufrüstung auf.

Grot hatte sich längst entschlossen, dieser Republik als Soldat zu dienen. Das war zum Ende seiner Lehrzeit 1954 nicht möglich, da es noch keine Bundeswehr gab. Also wählte er zunächst den Bundesgrenzschutz. Bestärkt fühlte sich Grot durch alte Reichsbannerkameraden seines Vaters, die der Meinung waren, dass auch einer von „uns" sich den Streitkräften zur Verfügung stellen sollte und nicht nur von der konservativen Seite. Durch Familienschicksale ließ er sich nicht abschrecken.

Bei seinem Eintritt in den Bundesgrenzschutz war Grot fest entschlossen, die Offizierslaufbahn anzustreben. Die Aussichten dazu waren jedoch gering, da der BGS nur Offiziersanwärter mit Abitur einstellte. Grot dagegen hatte die Schule mit der Mittleren Reife verlassen und konnte auf eine abgeschlossene Berufsausbildung verweisen. Er musste sich also aus dem Mannschaftsstand hochdienen. Dazu kam ihm die Wiederaufrüstung in der Bundesrepublik mit ihrem großen Bedarf an jungen Offizieren zur Hilfe.

## Danksagung

Wesentlich zur Herausgabe dieses Erinnerungsberichtes hat der Einsatz des Oberstleutnant a. D. Jochen Schmidt aus Schwerin beigetragen. Daher sei an dieser Stelle ihm ein herzlicher Dank und Pioniergruß ausgesprochen. Der Verfasser und Schmidt haben sich nach der Wende schätzen gelernt. Daraus entstand eine Pionierkameradschaft, die bis zum heutigen Tage gehalten hat.

Wenn die Nation sich selbst verteidigt, verteidigt sie alle Familien, die Freiheit, die Sicherheit, die Würde aller. Und alle müssen ihrem Rufe folgen. Es ist die Gerechtigkeit selbst, die sie ruft. Sie lassen ihr Haus nicht im Stich: sie schützen und sie adeln es. Und überdies, als Väter werden sie mehr für ihre Kinder getan haben, wenn sie ihnen eine freie Zukunft in einem freien Vaterlande sichern, als wenn sie ihnen aus feiger Zärtlichkeit die zweifelhafte Fürsorge eines ehrlosen Familienhauptes erhalten, in einem Vaterlande, das durch seine Schuld geknechtet und allen Gefahren ausgeliefert ist. Jean Jaurès

## Zur Wehrpflicht

Grot hatte während seines Dienstes als Zugführer und Kompaniechef in der Pioniertruppe fast ausschließlich mit Wehrpflichtigen als Untergebene zu tun. Diese Männer kamen aus allen Schichten der Gesellschaft der Bundesrepublik. Sie kamen aus Arbeiterfamilien, aus der Mittelschicht, aber auch als Söhne von Unternehmern. Sie waren politisch soweit vorgebildet, dass sie den Dienst aufgrund der Bedrohung aus dem Osten einsahen und sich ihm stellten. Kritische Stimmen waren selten, obgleich der Dienst nicht immer einfach und abwechslungsreich war. Dabei waren sie durchaus kritisch und vertraten offen ihre Meinung. Diese Offenheit erleichterte es oft den Vorgesetzten, einzuschätzen, welchen Sinnes die Männer waren und was von ihnen zu erwarten war. Die Einführung des Wehrersatzdienstes wirkte sich dabei durchaus positiv aus, weil dadurch gewissermaßen die Spreu vom Weizen getrennt wurde. Die Schwierigkeiten, die Grot in der 4./-(amph) PiBtl 11 hatte, widersprechen den aufgeführten Erfahrungen nicht, denn sie begannen, als die Kompanie zur Strafkompanie gemacht wurde, in die alle disziplinar auffälligen Pioniere des Bataillons versetzt wurden. Erfahrungen aus anderen Einheiten, die nicht so belastet waren, bestätigen dies. Grundsätzlich muss festgestellt werden, dass die Wehrpflichtigen das Rückgrat der Bundeswehr bildeten, denn ohne sie wäre eine Aufstellung der Bundeswehr in dieser Größe nicht möglich gewesen, von dem Aufwuchs der Streitkräfte im Verteidigungsfall nicht zu sprechen. Der Dienst der Wehrpflichtigen in der Bundeswehr kann aber auch als Bekenntnis zu dem Staat, in dem wir leben, gesehen werden. Die Aufhebung der Wehrpflicht muss dabei als schwerer Schlag gegen die Bereitschaft, sich für diesen Staat einzusetzen, gesehen werden. Sie ist auch ein schwerer Schlag, die zur Schwächung der Wehrbereitschaft des deutschen Volkes führen wird. Zur Abschaffung der Wehrpflicht wird auch von Generalen, aber auch von anderen aufgeführt, dass Deutschland der Feind ausgegangen sei. Oberflächlich betrachtet mag das stimmen. Wir leben aber in einer unruhigen Welt, die voller Spannungen ist, deren Auswirkungen und deren Konflikte kein Mensch voraussagen kann. Dazu kann auch gehören, dass die inneren Spannungen in der Republik derart anwachsen, dass sie von den Ordnungskräften der Republik nicht mehr beherrscht werden können, so dass die Bundeswehr eingreifen muss. Wenn man bedenkt, dass die Bundeswehr derzeit nur aus Freiwilligen, also Söldnern besteht, können bei Betrachtung der deutschen Geschichte des 20. Jahrhunderts böse Vorahnungen aufkommen. Wehrverbände und auch Freikorps lassen grüßen.

# 2. Militärischer Werdegang

| | |
|---|---|
| 15.11.1954 | Eintritt in den Bundesgrenzschutz |
| 01.07.1956 | Übernahme in die Bundeswehr als Fahnenjunker |
| 01.10.1956 – 28.02.1957 | Fahnenjunkerlehrgang HOS I |
| 28.02.1957 | Beförderung zum Leutnant |
| 01.03.1957 – 30.09.1957 | Fähnrichlehrgang Pionierschule |
| 01.10.1957 – 28.02.1959 | PiBtl 3 Zugführer |
| 01.03.1959 – 30.09.1959 | PiBtl 11 Zugführer |
| 01.10.1959 – 30.09.1961 | PzPiKp 330 Zugführer |
| 01.10.1961 – 30.09.1963 | PiBtl 11 Kompaniechef |
| 01.10.1963 – 30.09.1964 | PzPiKp 360   Kompaniechef |
| 01.06.1964 | Beförderung zum Hauptmann |
| 01.10.1964 – 30.09.1965 | III. Korps S3 / Luft |
| 01.10.1965 – 31.05.1966 | FrwAnSt II  PrüfOffz |
| 01.06.1966 – 31.03.1968 | 5. PzDiv  3 Org |
| 01.04.1968 – 31.12.1969 | KTV  iOffz |
| 01.01.1970 – 30.09.1970 | HA PiOffz |
| 01.10.1970 – 31.03.1972 | VBK 36 PiStOffz |
| 02.12.1970 | Beförderung zum Major |
| 01.04.1972 – 30.09.1978 | WBK III PiStOffz (Sperrdezernent) |
| 20.12.1972 | Beförderung zum Oberstleutnant |
| 01.10.1978 – 18.04.1982 | VBK 20 und StOK Bremen  PiStOffz |
| 19.04.1982 – 31.03.1991 | VBK 10 und StOK Hamburg Ltr Pi DstGrp 10 |

# 3.    Als Grenzjäger im Bundesgrenzschutz

Am 15. November 1954 trat Grot seinen Dienst im Bundesgrenzschutz in der Waldersee-Kaserne zu Lübeck an. Die Personalauslese war streng. Von 100 Bewerbern wurden 5 ausgewählt. Die meisten Bewerber fielen bei der Gesundheitsprüfung durch. Lübeck war Grots erste Garnison. Die alte Stadt hatte durch die Luftangriffe schwer gelitten, wenn auch große Teile erhalten geblieben waren. Die Scharnhorst-Kaserne, eine alte Wehrmachtskaserne, lag im Osten der Stadt, nicht weit von der Grenze zur SBZ entfernt. Zugegeben, die Wohnung seiner Eltern lag in Hamburg. Auch seine Freunde lebten dort. So verbrachte Grot die freien Wochenenden im Jahr sehr oft in seiner Vaterstadt. Trotzdem erwanderte er die Stadt Lübeck und fühlte sich in ihr wohl. Damals waren der Dom und die St. Marienkirche noch von den Bombenangriffen gezeichnet. Gern fand er sich zu Orgelkonzerten ein und stöberte in Buchläden und Antiquariaten. Das Leben im BGS war karg. Die Unterbringung in der Waldersee-Kaserne war eng. Neun Mann lagen auf einer Stube, was einer Gruppe entsprach. Frühstück und Abendessen wurden auf der Stube eingenommen. Dazu wurden Kaffee- und Essenholer eingeteilt. Das Mittagessen wurden im Speisesaal verabreicht, das jede Hundertschaft gemeinsam einzunehmen hatte.

Wachdienste waren häufig, bis zu dreimal in der Woche. Die Wachen waren damals klein. Ein Unterführer mit 4 Grenzjägern reichte für die Bewachung einer Kaserne. Danach hatten die Grenzjäger wachfrei. Einmal in der Woche hatten die Grenzjäger die BGS-Fachschule zu besuchen. In der Woche gab es einmal den beliebten Beamtennachmittag zur Regelung von Behördenangelegenheiten. Die Grundausbildung bei der 5./GSG 7 unter dem Hptm. Tonn dauerte 4 Monate und war hart und streng.

Kommandeur und Stellvertreter waren zwei altgediente preußische Polizeioffiziere, OTL Krüger und Maj Ney. Hundertschaftsführer und Zugführer kamen aus der Wehrmacht. Die Ausbildung erfolgte nach militärischen Gesichtspunkten. Militärischer Schliff war die Regel. Wurde z. B. nach Meinung der Ausbilder nicht laut genug gesungen, erfolgte das Kommando: „Im Laufschritt-Marsch!". Sehr beliebt bei der Formalausbildung aus der Marschkolonne heraus war auch das Kommando: „Zur Linie links marschiert auf – Marsch Marsch!". Stahlhelm und Waffen entstammten, bis auf die Pistole Astra (Spanien), aus Beständen der Wehrmacht. Ein Karabiner 98 K trug sogar die Jahreszahl 1917 mit Krone als Prägezeichen.

Die Uniformausstattung war sehr gut, so zum Beispiel 2 Wintermäntel, 1 Wettermantel, 3 Sätze Uniformen, 1 Drillichanzug usw. Auf die Sportausbildung wurde großer Wert gelegt, wobei das Geräteturnen u.a. am Reck, Langpferd und Barren im Vordergrund stand. Nach der Grundausbildung wurde die gesamte Hundertschaft zur 5./GSG 7 versetzt. Gegen seinen Willen wurde Grot zur Fahrschulausbildung kommandiert. Obgleich diese Ausbildung sorgfältig und gründlich war, erkannte die Bundeswehr diese jedoch nicht an. Der Dienst in der Hundertschaft war sehr vielfältig. Verbandsausbildung mit dem Höhepunkt eines Gefechtsschießens der gesamten Abteilung aus der Entwicklung heraus auf dem Übungsplatz Putlos, Grenzstreifendienst zwischen Travemünde und dem Ratzeburger See, Abstellungen zur Offiziersausbildung an der GS Führerschule Lübeck-Blankensee bis hin zur Kfz-Pflege, bei der die Kfz zur Jahresinspektion fast völlig auseinander genommen wurden, wechselten sich ab. Hinzu kam die Teilnahme an zwei großen Übungen, mit denen die Einsatzmöglichkeiten des BGS, u.a. Fähigkeit zum Kampf gegen Banden und Ausweichen vor stärkerem Feind, vorgeführt wurden. Zusätzlich nahm Grot an einem dreiwöchigen Jagdlehrgang nördlich des Schaalsees teil. Während dieser Zeit kündigte sich schon die Aufstellung der Bundeswehr an. Die gesamte Hundertschaft wurde zu Unterführern ausgebildet. Vierzehn Tage lang nahm Grot an einem OB-Auswahlverfahren teil, in dem er über das Thema London als Kunststadt zu referieren hatte. Anschließend absolvierte er an der GS-Führerschule einen OB-Lehrgang. Dieser Lehrgang hatte seine Übernahme in die Bundeswehr als Fahnenjunker zur Folge. Auch hier war die Ausbildung streng und fordernd. Der Lehrgangsleiter Hptm im BGS Ross übersah nichts, versuchte aber gleichzeitig, die Lehrgangsteilnehmer für den Prinzen von Homburg von Kleist zu begeistern.

Die Übernahme in die Bundeswehr rückte zeitlich näher. Zusätzliche Offiziere kamen in die Abteilung. Für die Übernahme in die Bw wurde geworben. Die Zukunft des BGS wurde im Unklaren gelassen. Der 1. Juli 1956 war der Tag der Übernahme. Als Grot in dieser Nacht nach Mitternacht aus Lübeck in die Kaserne kam, verließ der vorherige Hptm im BGS als Oberstleutnant und Kommandeur des GrenBtl 11 die Kaserne. Die beiden Polizeioffiziere an der Spitze der BGS-Abteilung blieben beim BGS, die anderen Offiziere wurden von der Bw übernommen. Krüger wurde später Inspekteur des BGS.

Das teilweise zerstörte Lübeck war ein interessanter, liebenswürdiger Standort, in dem Grot sich recht wohl gefühlt hat. Damals konnte man in der Schiffergesellschaft für 3,60 Deutsche Mark ein gutes Mittagessen zu sich nehmen. Ein Grenzjäger erhielt damals 203 Mark, nach Abzug des Verpflegungsgeldes und des Beitrages für die Hunderschaftskasse (5 DM) blieben 120 Deutsche Mark. Aus der Hundertschaftskasse wurde damals auch eines der ersten Fernsehgeräte beschafft. Eingeschaltet wurde das Gerät vom Spieß, der damals noch im Hunderschaftsgebäude seine Wohnung hatte. Das Fernsehgerät war schon deshalb eine gute Investition, da die Hundertschaft jede dritte Woche Bereitschaft hatte und die Kaserne deshalb nicht verlassen werden durfte. In dieser Woche gab es zwei Bereitschaftsstufen; 1600 – Heraustreten nach 60 Minuten, 1700 – Sofortiges Heraustreten. Die Grenzjäger schliefen dann in Uniform. Die innerdeutsche Grenze war von der Kaserne etwa 5 km entfernt. Daneben konnte es passieren, dass man dreimal in der Woche zur Wache eingeteilt wurde. Die Wachen wurden bewusst klein gehalten. Ein Posten auf Runde 1 in der Kaserne nachts war ausreichend.

Nach der viermonatigen Grundausbildung und der Fahrschulausbildung wurde Grot zur 5./GSG 7 versetzt. Hundertschaftsführer war Hptm im BGS Kern, der sich während der Verbandsausbildung kaum sehen ließ. Wenige Tage vor der Besichtigung erschien er doch und war wohl nicht besonders erfreut. Danach ließ er seine Unterführer zu sich kommen und gab ihnen seine Unzufriedenheit sehr laut zu erkennen. Bei geöffneten Fenstern konnte die Hundertschaft dabei zuhören.

Einmal im Jahr war große Kfz-Inspektion. Die gesamte Hundertschaft wurde hinzugezogen. Alles, was sich von den Kfz abmontieren ließ, wurde abmontiert, gründlich gereinigt und gegebenenfalls mit Farbe gestrichen. Oftmals wurde die Hundertschaft als Lehrtruppe zur Grenzschutzschule nach Lübeck-Blankensee zur Führerausbildung abgestellt. Diese Tage liefen so ab, dass zunächst von den Offz-Schülern ein Sandkastenunterricht vor der Lehrtruppe abgehalten wurde. Freies Sprechen wurde dabei von den Offz-Schülern erwartet. Danach ging es ins Gelände, wo von den Offz-Schülern entworfene und vorbereitete Gefechtsübungen zu absolvieren waren. Die Offz-Schüler standen dabei unter erheblichen Druck und wurden vom Lehrpersonal streng beobachtet. Das Führungspersonal war übrigens gut ausgewählt. Später kamen die zur Bw übergewechselten Offz der Schule in hohe Führungspositionen in der Bundeswehr.

Wie das Klima in dieser BGS-Schule war, beleuchtet ein Vorfall: Nachdem ein Offz-Schüler den Offz-Lehrgang nicht bestanden hatte, ging dieser in den Kfz-Bereich der Schule und erschoss sich.

Grot hat bei diesen Ausbildungen viel gelernt und konnte später in der Bundeswehr das gelernte Wissen gut anwenden. Sandkastenunterrichte wurden zu seiner Spezialität.

*Grot als Leitender beim BGS OB-Lehrgang*

*Der neue BGS – Kampfanzug 1956, Autor ganz links*

*Pause während der Gefechtsausbildung im BGS*

# 4.  In der Bundeswehr 1956, der Neuanfang

Die ersten Tage in der Bundeswehr verliefen ereignislos. Nach dem morgendlichen Appell verzog man sich auf seine Stube und wartete ab. Grot nutzte diese Zeit zum Lesen. Er hatte sich gerade die Geschichte der Französischen Revolution gekauft. Wenige Tage nach der Übernahme des BGS in die Bundeswehr erschien ein kleines Kommando in der Scharnhorst-Kaserne in der neuen Bundeswehruniform. Der ungewohnte Anblick war so seltsam, dass die ganze Abteilung respektive das ganze Bataillon in den Fenstern lag und lachte.

Die Tage in Lübeck waren gezählt. Anfang August 1956 wurde das nunmehrige GrenBtl 11 nach Hamburg-Wandsbek in die Boehn-Kaserne verlegt. Wenige Tage danach hatte Grot sich in München beim Pionierlehrbataillon (8. Kp unter Major Hoogklimmer) in der Funkkaserne zu melden, da er mittlerweile der Pionierwaffe zugeteilt worden war. In der 8. Kompanie waren alle Offiziersanwärter der Pioniere zusammengefasst. Zunächst lagen alle BGSler in einer Stube und stachen natürlich auch in ihren grünen Uniformen von der übrigen Kp ab. Das änderte sich. Neueinkleidung und Umverteilung innerhalb des 1. OB-Zuges erfolgte schnell. Die Altersschichtung dieses OB-Zuges war krass. Der älteste Fähnrich war 36 Jahre alt, der jüngste Fahnenjunker 21 Jahre. Waffen und Ausrüstung des Lehrbataillons waren amerikanischen Ursprungs. Die Handfeuerwaffen, voran das MG 1919, waren schwer und unhandlich. Auch das Pioniergerät entsprach nicht der damaligen modernen Waffentechnik. Folge dieser Ausstattung war, dass eine US-Beratergruppe der US Engineers im Bataillon die Ausbildung unterstützte. Das nahm teilweise bizarre Formen an. So wurden auch die US-Ausbildungsfilme gezeigt, die auch Wehrmachtsfilmausschnitte beinhalteten, mit entsprechenden Kommentaren, wie z.B. beim Thema versteckte Ladungen „Japaner und Deutsche begraben ihre Toten nicht immer"; eine böswillige Unterstellung. Bei solchen Szenen kam es zu Unmutsäußerungen. Daraufhin wurde den Filmvorführern befohlen, diese Szenen mit der Hand vor der Linse abzubrechen.

Die gesamte Pionierausbildung war für Grot neu und gewöhnungsbedürftig, waren doch z.B. die Grenzjäger der BGS-Bauabteilungen „Bewaffnete Maurer". Immerhin gab es BGS-Ausbildungsvorschriften, die den Einstieg in die neuen Aufgaben erleichterten. Bundeswehrvorschriften gab es damals dazu nicht. Die Zeit im Lehrbataillon verging schnell. Der Standort München war neu und interessant. Dazwischen grassierte eine Salmonellenkrankheit in der Kaserne mit Ausgangsverbot für die Soldaten in der Funkkaserne.

Am 1. Oktober 1956 hatte sich Grot in der HOS I Hannover zum II. Fähnrichlehrgang zu melden.

# 5.  Ausbildung zum Offizier 1956/57

Der II. Lehrgang an der HOS 1 war in seiner Zusammensetzung alles andere als homogen. Hier fanden sich Mitte Dreißigjährige und 21-jährige. Berufserfahrene fanden sich neben ehemaligen BGSlern. Autoverkäufer standen neben Altstudenten, eine bunte Mischung. Die Erfahrungen im Zivilleben waren aber durchaus positiv zu werten, wurde doch die Einseitigkeit militärischen Denkens dadurch unterbrochen.

Fünf Monate währte die Ausbildung in Hannover. Der Schwerpunkt lag auf der Taktikausbildung und der Besprechung im Gelände. Das Planspiel „EDEMISSEN" beherrschte die Köpfe. Alle Fächer, mit Ausnahme der Inneren Führung, hatten sich darauf auszurichten. Der Ton während des Lehrgangs war moderat. Die Lehroffiziere waren kriegserfahren und kenntnisreich. Auch ihre Laufbahnen waren nach 1945 unterbrochen worden. Sie hatten sich ebenfalls im Zivilleben zu bewähren. So war der Inspektionschef Kinobesitzer im Ruhrgebiet. Ein anderer Lehrstabsoffizier war vor Eintritt in die Bundeswehr Militärberater in Ägypten gewesen. Der Kommandeur der HOS I, General Gaedcke, war zuvor Manager bei Bahlsen gewesen und verabschiedete sich beim Abschluss-Herrenabend von seinen Fähnrichen mit dem Spruch „Bei Reisen und unterwegs stets Bahlsenkeks".

Der angebotene Ausbildungsstoff war umfangreich und anspruchsvoll. Neben der schon erwähnten Taktik waren dies Innere Führung, Militär- und Kriegsgeschichte, Versorgung, Lehre von den Waffengattungen, Luftwaffe, Englischunterricht und Sport. Weil der Bedarf an jungen Offizieren in der Bw groß war, hat man den Zeitrahmen eng gesteckt. Mehr Zeit hätte sicher das Niveau der Offiziersausbildung gehoben. Der Mangel an praktischer Erprobung des gelernten war ebenfalls spürbar. Eine Lehrtruppe stand der HOS I damals nicht zur Verfügung. Zur Lage „EDEMISSEN" sei noch angemerkt, dass es sich hier um die Verteidigung eines Grenadierbataillons im Hinterhang handelte. Was vorher im Lehrsaal ausgiebig besprochen worden war, wurde in den folgenden Geländebesprechungen vertieft. Schritt für Schritt erlangte der Verteidigungsraum im Gelände Gestalt.

Mit dem Standort Hannover hat sich Grot wenig verbunden gefühlt, obgleich er zweimal dorthin versetzt worden war. Das erste Mal war er Offiziersschüler mit der Absicht voranzukommen, und das zweite Mal zum Dienst in der Freiwilligenannahmestelle II für ein ¾ Jahr. Die Industriestadt bot wenig Anreize zur Freizeitgestaltung. Beide Kasernen, in denen er Dienst verrichtete, lagen im tristen Norden Hannovers in der Nähe der Autobahn Ruhrgebiet-Berlin. Er war froh, die Stadt jedes Mal wieder verlassen zu können.

Zur Mitte des Lehrgangs wurde Grot zum Fähnrich befördert und zog so mit seinen älteren Stubenkameraden gleich. Dazu zählte auch der spätere Oberst i.G. C. von Winterfeldt, durch den Grot tiefe Einblicke in das Leben und die Vorstellungen der Adelswelt erhielt. Grot nahm erfolgreich an dem Offizierslehrgang teil und erhielt die Gesamtnote „ziemlich gut". Bei einem feierlichen Schlussappell wurden alle Lehrgangsteilnehmer zum Leutnant, unter gleichzeitiger Ernennung zum Berufssoldaten, befördert.

*Heeresoffiziersschule I, Hörsaal 23 vor Edemissen-Schild*

Im Namen der

# Bundesrepublik Deutschland

ernenne ich

den Fahnenjunker

Klaus  G r o t

zum  F ä h n r i c h

Bonn, den    15. Oktober 1956

## Der Bundesminister für Verteidigung

Im Auftrag

*Ernennungsurkunde zum Fähnrich*

Kopie beglaubigt:

Pönitzsch, RIzA

Hannover, den 28. Februar 1957

# Abgangs-Zeugnis

Der **Fähnrich G r o t Klaus** geb. 30.3.1934 hat an dem
(Dienstgrad, Name, Vorname)

Lehrgang der Heeresoffizierschule I, Hannover, vom 1.10.1956 bis 28.2.1957 teilgenommen.

Er zeigte folgende Leistungen:

| | | | |
|---|---|---|---|
| 1. Taktik und Geländekunde . . | genügend | 11. Fernmeldewesen . . . . . . . | genügend |
| 2. Innere Führung, Rechtsfragen und allgemeine Truppenkunde | ziemlich gut | 12. Luftwaffenlehre . . . . . . . . | ziemlich gut |
| | | 13. Flugabwehr . . . . . . . . . | ziemlich gut |
| 3. Militär- und Kriegsgeschichte | ziemlich gut | 14. ABC-Waffen-Abwehr . . . . | ziemlich gut |
| 4. Versorgungswesen . . . . . . . | ziemlich gut | 15. Fremdsprache ( engl. ) . . . | ziemlich gut |
| 5. Karten- und Luftbildkunde . . | g u t | 16. Naturwissenschaften und Technik . . . . . . . . . . | ziemlich gut |
| 6. Waffenlehre . . . . . . . . . | ziemlich gut | 17. Praktischer Dienst . . . . . . | ziemlich gut |
| 7. Artillerielehre . . . . . . . . | ziemlich gut | 18. Sport . . . . . . . . . . . . | ziemlich gut |
| 8. Panzerwesen . . . . . . . . . | ziemlich gut | 19. Zusätzliche Fremdsprachen (freiw.) ( ) | -.- |
| 9. Panzerabwehr . . . . . . . . | genügend | 20. Arbeitsgemeinschaft Naturwissenschaften und Technik . | -.- |
| 10. Pionierwesen . . . . . . . . | ziemlich gut | | |

Bemerkungen:

Der **Fähnrich Grot** hat den Lehrgang mit dem

Gesamtergebnis **ziemlich gut** abgeschlossen und damit seine Offizierprüfung bestanden.

DER KOMMANDEUR
DER HEERESOFFIZIERSCHULE

Brigadegeneral

DER KOMMANDEUR
DER LEHRGRUPPE

Oberstleutnant

Bo 7682 11. 56

*Abgangszeugnis der Heeresoffiziersschule I*

# 6.  Ausbildung zum Pionieroffizier in München

Ab 12. März 1957 wurde Grot zum II. Fähnrichlehrgang an die Pionierschule München kommandiert. Mit ihm waren es 21 Lehrgangsteilnehmer, die sich in der Lohengrin-Kaserne einfanden. Lehrgangsleiter war der damalige Hptm Kinder, der kurze Zeit vorher aus der sowjetischen Kriegsgefangenschaft entlassen worden war.

Anfang Juli 1956 hatte man mit der Aufstellung der Schule begonnen. Ausstattung und Unterkünfte waren zu der Zeit noch sehr einfach und karg. Die Ausstattung mit Pioniergeräten und Lehrmitteln stand erst am Anfang, so dass sehr stark improvisiert werden musste. Im Vordergrund stand auch hier die Ausstattung mit US-Gerät. Zwar brachten die Leutnante die an der HOS erworbenen Kenntnisse mit; der Einstieg in die Geheimnisse der Pionierwaffe war jedoch für die Lehrgangsteilnehmer neu, abgesehen von denjenigen, die vor dem Eintritt in die Bundeswehr z.B. Angehörige des US-Labourservice waren, wie der spätere General Chalupa. Grots Erfahrungen im Pionierdienst beschränkten sich bis dahin auf die Erkenntnisse, die er beim Fahren mit Schlauchbooten auf dem Schaalsee und dem Übersetzen über den Elbe-Lübeck-Kanal während seiner BGS-Zeit gesammelt hatte.

Die Ausbildung in München erstreckte sich über alle Themen des Pioniereinsatzes; vom Umgang mit Spreng- und Zündmitteln, Minenkampf, Behelfs- und Kriegsbrückenbau, Tarnen und Täuschen, Einsatz von Pioniermaschinen bis hin zum Bau von Feldstraßen. Vorschriften waren erst im Entstehen. Dafür schöpften die Lehrstabsoffiziere reichlich aus ihren Erfahrungen während des Krieges. Für einige Ausbildungen erschienen Lehrtruppen vom PiLehrBtl. So auch zu einem nächtlichen Kriegsbrückenschlag über die Amper bei Dachau mit schweren US-Schlauchbootbrückengerät. Während des gesamten Brückenschlages regnete es in Strömen. Grot hatte die Aufgabe, mit einer Pioniergruppe einen dreibeinigen Bock für die Luftverankerung zu errichten. Im Morgengrauen war Brückenschluss und der Regen hörte auf, als plötzlich ein Ruck durch die Brücke ging. Am linken Ufer hatte sich die Landverankerung gelöst und die Ankerplatte hing oben an der Spitze des Bockes. Hätte Grot diesen nicht so stabil aufgebaut, wäre die gesamte Brücke wohl die schnell fließende Amper hinabgeschwommen und hätte alles zerstört, was im Flussbett stand. Dies brachte Grot ein Lob des Lehrgruppenkommandeurs ein.

Insgesamt war der Lehrgang nicht nur fachlich interessant, sondern viele Ausbildungsvorhaben waren geschickt mit den kulturellen Höhepunkten des Bayernlandes verknüpft, so dass zum Beispiel der Dom zu Freysing, das Schleißheimer Schloss oder das Kloster zu Ettal ausgiebig besichtigt werden konnten. So wurde auch während eines einwöchigen Besuches der Winterkampfschule in Mittenwald die westliche Karwendelspitze bestiegen. Opernbesuche, morgendliche Ausritte im Englischen Garten und Ausstellungsbesichtigungen im Haus der Kunst rundeten für Grot privat das Bild der bayerischen Landeshauptstadt ab. Nicht vergessen sei eine Abkommandierung zu einer parteipolitischen Rede von Strauß, der damals das Amt des Bundesverteidigungsministers inne hatte.

Die letzten vier Wochen nahm die Fahrschulausbildung ein, obwohl Grot ja schon die Berechtigungen zum Führen von Kfz besaß. Der Lehrgang war schnell zu Ende. Während des abschließenden Herrenabends saß Grot neben dem Lehrgruppenkommandeur, dem Obersten Reinke, und erhielt von ihm die Mitteilung seiner Versetzung nach Lehrgangsende zum Pionierbataillon Hamburg-Harburg.

Den Fähnrichslehrgang schloß Grot mit der Gesamtnote „Gut" ab. Für kommende Aufgaben fühlte sich Grot gerüstet und fuhr erwartungsvoll mit der Eisenbahn von München nach Hamburg-Harburg.

*Geländebesprechung, Taktiklehrer Maj. Speisebever links, Grot ganz rechts*

*Wasserausbildung, Grot in der Mitte*

146

## Vollbrücke 50 to

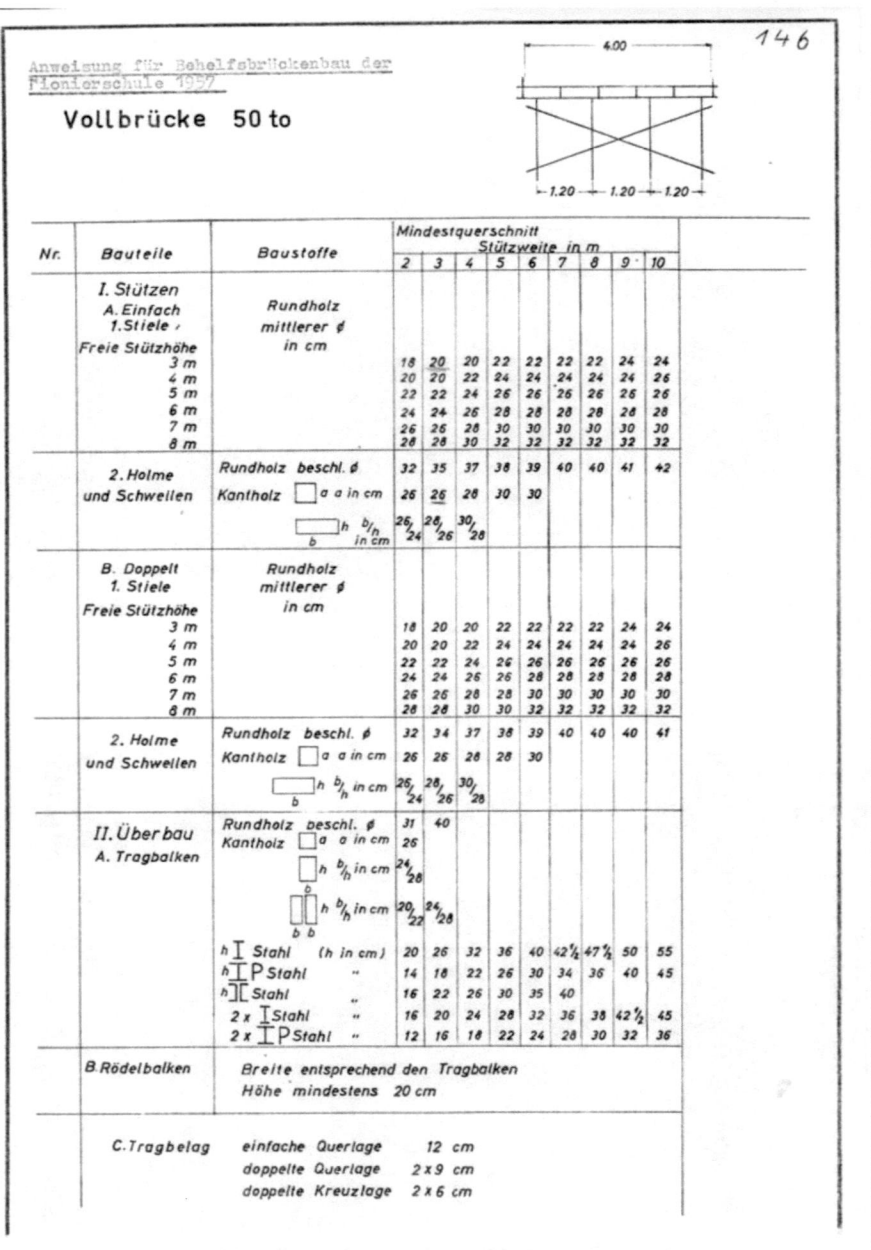

| Nr. | Bauteile | Baustoffe | 2 | 3 | 4 | 5 | 6 | 7 | 8 | 9 | 10 |
|---|---|---|---|---|---|---|---|---|---|---|---|
| | | | Mindestquerschnitt / Stützweite in m | | | | | | | | |
| | **I. Stützen** | | | | | | | | | | |
| | A. Einfach | | | | | | | | | | |
| | 1. Stiele | Rundholz mittlerer ⌀ in cm | | | | | | | | | |
| | Freie Stützhöhe | | | | | | | | | | |
| | 3 m | | 18 | 20 | 20 | 22 | 22 | 22 | 22 | 24 | 24 |
| | 4 m | | 20 | 20 | 22 | 24 | 24 | 24 | 24 | 24 | 26 |
| | 5 m | | 22 | 22 | 24 | 26 | 26 | 26 | 26 | 26 | 26 |
| | 6 m | | 24 | 24 | 26 | 28 | 28 | 28 | 28 | 28 | 28 |
| | 7 m | | 26 | 26 | 28 | 30 | 30 | 30 | 30 | 30 | 30 |
| | 8 m | | 28 | 28 | 30 | 32 | 32 | 32 | 32 | 32 | 32 |
| | 2. Holme und Schwellen | Rundholz beschl. ⌀ | 32 | 35 | 37 | 38 | 39 | 40 | 40 | 41 | 42 |
| | | Kantholz □ a a in cm | 26 | 26 | 28 | 30 | 30 | | | | |
| | | □ h b/h in cm | 26/24 | 28/26 | 30/28 | | | | | | |
| | B. Doppelt | | | | | | | | | | |
| | 1. Stiele | Rundholz mittlerer ⌀ in cm | | | | | | | | | |
| | Freie Stützhöhe | | | | | | | | | | |
| | 3 m | | 18 | 20 | 20 | 22 | 22 | 22 | 22 | 24 | 24 |
| | 4 m | | 20 | 20 | 22 | 24 | 24 | 24 | 24 | 24 | 26 |
| | 5 m | | 22 | 22 | 24 | 26 | 26 | 26 | 26 | 26 | 26 |
| | 6 m | | 24 | 24 | 26 | 26 | 28 | 28 | 28 | 28 | 28 |
| | 7 m | | 26 | 26 | 28 | 28 | 30 | 30 | 30 | 30 | 30 |
| | 8 m | | 28 | 28 | 30 | 30 | 32 | 32 | 32 | 32 | 32 |
| | 2. Holme und Schwellen | Rundholz beschl. ⌀ | 32 | 34 | 37 | 38 | 39 | 40 | 40 | 40 | 41 |
| | | Kantholz □ a a in cm | 26 | 26 | 28 | 28 | 30 | | | | |
| | | □ h b/h in cm | 26/24 | 28/26 | 30/28 | | | | | | |
| | **II. Überbau** | | | | | | | | | | |
| | A. Tragbalken | Rundholz beschl. ⌀ | 31 | 40 | | | | | | | |
| | | Kantholz □ a a in cm | 26 | | | | | | | | |
| | | □ h b/h in cm | 24/28 | | | | | | | | |
| | | □ h b/h in cm | 20/22 | 24/28 | | | | | | | |
| | | h I Stahl (h in cm) | 20 | 26 | 32 | 36 | 40 | 42½ | 47½ | 50 | 55 |
| | | h I P Stahl " | 14 | 18 | 22 | 26 | 30 | 34 | 36 | 40 | 45 |
| | | h ][ Stahl " | 16 | 22 | 26 | 30 | 35 | 40 | | | |
| | | 2 x I Stahl " | 16 | 20 | 24 | 28 | 32 | 36 | 38 | 42½ | 45 |
| | | 2 x I P Stahl " | 12 | 16 | 18 | 22 | 24 | 28 | 30 | 32 | 36 |
| | B. Rödelbalken | Breite entsprechend den Tragbalken Höhe mindestens 20 cm | | | | | | | | | |
| | C. Tragbelag | einfache Querlage 12 cm | | | | | | | | | |
| | | doppelte Querlage 2 x 9 cm | | | | | | | | | |
| | | doppelte Kreuzlage 2 x 6 cm | | | | | | | | | |

*Anweisung für Behelfsbrückenbau an der Pionierschule 1957*

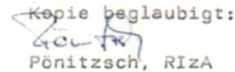

# Pionierschule München

## Abgangs - Zeugnis

LEUTNANT

G R O T    KLAUS
‗‗‗‗‗‗‗‗‗‗‗‗‗‗‗‗‗

hat am    II. Fähnrichslehrgang

vom 12.3.57 bis 31.8.57 teilgenommen.

München, den 31.8.1957

Der Kommandeur
der Pionierschule

Oberst

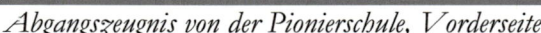

*Abgangszeugnis von der Pionierschule, Vorderseite*

# Leistungen

1. Führung: sehr gut
2. Auftreten vor der Front: gut
3. Lehrbefähigung: genügend

| | |
|---|---|
| Taktik: sehr gut | Prakt. Pionierdienst: |
| Innere Führung: ziemlich gut | a) Behelfsbrückenbau: ziemlich gut |
| Allg. Infanterieausb.: ziemlich gut | b) Kriegsbrückenbau: ziemlich gut |
| Sport: genügend | c) Feldbefestigung u. Tarnen: unterwiesen |
| | d) Spreng - u. Sperrdienst: gut |

## Fremdsprachen

a) Englisch: sehr gut
b) Französisch: ---
c)

## Befähigungsnachweise

a) Kfz.: Führerschein A B C
b) Wasserfahrz.: unterwiesen
c) Pi.- Großmaschinen: unterwiesen

Gesamtergebnis: Gut

Der Lehrgangsleiter

Hauptmann

Der Inspektionschef

Major

Der Kommandeur
der Lehrgruppe B

Oberstleutnant

*Abgangszeugnis von der Pionierschule, Blatt II*

30

# 7.    Erlebnisse im Pionierbataillon 3 in Harburg

Nach der Übernahme vom BGS in die Bundeswehr war Hamburg für Grot die erste Garnison. Die große, noch leere Boehn-Kaserne machte einen traurigen, wenig heimischen Eindruck, so dass man sich dort nicht wohlfühlen konnte. Aber die Tage waren gezählt. Nach Ende des Fähnrichlehrganges an der Pionierschule wurde Hamburg ein zweites Mal die Garnison für Grot. Die Scharnhorst-Kaserne in Harburg war die Kleinste der Hamburger Kasernen. Für ein Pionierbataillon und eine Schwimmbrückenkompanie war gerade Platz genug. Aber der an die Kaserne angrenzende Pionierlandübungsplatz mit den Schießständen durfte nicht mehr genutzt werden. Der dem PiBtl zur Verfügung stehende Wasserübungsplatz an der Süderelbe bot beschränkte Ausbildungsmöglichkeiten, da er auf dem Landweg nicht erreichbar war. Zur Wasserausbildung wurden die Pioniere in einem alten B-Ponton über die Süderelbe gesetzt. Ausbildungsgerät gab es dort kaum. Die Scharnhorst-Kaserne wurde von einer BGS Bauabteilung übernommen und befand sich in einem guten Zustand. Hunderte von Knötel Uniformbildern zierten die langen Gänge der Unterkunftsgebäude. Für Grot war es der große Vorteil, in der Nähe der Familie sein zu können und Verbindung zu seinen alten Freunden aus der Pfadfinderzeit zu haben. Anfang Oktober 1957 meldete sich Grot zum Dienst im PiBtl 3 bei dessen Kommandeur OTL v. Graevenitz, der einer alten schlesischen Adelsfamilie entstammte und seinen Dienst als Soldat schon zu Reichswehrzeiten begonnen hatte. Bei der Formung des Offizierkorps des ihm unterstellten Bataillons griff er auf seine alten Erfahrungen zurück. Sein Stellvertreter war Major Schümann, der von seiner Mitgliedschaft in der SA vor dem Eintritt in die Wehrmacht berichtete und von dem Hinweis seines damaligen Bataillonskommandeurs, dass man derartige Mitgliedschaften gar nicht gerne sehen würde.

Als Kommandeur war OTL von Graevenitz von einem besonderen Schadensfall betroffen. Für die Pionierausbildung hatte das Btl Bauholz im Werte von ca. 20.000 DM bestellt. Damit die dazu erforderlichen Mittel zum Jahresende nicht verfielen, hatte v. G. die Überweisung des Geldes veranlasst, ohne dass das Holz geliefert worden war. Unglücklicherweise ging die Holzfirma zum Jahresende pleite. Als Kommandeur musste er anschließend für die Schadenssumme aufkommen. Das PiBtl 3 bestand schon während der ersten Jahre des Bundesgrenzschutzes als Bauabteilung und hatte daher den Ruf eines guten, gefestigten Verbandes. Nach der Übernahme in die Bundeswehr waren zwar alle Offiziere ausgewechselt worden; das Bataillon besaß aber ein gutes, gefestigtes Unteroffizierskorps, ergänzt durch einige besonders kriegserfahrene Feldwebel.

Grot war der 1. Kompanie zugeteilt und übernahm dort den 2. (ROA) Zug. Sein Stellvertreter war OFw Kuschenreit, Träger des Deutschen Kreuzes in Gold. Kuschenreit, aus Ostpreußen stammend, neigte zum Aufbrausen. Grot kam jedoch gut mit ihm aus und lernte viel von dem erfahrenen Mann, besonders auf dem Gebiet des Pionierwesens. Im II. Quartal 1958 wurde Grot zu einem Lehrgang an der ABC-Abwehrschule des Heeres in Sonthofen kommandiert. Anschließend wurde er nebenamtlich als ABC AbwOffz PiBtl 3 eingesetzt. Die Ausbildung der ABC AbwUffz des Btl wurde regelmäßig von ihm am Sonnabendvormittag durchgeführt.

Mit Eifer betrieb Grot die Ausbildung der ihm anvertrauten ROA. Später wurde er, nach Abschluss der ROA-Ausbildung, der 3. Kompanie unter dem damaligen Oberleutnant Handtke zugeteilt. Diese Kompanie nahm auch als eine der beiden PzPiKp (Üb) an der Lehr- und Versuchsübung 58 auf dem TrÜbPl Munster teil. Die Kompanie war Teil der Panzergrenadierbrigade, die von dem damaligen BrigGen de Maizière geführt wurde. Mangels fehlender Ausrüstung gab es viele Behelfslösungen. Statt Schützenpanzer fuhren die PiGrp mit dem Hanomag Gruppen-Kfz aus BGS-Zeiten, Pionierpanzer wurden durch Pz M47 dargestellt usw. Die Größe des Übungsplatzes ließ nicht viele Übungsmöglichkeiten zu. Mal griff die PzBrig im Süden die PzGrenBrig im Norden an, mal war es umgekehrt. Die Pioniere wurden immer an den Übergängen des Hohe-Bachs, in der Nähe der Sieben Steinhäuser, eingesetzt. Der richtigen Gliederung der übenden Truppe galt die Aufmerksamkeit der Taktiker und der Operateure. Die Versorgung nahm die Form aus der Zeit Friedrichs des Großen an. Das Fleisch wurde offen im Planwagen (allerdings mit Motor) den Feldküchen zugeführt. Die Taktik zehrte von den Erfahrungen des Russlandfeldzuges, die Logistik nicht. Dabei wirkten sich doch auf diesem Gebiet die Mängel der Versorgung auf die Kampfführung besonders negativ in Russland aus. Insgesamt waren es interessante und aufregende Tage. Leider wurde von der Auswertung wenig bekannt.

Während der LVÜ 58 waren die PzPiKp wie folgt gegliedert:

Kompanieführungsgruppe

2 Pionierzüge

1 PzBrücken/Minenräumzug

1 PiMasch und Gerätezug

Während der Übung zeigte sich, dass die Zahl der Pioniere zu gering ist. Die PzPiKp erhielten in Folge daher einen dritten Pionierzug (mot), verlastbar auf 1,5 t Lkw (Unimog) je Gruppe.

Nach Rückkehr in die Garnison verlief der Dienst wieder in dem gewohnten Rahmen. Die fehlende Ausstattung besonders mit Pioniergroßgerät setzte der Ausbildung nach wie vor Grenzen.

Nachdem vom Abschuss des Sputniks in der Sowjetunion in den Medien erstmals berichtet wurde, kam Grot abends von der Pionierausbildung erfolgreich zurück; er hatte tagsüber gerade einen Beselersteg mit Knoten und Bunden bauen lassen. Beim Betrachten der Erkennungsblätter mit sowjetischem Pioniergerät konnte man damals schon ins Grübeln kommen.

Die mit in der Scharnhorst-Kaserne untergebrachte Schwimmbrückenkompanie 731 war komplett mit dem US Schwimmbrückengerät ausgestattet, das nur mit Hilfe von Kränen eingesetzt werden konnte. Grot kann sich nur an einen einmaligen Einsatz dieses Gerätes auf der Elbe bei Zollenspieker erinnern. Mit der Fähre wurde damals ein Panzer M 47 übergesetzt. Das Gerät war einfach zu schwer und unhandlich. Die dazugehörigen Transportfahrzeuge mit veralteter Technik verbrauchten große Mengen Treibstoff. Im Laufe der Zeit wurden immer mehr junge Offiziere in das Btl versetzt, so dass sich ein stattliches Offizierskorps bildete. Der Mangel an Wohnungen führte zu einem nachdienstlichen geselligen Leben im damals behelfsmäßigen Offiziersheim. Grot mußte dabei erleben, dass sich, wie zu seiner Lehrzeit als Maschinenschlosser bei der Firma Heidenreich und Harbek unter den Arbeitern, auch bei den älteren kriegsgedienten Offizieren sich die Gespräche weitestgehend um die Erfahrungen aus dem Russlandfeldzug drehten. Der Krieg hatte dabei tiefe Spuren in dem Erinnerungsvermögen der Betroffenen hinterlassen.

Der Aufwuchs der Bundeswehr zur damaligen Zeit war durch die Verhärtungen des Kalten Krieges beträchtlich. So kam es, daß Grot nur eineinhalb Jahre beim Pionierbataillon bleiben konnte und im Frühjahr 1959 zur Neuaufstellung des PiBtl 11 in Barme versetzt wurde. Vorher hatte er seinen künftigen Kommandeur bei einer Lehrvorführung des Btl für einen GenStLehrgang auf dem StOÜbPl Neu Wulmstorf kurz kennengelernt. Vorgeführt wurde ein Stoßtruppunternehmen mit viel Getöse und Rauch. Für Grot galt es nun, Abschied zu nehmen von seiner Vaterstadt und seinen Freunden aus der Jugendzeit. Erst 25 Jahre später sollte er dienstlich in seine Vaterstadt zurückkehren.

# Gesatteltes Schlauchboot

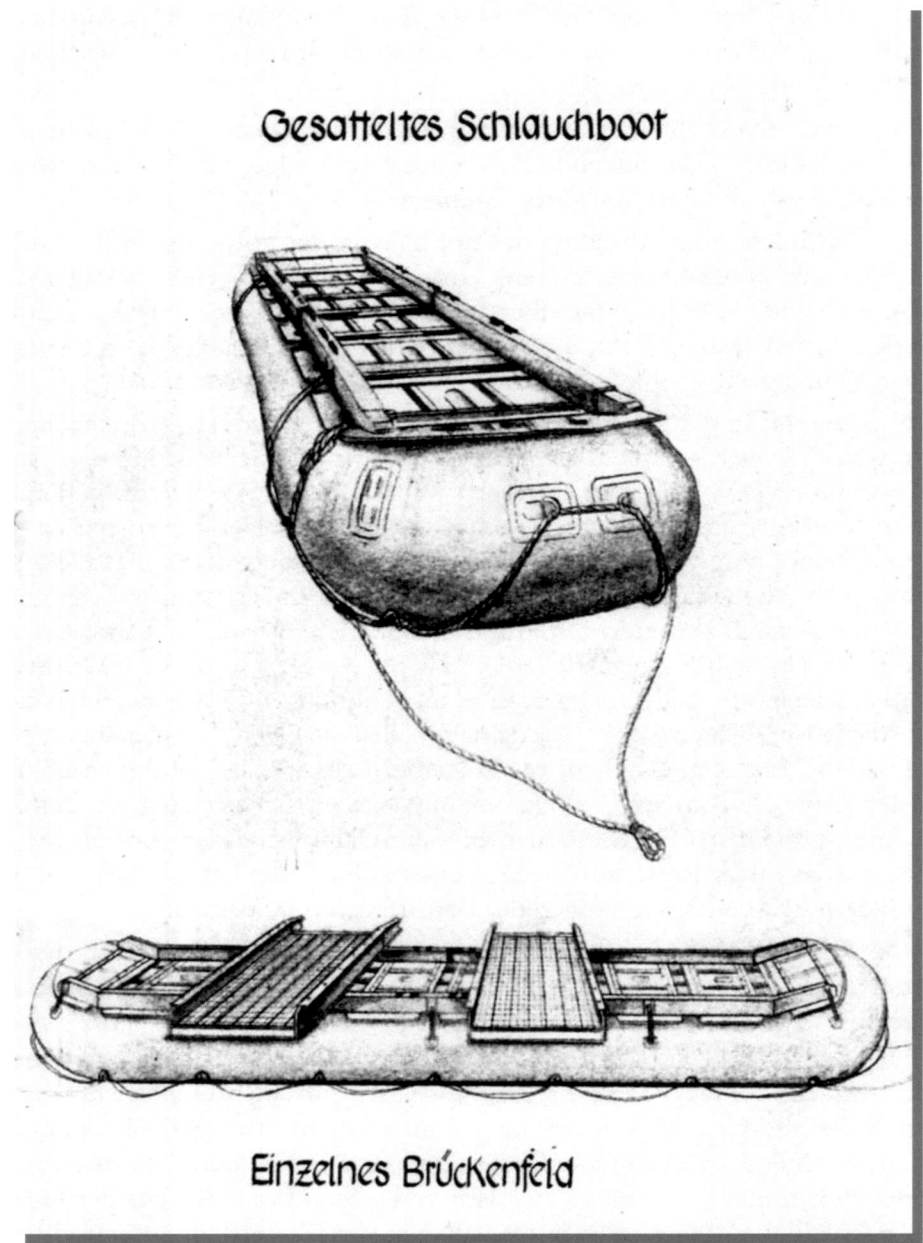

## Einzelnes Brückenfeld

*US-Brückengerät*

# Wasser- und Landverankerung

*Wasser- und Landverankerung des US-Brückengerätes*

1958 wurde Grot zu einem vom PiBtl 3 veranstalteten M-Boot-Lehrgang abgestellt. Lehrgangsleiter war ein von der Marine abkommandierter Hauptbootsmann. Die Ausbildung erfolgte mit 2 Motorbooten (US) und fand auf der Süderelbe statt. Die Ausbildung wurde dadurch kompliziert, dass bedingt durch den Hamburger Hafen zwei verschiedene Rechtssysteme galten; einmal die Seeschifffahrtsverordnung und zum anderen die Binnenschifffahrtsverordnung.

Damals – es war die Zeit vor der Flutkatastrophe – existierte die Alte Süderelbe noch durchgängig, die sich nördlich Cranz dann mit der Norderelbe vereinigte. Finkenwerder lag damals noch auf einer richtigen Insel. Die Flusslandschaft beiderseits der Alten Süderelbe – abseits der Bevölkerungszentren – war bei den Ausbildungsfahrten bis hin nach Stade sehr romantisch anzuschauen. Bedingt durch Ebbe und Flut waren die Strömungsverhältnisse auf der Elbe unterschiedlich, was die Anlegemanöver recht erschwerte, trotz Ruder und zwei unabhängig voneinander steuerbarer Schrauben.

Am Ende des Lehrgangs gab es eine strenge praktische und theoretische Prüfung. Grot erhielt danach den Steuermannschein des Heeres mit der Ausfertigungsnummer 1. Später im Laufe seiner Dienstzeit hat er allerdings sehr selten von den erlernten Fähigkeiten und Kenntnissen Gebrauch machen können. Auch als Chef einer Amphibischen Kompanie hat er selten am Ruder gestanden und ein M-Boot geführt.

Während seiner Dienstzeit in Harburg wurde Grot zweimal als Ordonanzoffizier zum I. Korps zur Teilnahme an NATO-Stabsrahmenübungen kommandiert. Einmal wurde er der Generalstabsabteilung G3 zugeteilt. Das andere Mal verrichtete er seinen Dienst im Korpspionierkommando. So konnte er tiefe Einblicke in die Arbeit eines so hohen Stabes gewinnen. In Erinnerung sind ihm die Planungen zum Einsatz von Atomsprengkörpern geblieben. Der Feind hatte in der norddeutschen Tiefebene einen tiefen Einbruch erzielt. Der Atomwaffeneinsatz war so vorgesehen, dass zunächst die Durchbruchstelle mit zwei Atomsprengkörpern abgesperrt werden sollte, um danach die feindlichen Kräfte in dem gebildeten Kessel mit zwei weiteren Atomschlägen zu vernichten.

| Panzerpionier-<br>bataillon 3<br>Hamburg-Harburg | Hamburg-<br>..Harburg.......,  **21.6.**  19**58** |
|---|---|

Nr. des Scheines ..........**1**.........

# Steuermannschein

## für Motor-Wasserfahrzeuge des Heeres

Der ......**Leutnant**........................**Grot, Klaus**........
          (Dienstgrad)                   (Name)

der......**1. Komp.**..................hat am.......**20.6.58**.......
        (Einheit)

die Steuermannsprüfung für heereseigene Motor-Wasserfahrzeuge

für Binnengewässer auf der ......................................

...................**Elbe / Ilmenau**.................... bestanden.

Er ist damit zum Steuern von heereseigenen Motor-Wasserfahr-
zeugen berechtigt.

                   **M. - Boot**
                  (Art der Fahrzeuge)

Dienstsiegel

Major Der Kommandeur alender
Bataillonskommandeur

Gilt nur in Verbindung mit dem Truppen-Ausweis.

Formbl. Nr. 2312    Verlag W. Jüngling, München 13, Türkenstr. 54, Tel. 29 34 81

*Steuermannschein des Heeres*

Panzerpionierbataillon 3

Steuermannszeugnis für M-Bootfahrer

Der .......Leutnant.......... .......G r o t....... .......Klaus.......
(Dienstgrad)         (N a m e)         (Vorname)

geboren am .......30.3.1934........ in .......Hamburg.......

Einheit: .......2./Panzerpionierbataillon 3.......

hat die Prüfung als M-Bootfahrer für Einschrauben- und Doppel-
schrauben-M-Boote im Bereich der Binnenschiffahrt- und Seeschiff-
fahrtstraßenordnung mit der Gesamtnote

.......genügend.......

bestanden.

Die Prüfung erfolgte in den Fächern:

    1.) Binnenschiffahrtstraßenordnung

    2.) Seeschiffahrtstraßenordnung und SO

    3.) Hamburger Hafengesetz

    4.) Unfallverhütungsvorschriften der Binnenschiffahrts-
       berufsgenossenschaft

    5.) Pegel- und Tidenverhältnisse

    6.) Wasser- und Schiffahrtsämter - Wasserschutzpolizei

    7.) Fahrpraxis, Bootsmanöver aller Art mit und gegen Strom,
       mit und ohne Führe, Schleppen, Drücken, Einfahren usw.

    8.) Bootskunde

Auf Grund dieses Zeugnisses wird dem .......Lt. Grot, Klaus.......
der Steuermannsschein M-Boot für seinen Einsatzbereich erteilt.

Hamburg-Harburg, den 26.6.1958    Die Prüfungskommission:

Vorsitzender: ..........................

Prüfer: ..........................

Beisitzer: ..........................

*Steuermannszeugnis für M-Bootfahrer*

38

In Erinnerung ist ihm auch sein erster Hubschrauberflug zur Verbindungsaufnahme mit einem benachbarten Korpsstab geblieben, der über den Teutoburger Wald führte. Die Bäume waren schon kahl und ließen so Einblicke bis auf den Waldboden und die Bodengestaltung zu. Es erwies sich aber auch, dass Grot nicht hubschraubertauglich war. Manche der damals im Korpsstab eingesetzten Generalstabsoffiziere bekleideten später in der Bundeswehr hohe Positionen.

In den frühen Jahren der Bundeswehr war besonders die Wohnungslage für die Soldatenfamilien kritisch. Die Folge war, dass viele Offiziere eine Wochenendehe führen mussten, so dass es in der Woche während der Abendstunden ein reiches Kasinoleben gab. Dazu war im Wirtschaftsgebäude der Scharnhorst-Kaserne in Harburg ein großer Saal behelfsmäßig hergerichtet worden. Die Beköstigung der Offiziere wurde von dem Kantinenwirt sichergestellt.

Bei den Gesprächen dreht es sich in der Masse um die Schilderung der Kriegserlebnisse des Russlandkrieges nach dem Motto, wer hat die längste Brücke gesprengt. Über politische Ereignisse wurde wenig gesprochen. So wurde z. B. die Frage intensiv diskutiert, ob man den Verkauf der Bildzeitung an die Pioniere in der Kantine verbieten könne.

Besichtigung PzPiBtl 3, HH-Harburg, durch General der Pioniere, BrigGen Dorn, 20.05.1958;
jeweils von links nach rechts
1. Reihe: Maj Rausche (KpChef 5./- + S 4-Offz), Oberstlt Kühne (KorpsPiOffz I. Korps),
BrigGen Dorn, Oberstlt v.Graevenitz (Kdr), Maj Schümann (Stv Kdr),
Oberstlt Zimmer-Vorhaus (Stab GenPi),
2. Reihe: OLt Gelbke (VersZgFhr 5./-), Hptm Schmidt (S3-Offz), Hptm Hartmann (OrdOffz
GenPi), Hptm Vogeler (KpChef SchwBrKp 731), Hptm Obbarius (KpChef 2./- ),
Hptm Dybilasz (als Lehrgangsleiter eingesetzt), Hptm Rippe (KpChef 3./-),
3. Reihe: StArzt Thomas (TrArzt), Hptm Nieter (VersOffz), Hptm Sommer (TOffz),
Hptm Diesener (KpChef 4./-), NN (möglicherweise ResOffz), OLt Hantke (3./-),
4. Reihe: Lt Bosbach (3./-), Lt Schmidt („Schmidt-Vater")(4./-), Lt Meier (S2-Offz),
5. Reihe: Lt Grot, Lt v.Waechter (2./-), Lt Brendel (2./-), Lt Hauffe,
Lt Busse (SchwBrKp 731), Lt Dohm, Lt Bollow.

*Ausbildung im PiBtl 3*

*Grot jeweils als Kommandierender*

*Grot während der Sportausbildung*

# 8.    Dienst in der 11. Panzergrenadierdivision

Prolog:

Im Herbst 1958 fuhren Offiziere und Unteroffiziere nach Nienburg an der Weser zu einer Einweisung in britische Spreng- und Zündmittel zum dort stationierten BR Pionierbataillon. Nach der Durchfahrt durch Dörverden auf der B 215 kam das Kommando links, in einem Waldstück, an einer großen Kasernenbaustelle vorbei, wobei es Grot durch den Kopf ging: Die armen Soldaten, die hier künftig stationiert sein werden. Ein Vierteljahr später war Grot Führer Vorkommando Pionierbataillon 11 in Barme.

Grots trostloseste Garnison war zweifelsfrei der Standort Dörverden/Barme. Die große, für etwa 3.000 Mann projektierte Kaserne war für die Natur der Flusslandschaft der Weser eher ein Störfaktor als ein Gewinn. Die abgelegene Lage der Kaserne machte das Leben für die dort stationierten Soldaten schwierig, führte zu Alkoholexessen und disziplinaren Schwierigkeiten. Hinzu kommt, dass der Standort für das zuerst stationierte PzBtl 33 höchst ungeeignet war, weil es für die Panzer kaum Übungsmöglichkeiten gab. Aber auch für die kurze Zeit später stationierten Pioniere mit ihrer umfangreichen Geräteausstattung war der Standort denkbar schlecht. Es gab keinen Wasserübungsplatz und kaum Räumlichkeiten für das Gerät. Allein verfügte Grot in seiner Kompanie über 200 Meter Brückengerät (Hohlplatte und Schlauchbootbrücke), 2 13t Autokräne, 170 Kfz 5-7t, 35 Sturmboote mit Außenbordmotoren und 5 M-Boote 250 PS. Das Gerät der ebenfalls in Barme stationierten sPiMaschKp war noch viel umfangreicher. Der LÜPl auf dem Gelände einer ehemaligen Munitionsfabrik war ebenfalls schlecht geeignet.

Bei einem späteren Besuch der Kaserne anlässlich eines Uffz-Treffens fand Grot nach etwa fünfzig Jahren eine verlassene Kaserne vor. Birken waren dabei, sich das Kasernengelände zurück zu erobern. Es war ein überaus trauriger Anblick. Die Politik ist offensichtlich nicht in der Lage, sich zwischen Weiternutzung oder Rückbau zu entscheiden.

Anfang März 1959, die Kaserne war fast fertig, trat Grot seinen Dienst in Barme an. Das Vorkommando hatte Zugstärke und setzte sich aus gleichen Teilen mit Soldaten aus Plön vom PiBtl 6 und Harburg vom PiBtl 3 zusammen. Als erste Aufgabe hatte das Kommando, die für das PiBtl 11 bestimmten Gebäude mit Möbeln auszustatten.

Am Tag der Ankunft hatte sich Grot beim Kommandeur PiBtl 3 zu melden und wurde zum Oberleutnant befördert.

Im Namen der

# Bundesrepublik Deutschland

ernenne ich

den Leutnant

## Klaus Grot

zum Oberleutnant

Bonn, den     6. FEBRUAR 1959

Der Bundesminister für Verteidigung

*Beförderungsurkunde zum Oberleutnant*

*Von Grot verfasste Standortbroschüre (Deckblatt)*

Bis Anfang April war die Kaserne eingeräumt sowie Verbindung zur Standortverwaltung und zum benachbarten PzBtl 33 aufgenommen. Zur Aufstellung PiBtl trafen je eine PiKp aus Harburg und Plön ein, dazu die nötigen Stabs- und Versorgungsteile für das Bataillon. Erster Kommandeur PiBtl 11 war Oberstleutnant Dr. Fiechtner, ein reaktionärer Monarchist, wie sich später herausstellen sollte. Diesem wurde Grot zunächst als Ordonanzoffizier zugeteilt.

Eines der ersten Aktionen des Kommandeurs war die Bitte an viele Kommunen um die Schenkung von Bildern für die kahlen Kasernenwände zur Verschönerung. Das Echo war erstaunlich positiv, viele historische Bilder und Stiche wurden zur Verfügung gestellt. Der Dienstbeginn des Pionierbataillons begann beschwerlich, da es an der Ausrüstung mangelte. Wie gerufen entdeckte der Kommandeur die B-Pontons des Technischen Hilfswerkes in der Lohofer Weserschlaufe, in deren Handhabung die jungen Offiziere durch den Kdr persönlich eingewiesen wurden.

Dienst und Leben in der Kaserne liefen langsam an. Hervorzuheben ist die Einrichtung des Heisenhofes, ein altes Gutshaus, als Offiziersheim für den Großstandort Barme. Es wurde für die Offiziere bald ein sehr geschätzter Treffpunkt. Jeden Mittag versammelte sich dort geschlossen das Offizierkorps des Btl zum Essen. Vom Heisenhof aus hatte man einen sehr schönen Blick auf die Weser und die angrenzenden Wesermarschen.

Nach einem Vierteljahr wurde Grot der 3. Kompanie unter Hptm Marquardt als Ausbildungsoffizier für 220 Rekruten des PiBtl und der Pi-MaschKp 108 zugeteilt. Da Gestaltung und Ausbildung der Rekruten in seiner Hand lagen, sich die Rekruten einsichtig und leistungsbereit zeigten, gelang es ihm schnell, sie zu einsatzbereiten Pionieren zu formen. Die Besichtigung wurde von dem KorpsPiKdr, dem Oberst Lehbrink, abgenommen, der sich zum Abschluss sehr lobend äußerte. Dieses Lob steckte sich der Hptm Marquardt ein, der im Grunde genommen aber wenig zu dem Besichtigungsergebnis beigetragen hatte. Grot muss seinen Unwillen sehr drastisch gezeigt haben, denn er beeilte sich schnell, Grot mit einem Buchgeschenk zu versöhnen.

Bei der 3. Kompanie traten sehr bald Differenzen durch das Herkommen aus zwei verschiedenen Bataillonen auf. Ein geflügeltes Wort meines KpChefs war der Satz: „Bei uns in Plön haben wir das immer so… gemacht!", bis Grot eines Tages der Kragen platzte und er schroff entgegnete: „Jetzt sind wir in Barme und machen es so …!" Der Anlass für seine Reaktion ist Grot entfallen, aber besagten Satz hat er nie wieder gehört.

Mein Dienst im PiBtl 11 währte nicht lange. Zum 1. Oktober 1959 wurde Grot zur PzPiK 330 nach Lingen an der Ems versetzt.

## I. Charakterliche Merkmale

Sauber, ehrlich und grundanständig. G. ist ruhig und zurückhaltend, kann jedoch auch plötzlich explodieren. Er verhält sich gegen jedermann abwartend und reserviert. In seiner Art wirkt er verschlossen und unnahbar, spürt er jedoch, daß man ihm Vertrauen entgegenbringt, taut er auf und wird zunehmend freier. G. weiß was er will, seine Meinung vertritt er in korrekter Form.

## II. Geistige Merkmale

Gut geistig veranlagt, erfaßt G. schnell das Wesentliche. Er kann sich klar ausdrücken, sein Vortrag muß noch lebhafter sein. Bei seinem Bestreben, sich weiterzubilden, steht er dem politischen Geschehen aufgeschlossen gegenüber.

## III. Körperliche Merkmale

Groß und kräftig, in seinen Bewegungen noch etwas salopp. Widerstandsfähig, anstrengungsbereit, voll belastbar. Am Reitsport interessiert.

## IV. Dienstliche Eignung und Leistung

Als Rekrutenoffizier zeigt G. befriedigende Leistungen. Seine militärischen Kenntnisse sind solide. Zur Durchführung der Ausbildung macht G. brauchbare Vorschläge, er versteht es die Unterführer anzuleiten. Sicher im Auftreten vor der Front, setzt er sich klar durch und ist hart. Zum Unterführerkorps muß er etwas mehr den Kontakt suchen. Vorgesetzten gegenüber ist G. höflich und taktvoll.

## V. Sprachkenntnisse

Englische Schulkenntnisse sind vorhanden.

## VI. Fachdienstliche Zusätze

Eine Fachbeurteilung durch den _____ ist beigefügt.*

(Dienstgrad, Dienststellung, Name des Fachvorgesetzten)

* Nichtzutreffendes streichen

*Abschlußbeurteilung des Dienste im PiBtl 11, Blatt 1*

VII. Zusammenfassende Beurteilung

    1. Bewährung in der jetzigen Stellung (STAN-Stelle)*:

        **Durchschnitt (befriedigend)**

    2. Schwächen und Mängel, Vorschläge zu ihrer Beseitigung:

    G. muß sich bemühen noch wesentlich mehr aus sich herauszuholen.

    3. Stärken und besondere Eignung, Vorschläge zu ihrer Förderung:

    Seine untadelige, soldatische Gesinnung und Haltung.

    4. Eignung zum nächsthöheren Dienstgrad:
        – ja – nein – steht noch nicht heran –**

        Bewährung von mindestens 4 Monaten in einer dem höheren Dienstgrad entsprechenden Verwendung:

VIII. Eröffnung

    Die Abschnitte I bis VII dieser Beurteilung (einschließlich einer etwaigen Fachbeurteilung) sind mir heute eröffnet worden.

        Barme       , den   **19. 9. 1959**
        (Ort)

                        (Unterschrift des Beurteilten)

IX. Verwendungsvorschläge

    1. Verwendung in nächster Zeit:

    2. Verwendungsvorschlag auf weitere Sicht:

        Barme       . den **19. 9. 1959**
        (Ort)

        Grot Oblt. Ausbildungsoffz
        (Name, Dienstgrad und Dienststellung des Beurteilenden)

* Es ist zwischen folgenden Wertungen zu wählen:
hervorragend — weit über Durchschnitt (sehr gut) — über Durchschnitt (gut) — Durchschnitt (befriedigend) —
knapper Durchschnitt (noch ausreichend) — unter Durchschnitt (nicht ausreichend) — ungenügend
** Nichtzutreffendes streichen

*Abschlußbeurteilung des Dienste im PiBtl 11, Blatt 2*

Die Stellungnahme des Bataillonskommandeur, OTL Dr. Fiechtner, lautete:

> *Seiner Korrektheit steht eine völlige Temperamentslosigkeit gegenüber. Überzeugt vom Ernst seiner Aufgabe, ist er hart gegen sich und seine Untergebenen, ohne diese Härte durch mitreißende Frische kompensieren zu können. Wirkt dadurch manchmal etwas verkrampft und auch gesellschaftlich ungewandt und wenig kontaktfähig. Muß innerhalb gelöster und äußerlich frischer werden, damit seine guten Anlagen mehr zur Geltung und Auswirkung kommen. Durchschnitt*

Schnell waren seine wenigen Sachen zusammengepackt und verladen. Mit der Bahn erreichte Grot über Emden seinen neuen Standort Lingen/Ems. Dort traf Grot auf den Hptm Hopf, der in ihm seinen Wunschkandidaten als Zugführer sah, was sich aber später ändern sollte. Mit der Versetzung in die PzBrig 33 kam Grot in ein ganz neues und anregendes Umfeld. Panzeroffiziere, Artilleristen und PzFla ergaben für Grot ein ganz neues Sichtfeld.

Lingen an der Ems, nahe der Niederländischen Grenze gelegen, war eine alte Garnisonsstadt mit einer großen Kaserne auf der Insel zwischen Dortmund-Ems-Kanal und Ems. In dieser Kaserne waren Brigadestab, Stabskompanie, ein PzBtl, ein ArtBtl, eine PzFlaBttr und eine Panzerpionierkompanie stationiert. Lingen war damals eine langweilige Kleinstadt mit einem schönen Marktplatz und einem großen, wenn auch traditionellen Viehmarkt. Im Norden der Stadt hatte sich die Ölindustrie angesiedelt.

Während seiner dortigen Stationierung kam Grot oft zum Lesen. Bei dem Lesen des Buches Luciem Leuven von Stendhal stellte Grot oftmals Vergleiche zwischen dem Romanhelden und seiner Situation in Lingen an, wenn auch die gesellschaftliche Situation in Nancy eine ganz andere war.

Brigadekommandeur war der Oberst Lueder, ein kampferprobter und bewährter Panzerkommandeur, der sehr viel für den Zusammenhalt und die Weiterbildung des Offizierskorps der Brigade unternahm. So hatte jeder Leutnant der Brigade jedes Jahr eine Winterarbeit zu schreiben. Die Themen bestimmte der Brigadekommandeur, der auch die Bewertung vornahm. Die Schwierigkeit für die Leutnante bestand nun darin, sich Unterlagen für diese Arbeiten zu beschaffen. Im Standort Lingen/Ems gab es insbesondere für militärische Themen keine leistungsfähigen Bibliotheken.

So musste sich Grot für seine Arbeiten die nötige Literatur von der Wehrbereichsbibliothek Hannover zusenden lassen. Die Arbeiten waren für Grot insofern nützlich, als dass sich sein Interesse für kriegsgeschichtliche Themen schärfte.

Die Grot zugeteilten Themen lauteten:" Die historische Entwicklung der Pioniere" und „Die geschichtliche Entwicklung des Offizierskorps".

Die Arbeiten wurden fristgerecht erstellt und von dem Brigadekommandeur durchgesehen. Beide Arbeiten wurden als fleißige Arbeiten benotet, Stil und Form aber bemängelt. Im Nachhinein ist festzustellen, dass Lueder der einzige Vorgesetzte war, der sich um die kriegsgeschichtliche Weiterbildung seiner Offiziere sorgte. Im Laufe der Zeit in der Brigade hielt auch der General von Lettow-Vorbeck einen sehr interessanten Vortrag. Stv. Brigadekommandeur und KdrBrigEinheiten war der OTL Meinl, ein sehr vornehmer Herr, der erst kurz vor der Dienstaufnahme in der Bundeswehr aus russischer Kriegsgefangenschaft entlassen worden war. Das Stammpersonal der aufzustellenden PzPiKp kam von zwei sPiBtl aus den Standorten Schleswig und Koblenz. Entgegen den Bestimmungen wurden mehr „Disziplinarfälle" zuversetzt als zulässig. Bei Zuversetzungen aus Koblenz hatte der dortige StOPfarrer zum Teil wegen Ehebruchgeschichten an der Versetzung mitgewirkt. Auf Grund der schriftlichen Meldungen durch Grot, der seinen Kompaniechef zu vertreten hatte, wurden mehrere Unteroffiziere zurückversetzt und durch andere weniger belastete ersetzt. Als Spieß kam ein ehemaliger SS-Mann, der jedoch bald scheiterte und durch den menschlich erfahrenen HFw Henke zum Wohle der Kompanie ersetzt wurde.

Schnell erhielt die Kompanie Rekruten, je zur Hälfte aus lustigen Rheinländern und zuverlässigen Emsländern. Eine gute Mischung. Kurz nach der Aufstellung wurde die Kompanie im Mob-Fall vom I. (GE) Korps direkt als Begleitkompanie für ein (US) ArtBtl mit sechs 28 cm Geschützen unterstellt. Gleichzeitig erhielt die Kompanie 2 Sätze SE-Kurzbrückengerät. Die Ausbildung wurde voll auf diesen Einsatz ausgerichtet. Die Kurzbrücken bis zu einer Länge von 22 Meter wurden mit Hand vom Lkw runtergebaut. Dabei mussten die einzelnen Brückenteile mit 16 Pionieren bewegt werden. Der Bau einer solchen Brücke war in der Regel in 16 Minuten fertig. Schnell erfolgten Einweisungen durch das US-Btl bei Übungen in Rheinland-Pfalz, die recht bald die Probleme mit dem Fahren der etwa 80 t schweren Geschütze aufzeigten. Danach erfolgte eine Übung am Niederrhein, bei der Grot den KpChef zu vertreten hatte.

Zu einem Aufenthalt auf dem TrÜbPl Hohenfels marschierte die Kompanie zunächst nach Zweibrücken und danach im Verband des US-Btl quer durch Süddeutschland.

*Übung mit SE Kurzbrücke für (US) Atomartillerie am Niederrhein*

*Trägertransport von Hand mit 16 Mann*

*SE Kurzbrückenbau auf dem TrÜbPl Hohenfels*

54

Überall, wo das Bataillon marschierte, brach der Verkehr aufgrund der Vorfahrtsregeln zusammen. Die sMG des US-Btl waren während des Marsches durchgeladen. Drei Wochen dauerte die Ausbildung mit den amerikanischen Artilleristen und der PzPiKp. Während des TrÜbPl-Aufenthaltes waren tiefe Einblicke in den Betrieb des US-Btl zu gewinnen. So wurde ein Ersatzteil für unseren Kran, ein US-Modell, unverzüglich aus Mannheim herangeflogen. Die 28cm Kanonen waren wegen des hohen Schwerpunktes schwierig im Gelände zu bewegen. Anschließend erreichte die Kompanie auf dem Landweg wieder ihren Standort.

Nach dem TrÜbPl-Aufenthalt in Hohenfels wurde das US-Btl bald umgerüstet und erhielt Raketen bis zu 150 km Reichweite. Später trat an dessen Stelle ein britisches Raketenartilleriebataillon. Der daraus resultierende Unterstützungsauftrag verblieb bei der Kompanie. Bei der (US) Atomrakete handelte es sich nach Grots Erinnerung um die Corporal. Die Raketen wurden auf einem Radarstrahl in das Ziel gelenkt. Der Raketenträger verfügte über vier große mannshohe Räder, die einzeln gelenkt werden konnten. Dadurch war der Raketenträger sehr wendig. Grot hat während einer Übung erlebt, wie dieses Fahrzeug nachts in einem Wald mitsamt der Rakete in Stellung gebracht wurde. Damit die feindliche Aufklärung während der Übung den Träger nicht erfassen sollte, wurde der Radarstrahl um 180 Grad nach Westen gedreht.

Die von anderen Pionierstandorten abseitige Stationierung der Kompanien erbrachte für die Kompanie eine Reihe interessanter Aufgaben. Von Katastropheneinsätzen, wie Hochwasser und Moorbrand, waren Behelfsbrückenschläge in Verbindung mit der Erprobungsstelle Meppen an der Tagesordnung. Zum Schießen mit Handfeuerwaffen mussten 80 Kilometer bis Borken gefahren werden. Zum Gefechtsschießen nach Haltern Borkenberge. Beim Finden eines Blindgängers gab es dort 5 DM vom britischen Platzkommandanten bar auf die Hand.

Eine Übungsepisode muss speziell aufgeführt werden, weil sie die Leistungsfähigkeit der Panzerpionierkompanie besonders aufzeigt. Das Panzerbataillon 333 führte auf dem Gelände der Erprobungsstelle Meppen eine Übung im Bataillonsverband mit damals 3 Kompanien a 17 Panzern durch. Damit das Bataillon auf den Platz gelangen konnte, musste die PzPiKp über einen Bachlauf neben einer schwächeren Straßenbrücke eine 50 to tragende Behelfsbrücke schlagen. Daneben war es erforderlich, die Eisenbahnnebenstrecke Lahten – Sögel mit einer SE Kurzbrücke zu überbrücken, damit die Schienen der eingleisigen Bahnstrecke von den Panzerketten nicht beschädigt werden konnten.

*Stegebau der Panzerpionierkompanie 330 im Emsland*

Wegen des Eisenbahnverkehrs musste die Kurzbrücke mehrfach von Hand auf- und abgebaut werden.

Mittlerweile ergaben sich Spannungen zwischen Kompaniechef und Grot. Ein Verkehr war nur noch über den KpFw möglich. Im Laufe des Jahres 1960 wurde Grot zum Kompaniechef-Lehrgang an der Pionierschule kommandiert und erhielt darauf bald die Versetzungsverfügung für den Posten des Kompaniechefs der 4./(amph) PiBtl 11. So landete Grot wieder in Barme. Der erwähnte KpChef der PzPiKp wurde übrigens bald nach Grots Versetzung wegen seiner moralischen Verfehlungen abgelöst.

*Brückenschlag der PzPiKp 330 über die Aller bei Westen*

*Personen auf der Brückenspitze mit dem Rücken zugewandt v. l. n. r: BrigGen Lueder – BrigKdr, OTL v. Westernhagen – Kdr PiBtl 11, Hptm Hopf – KpChef PzPik, OLt Grot – Leiter des Brückenschlages*

Mit der Übernahme der 4./(amph)PiBtl 11 begann Grot Anfang Oktober 1961. Die Übernahme dauerte wegen der umfangreichen Geräte- und Kfz-Ausstattung über eine Woche. Dabei wurde viel Fehl an Gerät festgestellt. Allein bei den 50 LKW 3 T Ford war eine Fehlteilliste von etwa 45.000 DM vorhanden. Auch in vielen anderen Bereichen der Kp fehlten Geräte. Das Hohlplattenbrückengerät war relativ neu, aber ohne die dafür vorgesehenen Spezialtransportfahrzeuge. Dafür sollten die LKW 3 T herhalten, die auf Drängen des ersten Kommandeurs aus dem Gesamtbereich des I. Korps stammten. Für die 5 M-Boote waren überhaupt keine Transportmittel vorhanden. Das Schlauchbootbrückengerät 16-30-50, das alte Erprobungsgerät, war kaum gebrauchsfähig und im Grunde genommen abgewirtschaftet.

So übernahm Grot die Kompanie mit denkbar schlechten Voraussetzungen. Ein weiterer – nicht sichtbarer Mangel – war dadurch entstanden, dass die Bataillonsführung alle disziplinar schwierigen Soldaten des Btl vor Grots Zeit in die 4. Kp versetzt hatte. Von den knapp 150 Kfz war kaum die Hälfte mit Fahrern zu besetzen.

Das Gerät lagerte an vielen Stellen innerhalb und außerhalb der Kaserne. Bei der Übernahme fühlte sich Grot in seiner Haut nicht wohl. Der einzige Lichtblick waren einige gute und zuverlässige Unteroffiziere; voran der KpFw HFw Bredemeier. Grots Trost war, dass der Kommandeur OTL v. Westernhagen seine schwierige Situation kannte und ihn gewähren ließ bzw. ihn stützte. Problematischer war, dass es keine Vorschrift gab über die Führung und Ausbildung einer Amphibischen Kompanie. Sein einziger Merksatz stammte vom Fähnrichlehrgang PiSchule und lautete: „Die Schwimmbrückenkompanie stürmt kein Sch…haus, selbst wenn die Tür offen steht". Ein weiteres Problem entstand bzw. war dadurch vorhanden, dass das Gerät lange im Wasser der Weser lag oder liegen musste und dadurch stark korrodierte. Für keines seiner Probleme gab es generelle Antworten, sie mussten in zäher Kleinarbeit gelöst werden.

Zur Lösung seiner disziplinaren Schwierigkeiten war Grot zu hartem Durchgreifen entschlossen, mit der Konsequenz, dass er – neben anhängigen Gerichtsverfahren – im ersten Jahr 150 Disziplinarstrafen verhängte, ohne Einwände seiner Vorgesetzten. Zur Schadensbearbeitung und Begleichung des festgestellten Fehls musste er zahlreiche Schadensberichte erstellen. In keinem Fall konnte Grot zu den Schadensursachen Stellung nehmen und musste dies seinem Vorgänger überlassen (Er ist trotzdem später noch Oberst geworden).

Zum Dienst der Kompanie legte Grot fest, dass drei Wochentage der Geräte- und Kfz-Pflege gehörten und zwei (ohne Samstag) der Kompanie bzw. der Zugausbildung. Von seinem Vorgänger, dem Major Wenske, war bekannt, dass ihm eines Tages zwei Außenbordmotore (35 PS) für Sturmboote fehlten. Sie waren in der Kompanie auf ungeklärte Art abhanden gekommen. Bei der Untersuchung dieses Schadenfalles durch die WBV II konnte er später auch nicht nachweisen, wann er die Aubos der Kompanie (ges. 35 Motore) das letzte Mal gezählt hatte. Dieser Umstand führte letztendlich dazu, dass er Schadensersatz leisten musste und die beiden Aubos bezahlt hat. 7.000 DM war damals der Preis. Grot zog Lehren daraus, indem er wöchentlich die Zahl seiner Lkw und die der Aubos kontrollierte; das übrige Gerät stichprobenartig. Über die Kontrollen wurden Aktennotizen angefertigt, die nach zwei Jahren einen Aktenordner füllten.

Bei der umfangreichen Ausstattung der Kompanie und der Tatsache, dass das Gerät zum Üben an die Kampfkompanien ausgegeben werden musste, waren strenge Kontrollen angebracht. Dies wurde auch als Verpflichtung gegenüber dem Steuerzahler angesehen, der für die Ausstattung der Kompanie viel Geld ausgegeben hatte.

Schreiben des OLt Grot an seinen BtlKdr OTL v. Westernhagen, in dem er die erheblichen Mängel darstellt und zur Sicherstellung des Einsatzes um Abhilfe bittet:

4./Pionierbataillon 11                    Barme, 11. Dezember 1962

VS - vertraulich

Bericht über die Einsatzbereitschaft der 4. amph. Kompanie PiBtl 11
- - - - - - - - - - - - - - - - - - - - - - - - - - - - - - - - - -

Die Kompanie wurde seit ihrer Aufstellung mit zahlreichem Brückengerät und einer großen Anzahl von Kfz ausgerüstet. Als Grundlage
für die Ausstattung mit PiGerät wurde die StAN vom 9. 11. 1960.
zugrunde gelegt.

Da man sich aber über die Ausrüstung mit Kfz noch nicht endgültig
klar war, wurde die Kompanie mit Fahrzeugen zum Gerätetransport
ausgerüstet, die in der StAN nicht vorgesehen sind. Aus dieser un-
organischen Ausrüstung ergeben sich erhebliche Schwierigkeiten. Lt.
StAN hat die Kp eine Stärke im Frieden von 2/32/120/155. Die Ist-
Stärke beträgt z.Zt. 2/25/111/138. Am 1.1.1963 wird sich dieser Fehlbestand, insbesonders an Mannschaften, weiter erhöhen, so daß dann
nach der Friedensstärke 22 Soldaten der Kp fehlen . An Dienstgraden
fehlen z.Zt. 5 Feldwebel und 3 Uffz. Der Mangel an Fw wird auch in
der Zukunft nicht im großen Umfang aus eigener Kraft verringert werden können.

Die Kp ist z.Zt. mit folgendem Gerät ausgerüstet:

        Hohlplattenbrücke    20 Hohlplattensätze

        5 M-Booten (Schottel)

        2 M-Booten (amerik.)

        35 S-Booten

        2 Sätzen Schlauchbootbrücke (Versuchsausführung)

            Die Ausstattung mit 10 Sätzen Schlauchbootbrücke
            (neu) ist vorgesehen.

Zum Transport des o.a. Geräts werden folgende Transportmittel benötigt:

        70  Lkw    3 to (Hohlplattenbrücke)

        30  Lkw    7 to (Schlauchbootbrücke)

dazu    5  Lkw    7 to für Zusatzgerät (Brückenergänzungszug)

        5  Lkw   10 to (M-Boottransporter)

        7  Kfz   KpTrupp

        4  Kfz   Zugführer

        2  Auto-Kräne
        ___

insges.123 Kfz
       ========                                    /2

60

Um sämtliche Kfz vorschriftsmäßig besetzen zu können (Fahrer und Beifahrer) wären 246 Soldaten erforderlich. Hinzu kommen 22 Soldaten des KpTrupps. Insgesamt ist, damit die Kp ihre Aufgaben erfüllen kann, somit eine Stärke von 266 Mann erforderlich.

z.Zt. ist die Kp mit 86 Fahrzeugen ausgerüstet. Schon um diese Fahrzeuge alle vorschriftsmäßig zu besetzen, müßte die Kp eine Stärke von 172 und 22 Soldaten haben. Es ergibt sich hier bei der derzeitigen Stärke der Kp schon ein Fehlbestand von rund 61 Soldaten. Bei der großen Anzahl von Kraftfahrzeugen und Gerät ergeben sich jetzt schon erhebliche Schwierigkeiten bei der Pflege und Wartung. Diese Schwierigkeiten werden dadurch noch verstärkt, weil nicht genügend Kraftfahrer zur Verfügung stehen. Es fehlen z.Zt. in der Kp rund 40 Mannschaftsdienstgrade, die als Kraftfahrer eingesetzt werden können. Jeder einzelne Angehörige der Kp muß deshalb schon jetzt im hohen Maße angespannt werden. Durch die vorhandenen Mängel ist die Einsatzbereitschaft aufs Höchste gefährdet. Es muß damit gerechnet werden, daß die Aufgaben der Kp in einem Kriegsfall nur im geringen Umfang bewältigt werden können.

Um die Einsatzbereitschaft der Kp zu erhöhen, werden deshalb folgende Maßnahmen vorgeschlagen:

Änderung der StAN, dadurch

- Verstärkung der Kp,
- Fortfall der K-Stellen,
- Lieferung von Spezialfahrzeugen, wie M-Boottransporter, S-Bootanhänger, Autokran.

Die Kp weist in diesem Zusammenhang darauf hin, daß sie nicht in der Lage ist, die M-Boote auf dem Landwege zu transportieren. Dadurch ist die Verwendbarkeit des Hohlplattengerätes im starken Maße eingeschränkt.

Die Kp bittet, die Angelegenheit zu überprüfen, um die erforderlichen Maßnahmen einzuleiten, die zur Erhöhung der Einsatzbereitschaft der Kp unbedingt erforderlich sind.

Insgesamt nahm die Führung der Kompanie Grot sehr in Anspruch, so dass er im ersten Jahr kaum vor 19 Uhr sein Dienstzimmer verlassen konnte. Die Ford-Lkw waren für Überraschungen gut. Im ersten Winter froren gleich drei Motoren ein. Beim Ausrücken zu einer Übung durchschlug eine Kupplungsscheibe die Motorhaube. Diese Kfz beladen – mit zwei Hohlplatten – durchs Gelände fahren zu sehen, war schon atemberaubend. Sie schwankten wie Schiffe bei Sturm auf hoher See. Hinzu kamen die übrigen Ausbildungsvorhaben, wie z.B. die TrÜbPl-Aufenthalte Sennelager zweimal jährlich und WÜbPl Ingolstadt einmal jährlich.

Im Februar 1962 hatte die Kompanie zunächst die Zelte für das gesamte Btl in einer Woche aufzubauen, nahm eine Woche am Gefechtsschießen teil und rückte nach Erreichen der Kaserne in Barme am nächsten Vormittag zum Einsatz während der Sturmflut in Hamburg ein. Vierzehn Tage vor Eintritt der Katastrophe befand sich die Kompanie auf dem TrÜbPl Sennelager zum Gefechtsschießen. Am Ostrand des Platzes eingesetzt, peitschte der Wind uns eine Woche lang den Regen ins Gesicht. Am Freitag, den 16. Februar 1962, kehrte die Kompanie in die Garnison Barme zurück. Am 17. vormittags wurde das PiBtl 11 zum Sturmfluteinsatz in Ostfriesland alarmiert. Vorausschauend hatten die Zugführer ihre Fahrzeuge mit Gerät zum Katastropheneinsatz beladen, so dass die Kompanie schnell ihre Marschbereitschaft herstellen konnte. Im Verband des Bataillons rückte die Kompanie ab. Während des Marsches wurde die Kp aus dem Btl-Verband herausgelöst und zum Einsatz in das schwer betroffene Hamburg befohlen.

Nachmittags traf die Kompanie in Hamburg-Harburg an der Brücke des 17. Juni ein und meldete sich beim Einsatzleiter Hamburg-Süd. Zunächst hatte die Kompanie mit Sturmbooten zu erkunden, wie die Bewohner Ochsenwerders die Flut überlebt hatten. Der zweite Auftrag lautete: Durchsuchen der Kleingartensiedlung südlich Wilhelmsburg nach Toten. Nach Anlegen von Wasserhosen wurden im brusttiefen Wasser einzelne Gebäude durchsucht. Dabei wurde eine Mutter mit ihrer erwachsenen Tochter tot geborgen. Danach hatte die Kompanie Bewohner im südlichen Wilhelmsburg mit Hilfe der mitgeführten Sturmboote mit Lebensnotwendigem zu versorgen. Dazu fuhren die Boote über den überschwemmten Wilhelmsburger Güterbahnhof. Der nächste Auftrag führte die Kompanie nach Francop. Dort waren überschwemmte Bauernhöfe zu durchsuchen und totes Vieh zu bergen. Dabei gelangten wir in einen Stall, in dem ca. 30 Rinder tot, aber noch angekettet, lagen. Im Mannschaftszug wurden die Rinder aus dem Stall geholt. Insgesamt währte der Einsatz der Kompanie eine Woche, in der die Kompanie dem sPiBtl 719, OTL Schütze (Köln), unterstellt wurde. Während des Einsatzes war die Kompanie im Dachgeschoß eines Fabrikgebäudes in Harburg untergebracht. Interessant für den Kompaniechef war die Feststellung, dass sich die disziplinar schwierigen Pioniere während des Katastropheneinsatzes als besonders einsatzfreudig erwiesen.

*Grots Kampfstiefel und andere Erinnerungsstücke vom Einsatz während der Flutkatastrophe in Hamburg 1962 – ausgestellt im Militärmuseum der Bundeswehr in Dresden*

# DER SENAT
# DER FREIEN UND HANSESTADT
# HAMBURG

### VERLEIHT

## OLt. Klaus Grot

IN DANKBARER ANERKENNUNG DER TÄTIGEN HILFELEISTUNG

AUF HAMBURGISCHEM STAATSGEBIET WÄHREND DER

### STURMFLUTKATASTROPHE 1962

DIE

### DANKMEDAILLE

HAMBURG, IM JULI 1962

*H. Paul Evermann*

PRÄSIDENT DES SENATS

---

*Urkunde für die Dankmedaille für den Einsatz in Hamburg 1962*

Einmal erfolgte die Verlegung des Btl nach Ingolstadt im Eisenbahntransport. Die Verladezeit war für die zahlreichen Lkw knapp bemessen. Der Zug fuhr schon an, da waren die Kraftfahrer noch immer mit dem Feströdeln ihrer Lkw beschäftigt. Auf dem Wasserübungsplatz war die Kompanie hauptsächlich für die Geräteausgabe für die Kampfkompanien und ihre Kriegsbrückenbauausbildung auf schnell fließenden Gewässern zuständig. So konnte jeden Tag ein Unteroffizier mit acht Pionieren mit einem großen Schlauchboot bis zum Kloster Weltenburg auf der Donau fahren und dabei Fahren auf Fließgewässer „üben".

Im Sommer 62 hatte die Kompanie bei Eystrup eine Kriegsbrücke für den Übergang eines PzBtl über die Weser zu schlagen. Die fünf Brückenfähren lagen schon unterhalb der Drakenburger Schleuse im Wasser. Als es zu dunkeln begann, legten die Fähren wasserwärts ab und fuhren in Reihe die Weser hinunter. Nach Durchfahren der Brückenlinie drehten die Fähren nach dem Abschießen von Dreistern rot auf der Stelle und fuhren stromaufwärts in die Brückenlinie ein. Die Fähren wurden sofort verankert und miteinander verkuppelt. Zwanzig Minuten nach Dreistern rot konnte der erste Panzer über die Brücke fahren. Beobachter des Brückenschlages wollten nicht glauben, dass der Brückenschlag an dieser Stelle nicht geübt worden war, so reibungslos verlief er. Nach Überfahrt des letzten Panzers wurde die Brücke sofort ausgefahren und die fünf Brückenfähren verlegten in den Hafen Hoya.

Zusätzlich wurde Grot noch eine weitere besondere Aufgabe aufgeladen. Für die Kasernen Barme und Rothenburg/Wümme hatte er Luftschutzräume in der jeweiligen Unterkunft zu planen und herzurichten. Da trifft es sich gut, wenn man einen Maurermeister zum KpFw hat. Im zweiten Jahr gab es in der Kompanie kaum disziplinare Schwierigkeiten.

Grots Appelle zur Notwendigkeit der Gerätepflege des anvertrauten Materials fielen bei der Kompanie auf fruchtbaren Boden, und der Zustand des Gerätes besserte sich. Obwohl Grot für die Amphibien schon ausgebildete Unterführer hatte, änderte sich an der Geräteaustattung der Kompanie wenig. Bei den Kfz wurden die Fords abgezogen. Dafür erhielt die Kompanie 7 T-Kipper Magirus-Deutz-Fahrzeuge neuester Produktion. Wenn auch Grots Leistungen bei der Führung der Kompanien anerkannt wurden, so muss doch festgestellt werden, dass wenig Aussicht auf Besserung der Lage der Kompanie vorhanden war. Dem Namen nach sollte es eine amphibische Kompanie sein, doch der Zulauf von Amphibien war nicht absehbar. So kam es, dass Grot sich über seine militärische Zukunft Gedanken machte und eine Versetzung zur

Feldjägertruppe in Erwägung zog. Im Januar 1962 wurde die 11. PzGrenDiv der NATO unterstellt. Die Zeremonie wurde in Oldenburg mit einem großen Aufmarsch aller Truppenteile der Division vollzogen. Der Minister Strauß schritt dazu die Front ab.

*Abschreiten der Front durch den Bundesminister der Verteidigung Strauß*
*(hat gerade die 4. verlassen)*

Anschließend erfolgte ein Vorbeimarsch mit Kfz und Gerät, darunter M-Boote, Sturmboote und Hohlplatten der Kompanie. Zu berichten ist über zwei Kompanieausflüge nach Helgoland. Der Erste wurde zum Desaster; dank König Alkohol. Der Zweite brachte Grot ein Lob des Ausflugdampferkapitäns über die gute Disziplin seiner Kompanie ein.

Zum Bild der Kompanie gehörten auch die Pioniere Schang und Leschnikowski. Beide entstammten aus sozial schwierigen Verhältnissen. Wegen ihrer Arreststrafen mussten sie jeweils ein Vierteljahr nachdienen. Durch ihre Unverbesserlichkeiten dienten sie diese Zeit größtenteils in einer Arrestzelle ab. Erinnert werden muss auch an Frau Nenntwig, die Schreibkraft der Kompanie und Stütze des KpChefs. Sie konnte hervorragend stenographieren.

Niederschriften von Verhören, Schadensberichte, Kp-Befehle und Stellungsnahmen; alles dies konnte zeitsparend diktiert werden und erleichterte so die Führung der Kompanie.

Große Sorge bereitete die Uffz-Lage in der Kompanie. Der Nachwuchs war gering. Um eine sichere Grundlage für die Personallage zu gewinnen, wurden die Zugführer und einige ausgewählte Unteroffiziere nach ihren Zukunftsplänen befragt. Wer einverstanden war, wurde zum Berufssoldaten vorgeschlagen. Männer wie Draheim, Gerdes und Ratzke stiegen später in die Laufbahn der Fachdienstoffiziere auf. Wie schwierig die Personallage war, zeigt folgende Episode: Chefbesprechung mit dem Oberstleutnant Ritter; gesucht wird ein Unteroffizier für die Ausbildungskompanie. Ausgangslage: kein Kompaniechef ist zu einer Abgabe bereit. Der Kommandeur kommt auf die Idee, das Los entscheiden zu lassen – bereitet Loszettel vor. Geht mit seiner Schirmmütze an den KpChefs vorbei und lässt jeden ein Los ziehen. OLt Grot weigert sich, an der Auslosung teilzunehmen und verlangt, unter Hinweis auf die schwierige Lage der 4. Kompanie, vom Kommandeur eine genaue Prüfung der Personallage jeder Kp des Btl mit anschließender Entscheidung. Große Empörung beim Kommandeur. Weitere Eskalation wird vermieden durch die Abgabezusage des Hptm Szelag, Chef 5. Kompanie.

Eine weitere Sorge galt auch der Wohnungsbeschaffung für einzelne Unteroffiziere. Gleichzeitig wurde auch versucht, die Uffz zu schützen. Ein Uffz hatte aus einer Bedrohungslage heraus einen Pionier geschlagen, was ein Straftatbestand war, und hätte vom Disziplinarvorgesetzten abgegeben werden müssen. Dieser gab den Fall nicht ab und verhängte stattdessen eine Geldbuße von 100 DM, die er aber auf Bewährung aussetzte. Da alle Disziplinstrafen dem Rechtsberater der Division vorgelegt wurden und Beanstandungen zurückkamen, kann davon ausgegangen werden, dass die Behandlung dieses Falles rechtens war. Ziemlich schnell nach der Übernahme der Kompanie wurde ein Stubenwettbewerb veranstaltet. Die Kp war zunächst nicht bereit, sich daran zu beteiligen, obgleich die Mannschaftsstuben für sie wohnlicher ausgestaltet werden sollten. Erst als ein Hauptpreis von drei Tagen Sonderurlaub ausgesetzt wurde, gingen die Pioniere ordentlich zu Werk. Eine Kommission aus Vertrauensmann der Mannschaften, dem KpFw sowie dem KpChef hatte die Wahl zu einer schweren Entscheidung. Es war viel tapeziert worden. Wenn auch der Dienst in der Bundeswehr zu der Zeit, als Grot als Zugführer und Kompaniechef tätig war, mit dem heutigen Dienst nicht verglichen werden kann, wobei z. B. das Disziplinarrecht größere Freiheiten bot, erlebte Grot nur

eine Beschwerde gegen sich und diese wurde von der 11. PzGrenDiv abge-
lehnt. Es handelte sich um eine Formalie. Zum 1. Oktober 1963 erfolgte ein
KpChef-Wechsel. Übergeben wurde eine disziplinierte und wohlgeordnete
Kompanie. Das Gerät konnte bis zum letzten Schraubenzieher vor- bzw.
nachgewiesen werden.

*Oberleutnant Grot 1963 Kompaniechef der 4./ (amph) PiBtl 11 auf dem TrÜbPl Sennelager*

# 9.    Chef Panzerpionierkompanie 360

Für die Stationierung des Stabes der Panzerbrigade 36 und deren Teile war am Westrand der Stadt Mergentheim auf dem Gall-Berg eine Kaserne errichtet worden. Beim Einzug der ersten Truppenteile war die Kaserne gerade fertig gestellt worden. Die Kaserne war geschickt in einen Berghang hineingebaut worden und entsprach modernsten Anforderungen. Von der Kaserne hat man einen wunderschönen Blick auf die umliegende Landschaft. Später nach Auflösung der Brigade wurde die Kaserne nicht abgerissen, wie in zahlreichen anderen Fällen, sondern an einen süddeutschen Schraubenhändler verkauft. Der Standort Mergentheim war für Grot fast ein Traumstandort. Schon in seiner Jugendzeit erwanderte Grot die Landschaften Franken und Hohenlohe und fühlte sich mit den Kulturen dieser Landstriche fest verbunden. Mergentheim als Sitz der Deutschordensritter und den romantischen Plätzen und Gassen und der sanft dahin fließenden Tauber waren von großem Reiz. Die Werke der großen deutschen Künstler T. Riemenschneider und Grünewald, Städte wie Würzburg, Rotenburg ob der Tauber oder Langenburg waren für Grot der Anlass zu zahlreichen Ausflügen außerhalb der Dienstzeit. Hinzu kam die Freundlichkeit und die Aufgeschlossenheit der Bevölkerung der neuen Garnison gegenüber. Die neue Kaserne war am Westrand der Stadt errichtet worden, ohne die Landschaft zu stören. Anfang Oktober 1963 fuhr Grot mit seinem Pkw von Barme nach Bad Mergentheim. Es war ein wunderschöner Herbsttag. Die Wälder auf den Höhen hatten ihr schönstes farbiges Kleid angelegt. In der neu errichteten Kaserne auf dem Boxberg, der späteren Deutschordenskaserne, war schon für die Kompanie ein kleines Vorkommando eingetroffen. Das danach eintreffende Stammpersonal kam in der Masse vom LLPiBtl 9 und ungern in die Kp, da sie dadurch ihre Fallschirmspringerzulage verloren, was damals für einen Unteroffizier viel Geld bedeutete. Auch ein weiteres Symbol, der Fallschirmspringerhelm, musste unter Klagen umgetauscht werden. Kein guter Anfang.

Kommandeur der PzBrigade war Oberst Sonnek, ein fanatischer Katholik, der in Mergentheim die Fronleichnamsprozession in voller Uniform anführte. Stv. Brigadekommandeur und damit Kdr BrigEinh war der Oberst Schwerdfeger, ein eleganter PzAufklärer. Dieser war in der Vergangenheit durch einen sehr lobenden Artikel über das Vorgehen der französischen Truppen in Algerien in der „Wehrkunde" aufgefallen und hatte sich dadurch in seiner Laufbahn ins Abseits gestürzt.

Es begann das bei Neuaufstellungen übliche Verfahren. Prüfung der Personalabstellungen. Auf Antrag der Kp mussten dabei einige Uffz aus dem süddeutschen Raum Mergentheim wieder verlassen. Die ersten Rekruten kamen aus Baden-Württemberg. An der Sprache merkte man, dass manche ihre engen Täler das erste Mal verlassen hatten. Diese Pioniere waren willig und einsatzbereit. Leider war der der Kp zugeordnete Pionieroffizier überfordert. Während des ersten TrÜbPl-Aufenthaltes der Kp wurde ein Pionier in seinem Zelt ohnmächtig aufgefunden. Zwei Pioniere erhielten ihn erfolgreich durch Mund zu Mund-Beatmung am Leben. Nach gründlicher Untersuchung kam der Pionier mit der Diagnose zurück: „Darf zu keinen Diensten herangezogen werden, wo er sich und andere gefährden kann". Wegen der Gefährlichkeit des Pionierdienstes lehnte es Grot ab, die Verantwortung für diesen Fall zu tragen. Erst daraufhin wurde die Entlassung dieses Mannes angeordnet. Die beiden lebensrettenden Pioniere erhielten übrigens drei Tage Sonderurlaub.

Das schwere Gerät und die Kfz trafen für die Kp bald ein. Bloß Schützen- und Pionierpanzer waren nicht darunter. Auf dem an die Kaserne angrenzenden StOÜbPl wurde mit eigenen Mittel ein kleiner Pionierübungsplatz mit Sprenggarten errichtet, durch den die Pionierausbildung effektiver gestaltet werden sollte. Mitte 1964 hatte Grot sich bei dem BrigKdr, dem nunmehrigen Brigadegeneral Sonnek, zu melden. Ihm war Grots Konfessionslosigkeit aufgefallen. Er machte Grot Vorhaltungen der Gestalt, dass er die Angehörigen seiner Kp nicht beeinflussen dürfte. Auf Grots Erwiderung hin: „So wie ich von meinen Vorgesetzten erwarte, dass sie meine Auffassung respektieren, halte ich es auch mit meinen Untergebenen". Das Gespräch war daraufhin sofort beendet. Grundsätzlich ist dazu anzumerken, dass Grot während seiner Zeit als Kompaniechef sich nicht in der Rolle als „Religionswächter" gesehen hat. So hatte er seinen Pionieren die Teilnahme an den regelmäßig stattfindenden lebenskundlichen Unterrichten freigestellt, ohne dazu schriftliche Aufsätze zu verlangen, um sie zur Beschäftigung mit den jeweiligen Themen zu zwingen. Nach seinen Nachforschungen haben aber wenige Pioniere von dieser Freiheit Gebrauch gemacht. Die freiwillige Teilnahme hatte Grot in den Dienstplänen vermerkt. Beanstandungen durch Vorgesetzte zu dieser Sache sind aber nie bekannt geworden.

Im ersten Jahr gelang es nicht, das UffzKorps wesentlich zu verstärken. Lediglich der Uffz Hasche ließ sich von Barme zur Kp versetzen. Der Lt der Res Moebius folgte ihm. Es gelang nicht, genügend Freiwillige zu werben. Nach dem 20. Juli 1964 teilte der Oberst Schwerdfeger Grot mit, dass in der

Kp als einzige in der Brigade das Thema „Attentat 20. Juli 1944" im Unterricht behandelt worden sei. Staatsbürgerlicher Unterricht als auch Politischer Unterricht betrachtete Grot in seiner Stellung als Kompaniechef als sehr wichtig. So war die Behandlung des 20. Juli 1944 für Grot eine Selbstverständlichkeit. Ein Anliegen war es aber auch, auf die Einmaligkeit des Geschehens hinzuweisen. Eine andere Frage war, was geschehen wäre, wenn der Putsch erfolgreich gewesen wäre. Es war ja vorgesehen, den Generaloberst Beck zum Staatsoberhaupt zu benennen. Nachträglich stellt sich die Frage, ob dieser Mann, der vor seiner Entlassung aus dem Dienst der Verbindungsoffizier der Wehrmacht zum General von Ludendorf war, das geeignete Staatsoberhaupt gewesen wäre oder ob Heuss als Bundespräsident doch für Deutschland die bessere Lösung war.

Überschattet wurde das erste Jahr der Kp durch die ernsthafte Erkrankung des Kompaniechefs, der für insgesamt vier Monate ausfiel und wahrscheinlich auch deshalb die Kompanie verlassen musste. Insgesamt konnte er sich aber von drei vorgesetzten Offizieren drei verschiedene Gründe für seine Versetzung anhören.

Der mittlerweile zum Hauptmann beförderte Grot wurde aus Fürsorgegründen als HOH zum Jabo-Geschwader Pferdsfeld versetzt, konnte dort aber nie seinen Dienst antreten, weil er gleichzeitig als S3/Luft zum III. Korps kommandiert worden war. Er erhielt dort eine Einweisung in seine Aufgaben, konnte diese aber nie in der Praxis während einer Übung anwenden. Zudem wurde er zwischenzeitlich für ein Vierteljahr zur Sprachenschule der Bw nach Euskirchen versetzt, um seine Englischkenntnisse zu verbessern.

*Einmarsch der PzPiK 360 in Bad Mergentheim*

Im Namen der

## Bundesrepublik Deutschland

ernenne ich

den Oberleutnant

## Klaus Grot

zum Hauptmann

Bonn, den 19. Mai 1964

## Der Bundesminister der Verteidigung

*Beförderungsurkunde zum Hauptmann*
*(Zur Beförderung zum Hptm ist anzumerken, daß diese Beförderung bestimmungs-*
*gemäß damals erst nach Vollendung des 30. Lebensjahr möglich war.)*

Danach zum III. Korps zurückgekehrt, heiratete er seine Frau Christa, der er auch im hohen Alter noch heute die Treue hält. Von zwei Episoden aus Grots Zeit im Stabe des III. Korps ist zu berichten. Anfang der sechziger Jahre war unübersehbar, dass auch die Soldaten anfingen, Eigenheim und Grundbesitz zu erwerben. Dem versuchte der damalige KG, General Gaedtke, mit den Worten: „Er wünsche keine Wehrbauern" entgegenzusteuern. Aus Anlass seiner Versetzung in den Ruhestand wünschte sich der KG als Abschiedsgeschenk von seinem Offizierskorps eine Perserbrücke, was unter den „Schenkenden" zu zahlreichen kritischen Bemerkungen führte. Nachfolger als KG war Generalleutnant Schnez, vormals Kommandeur der 5. Panzerdivision. Auf der Fahrt von Euskirchen nach Koblenz beging Grot den Fehler, bei P III/5 vorzusprechen, weil er sich Klarheit über seine dienstliche Situation verschaffen wollte. P III/5 suchte gerade jemanden für den Posten eines Prüfoffiziers bei der Freiwilligen-Annahmestelle II in Hannover. Kurze Zeit später hatte er eine Versetzungsverfügung für den von ihm nicht angestrebten Dienstposten auf dem Tisch.

Der Dienst in der FrAnSt verlief relativ gleichförmig. Täglich waren im Durchschnitt sechs Bewerber zu prüfen und entsprechende Prüfberichte zu schreiben. Dabei wurde von der Leitung der Dienststelle sehr auf eine Sollerfüllung geachtet. Eine Prüfgruppe bestand aus einem Hauptmann, einem StFw und einem Diplompsychologen. Ein Bewerbergespräch konnte erst dann beendet werden, wenn sich die Prüfgruppe einig war. War der Leiter der Dienststelle mit dem Urteil einer Prüfgruppe nicht einverstanden, konnte er eine zweite Prüfung ansetzen. So wurde ein Reserveoffiziersanwärter (mit Abitur) abqualifiziert und erneut bei einer anderen Prüfgruppe vorgeladen. Diesmal war der Bewerber geeignet. Entschuldigend gab der Leiter der Prüfgruppe gegenüber dem Hptm Grot an, bei etwas schärferen Maßstäben hätte das Ergebnis auch anders sein können. Der Dienststellenleiter hielt es nicht für nötig, mit Grot über diesen Fall zu sprechen. Es war offenkundig, dass es ihm nur um die Erfüllung von Quoten ging, um gegenüber seinen Vorgesetzten gut dazustehen. Der Leiter der FrAnSt sah wohl selbst ein, dass der Hauptmann Grot für seine Dienststelle nicht die Idealbesetzung war und führte deshalb mit P ein Gespräch, das Hptm Grot eine Versetzung zum Stab der 5. PzDiv in Diez/Lahn als S3 Org brachte.

# 10.  Im Stab der 5. Panzerdivision Diez / Lahn

Der neue Dienstposten war einer der vier S3 Offiziere der Abteilung G3. Der schönste und interessanteste Standort für Grot war zweifellos Diez an der Lahn, an der Wasserscheide zwischen Westerwald im Norden und Taunus im Süden gelegen. Diez ist eine alte mittelalterliche Stadt mit hoch aufsteigender Burg und engen gewundenen Gassen. Der Stab der 5. Panzerdivision war in dem Barockschloss Oranienstein fürstlich untergebracht. Die Schlossanlage mit ihren wundervollen Deckengemälden, den prachtvollen Räumen, Gängen und Treppen verliehen dem Ganzen ein glanzvolles Gepräge. Es war eine Freude, in solcher Umgebung tätig zu sein. Die Stationierung des Stabes widersprach jeder Raum- und Landgebühr. Das Schloss gab auch den prachtvollen Rahmen für militärische Zeremonien und große Bälle ab, deren Teilnahme in der „High Society" der Stadt Diez und Umgebung sehr begehrt war. Der erste Divisionskommandeur, den Grot erlebt hatte, passte mit seiner barocken Figur gut in dieses Ensemble. Die wundervolle Landschaft zu beiden Ufern der Lahn gab Anlass zu vielerlei Spaziergängen, ohne weit fahren zu müssen. Die Nähe der Stadt Limburg mit den vielen Fachwerkbauten und dem hoch aufragenden romanischen Dom sowie die vielen Burgen in der Umgebung erhöhten noch den Reiz des Standortes. Verbunden mit der Geschichte des Hauses Oranien wurde das Schloss Oranienstein in Sommerzeiten von zahlreichen niederländischen Touristen besucht.

G3 der 5. PzDiv war der damalige Major i.G. von zur Gahten, ein hochintelligenter, aufgeschlossener, hoch befähigter, aber auch gegenüber seinen Untergebenen sehr fürsorglicher Mann. Er leitete Grot verständnisvoll und mit vielem Sachverstand an, für den die neue Aufgabe zunächst recht ungewohnt erschien. Gegenüber dem sehr impulsiven und unberechenbaren Divisionskommandeur Hückelheim hatte er oftmals keinen leichten Stand. Sein Nachfolger als G3 war der Major i.G. Veeser, der sich vor allen Dingen dadurch auszeichnete, dass er zum Chef des Stabes, dem OTL Spachtholz, gerufen, im Laufschritt durch die langen Gänge des Schlosses Oranienstein eilte.

Gleichzeitig traf Grot seinen alten Kameraden von Winterfeld als Major i.G. und G4 der Division wieder. V. z. Gathen war später Kommandeur der Führungsakademie in Hamburg und schied als Generalleutnant aus der Bundeswehr aus. Veeser war später Brigadegeneral und Kommandeur der Truppenschule der Heeresflieger.

Der neue Aufgabenbereich war umfangreich und beinhaltete für den Bereich der Division Gliederungs- und Organisationsfragen, Unterbringung der Truppenteile, Infrastruktur-Angelegenheiten, Rekrutentransporte, Leitung der DivZeichenstelle, Titelverwaltung für BüroMat der Div und als weitere Aufgabe das Herrichten des Schlosses Oranienstein für die vierteljährlich wiederkehrenden Bälle der Div unter Hückelheim. Während seiner Zeit im Stab der 5. PzDiv hat Grot zahlreiche Dienstreisen durchführen müssen, um anstehende Probleme zur Stationierung und Unterbringung der Einheiten und Verbände der Division zu regeln oder zu klären. Diese Reisen wurden in der Regel mit der Bahn aus Ersparnisgründen durchgeführt. Das Nebenstreckennetz der Bahn war damals noch nicht so gut organisiert und ausgebaut. Um einzelne Standorte zu erreichen, waren dabei bis zu viermal umsteigen erforderlich.

Frühes Verlassen des Standortes Diez und späte Rückkehr waren die Regel. Nur zur Klärung von Stationierungsfragen der Heeresfliegerstaffel 5 in Fritzlar erfolgte die Dienstreise per Hubschrauber. Waren Infrastrukturfragen mit dem Infrastrukturstab in Mainz zu klären, konnte Grot die Verbindung Diez–Wiesbaden nutzen, eine eingleisige romantische Strecke durch den Taunus. Nachträglich muss festgestellt werden, dass es die Möglichkeit bot, das Land Hessen intensiv zu bereisen und kennenzulernen.

Zeitweilig war Grot zum G2 zur Vorbereitung einer Geländebesprechung auf Divisionsebene abgestellt und führte dazu Erkundungen in der Eifel durch. Intensiv waren die Verbindungen zu den benachbarten amerikanischen und französischen Panzerdivisionen. Die Erklärungen der französischen Offiziere, sie stünden im Ernstfall fest an unserer Seite, hinterließen einen tiefen Eindruck. Die Verbände und Einheiten der Divisionen waren damals voll aufgestellt und hinlänglich untergebracht. Die in Bezug auf den Einsatzraum stark rückwärtige Dislozierung war damals nicht zu ändern. Lediglich eine Kaserne für ein PzGrenBtl (Rennerod) wurde damals neu errichtet. Durchgeführte Infrastrukturmaßnahmen konnten in den Kasernen oftmals geringe Entlastungen für die Truppenunterbringung und der Kfz sowie der Waffen und Geräte bringen. Die erwogene Verlegung des HMusKorps 5 von Koblenz nach Wetzlar unterblieb aus Kostengründen.

Ein Vorfall bei Übergabe des Kommandos von GM Hückelheim an GM Freytag von Loringhoven erregte beim Divisionsstab vorsichtig formuliert Unverständnis. Zur Übergabe der Kommandogewalt während eines Appells vor dem Schloss Oranienstein erschien der Kommandierende General GL Schnez nicht. Über die Hintergründe darf spekuliert werden. Jedenfalls wird der KG mit der Führung der Div nicht einverstanden gewesen sein. Am Tag der Kommandoübergabe war Grot OvD im Schloss und erhielt um Mitternacht einen Anruf des OVD III. Korps: „ Herr Grot, hier liegt ein Brief ihres DivKdr vor. Muss dieser Brief dem KG sofort vorgelegt werden?" Die Antwort lautete, der General Hückelheim wird seine Division schriftlich übergeben haben und es wird ausreichen, den Brief am nächsten Morgen vorzulegen. Erkundigungen am anderen Morgen im Vorzimmer Chef des Stabes bestätigen dies. Der Kommandowechsel brachte Änderungen, auch im geselligen Leben des OffzKorps. Da der neue Kdr nicht umzog, verringerte sich die Zahl der Bälle und auch der Damenkaffeenachmittage. Eine Merkwürdigkeit ist zu vermelden. Erst später wurde publik, dass Freytag von Loringhoven bis zum Ende des II. Weltkrieges im Führerbunker zu Berlin tätig war. Äußerungen des DivKdr zu diesem Thema gab es nicht.

Zum 17. Januar 1968 wurde Hptm Grot zum Kommando der Territorialen Verteidigung in Bad Godesberg versetzt. Damit endete für ihn die Zeit des Dienstes im Feldheer.

## Eine erste Zwischenbeurteilung

Mit seiner Versetzung in das Kommando der Territorialen Verteidigung schied Grot aus dem Truppendienst aus und wurde fortan nur noch in Stäben der Territorialen Verteidigung verwand. Rückblickend ist dazu festzustellen, dass dies zunächst eine Zeit des Aufbaus der Bundeswehr war, in der er verwandt wurde. Anderseits war dies aber auch eine ständige Zeit des Improvisierens. Es gab keine Zeit, in der der Auftrag mit Mitteln, Ausrüstung und Kräften übereinstimmte. Von der Bedrohung der Bundesrepublik einmal ganz abgesehen.

Während die Ostseite mit hochmoderner Waffentechnik, hier besonders Pioniergerät, ausgerüstet war, zog der Inspizient der Pioniere, Oberst Oberndörfer, durch das Land und lobte seinen Einsatz zur Einführung des Klappspatens und des Bandstacheldrahts. Die Aufzählung der Unzulänglichkeiten ist lang. STAN-Ausrüstung und tatsächlich vorhandenes Gerät klafften weit auseinander. Das zunächst im PiBtl 3 vorhandene US Brückengerät war so schwer, dass es als kaum kriegstauglich galt. Die zum Transport der Kriegsbrücke gelieferten Lkw waren übergroß und zeichneten sich durch einen großen Treibstoffverbrauch aus. Das PiBtl 11 wurde nach Aufstellung mit 5 Sätzen Hohlplattengerät ohne dazu gehörigen Lkw ausgerüstet. Um das Gerät transportieren zu können, sammelte das I. Korps aus seinem Bereich über siebzig hochbordige Lkw 3 to NATO-Ford zusammen. Auf jeden Lkw konnten jeweils nur zwei Pontons transportiert werden. Die von Grot geführte Kp hatte nie genügend Kraftfahrer, um alle Lkw der Kp bewegen zu können. In dieser Kp gab es noch ein zweites Brückengerät, das Schlauchbootbrückengerät 15/30/50. Um das PiBtl 11 möglichst schnell mit diesem Gerät auszurüsten, drängte der damalige Kdr des MatAmtH, dem Btl das damalige Erprobungsgerät zuzuweisen. Das geschah. Das Btl hatte damit ein Gerät, das nicht mehr dem neuesten technischen Stand entsprach und zusätzlich durch den Erprobungsbetrieb technisch abgewirtschaftet war. Es war deshalb nur bedingt einsatzbereit und erforderte zahlreiche Reparaturen. Erschwerend kam für beide Btl hinzu, dass Wasserübungsplätze nicht zur Verfügung standen. Das führte beim PiBtl 11 dazu, dass das Hohlplattenbrückengerät während der Ausbildungsperiode länger im Wasser liegen blieb und verrottete, mit der Folge, dass die Kp sich zu einem großen Instandsetzungsaufwand gezwungen sah. Zum Transport der fünf m-Boote verfügte die Kp über keine Transportfahrzeuge, sondern musste sich Fahrzeuge (10 to Lkw) von einem benachbarten RakArtBtl leihen.

Drei Jahre lang war Grot in verschiedenen Panzerpionierkompanien, alles Neuaufstellungen, eingesetzt, ohne dass Grot auch nur ein Panzerfahrzeug in einer dieser Kp gesehen hätte. Bei der PzPiKp 330 war das wegen ihres Sonderauftrages noch hinnehmbar, die andere Kp hätte jedoch ihren Unterstützungsauftrag im Rahmen der Panzerbrigade nicht wahrnehmen können. Das kam dann auch deutlich bei der ersten Übung der Brigade mit Volltruppe zum Ausdruck. Aber selbst die Technisierung des Pi-Einsatzes, z.B. des Minenkampfes, ließ länger auf sich warten. Zwar wurden Panzerminen in großer Zahl angeschafft, die Verlegung musste aber von Hand erfolgen, da z.B. Minenpflüge erst in den letzten Jahren der alten Bw beschafft worden waren.


# 11.    Im Kommando der Territorialen Verteidigung

Das Kommando der Territorialen Verteidigung (KTV) war damals die höchste nationale deutsche Kommandobehörde. Das KTV war in Bonn-Bad Godesberg in einem großen modernen Gebäude in der Deutsch-Herrenstraße untergebracht. Dem Hörensagen nach soll die Jahresmiete für dieses Gebäude jährlich 500.000 Deutsche Mark betragen haben. Große Fenster machten das Gebäude hell und luftig. Vom Dienstzimmer des Abteilungsleiters Pionierwesen hatte man einen herrlichen Ausblick auf das Siebengebirge. Nach der Auflösung des KTV bezog das BMVg das Gebäude.

Dem KTV, das von einem Viersterne-General geführt wurde, unterstanden sechs Wehrbereichskommandos (WBK). Im Verteidigungsfall waren die Zuständigkeiten des Kommandos auf die RCZ (Rear Combat Zone) beschränkt. Die in der FCZ (Forward Combat Zone) vorhandenen territorialen Dienststellen hatten im Wesentlichen Verbindungsaufgaben zwischen den NATO-Korps und der zivilen deutschen Verwaltung zu erfüllen. In der RCZ gab es zahlreiche Heimatschutzkommandos und Sicherungsverbände und Einheiten zur Aufrechterhaltung der Operationsfreiheit. Dazu gab es auch zahlreiche Pionierverbände, die hauptsächlich den Übergang über den Rhein und in der Mitte Schleswig-Holsteins über den Nordostseekanal zu gewährleisten hatten. Im KTV gab es die von einem Obersten geführte Spezialstabsabteilung Pionierwesen mit drei Dezernaten, aufgeteilt nach den Aufgaben Führung der Pioniertruppen/Org., Pioniertechnisches Berichtswesen und Sperren. Geführt wurde die Abteilung von dem Oberst Bredenförder. Leiter der Dezernate waren Oberstleutnante.

Grot wurde als Pionieroffizier in das Dezernat 3 Sperren versetzt. Sein Dezernent war der OTL Rochlitz. Die Aufgaben des Dezernates waren breit gefasst und beinhalteten Schaffen von Führungs- und Bearbeitungsgrundlagen für Planung, Bau und Unterhaltung Vorbereiteter Sperren und Lähmungen, Beratung und Unterstützung des Führungsstabes des Heeres (FüH III/3), Entwicklung neuer Sperrarten, sowie Prüfung und Genehmigung des Baus Vorbereiteter Sperren unter Berücksichtigung nationaler Interessen. Neben der Zuarbeit für seine Dezernenten war Letzteres Grots Hauptaufgabe.

Das Problem des Dez 3 seit seiner Aufstellung war, dass es keine Grundlagen und Erfahrungen gab, auf denen man aufbauen konnte. Der General der Pioniere O.W. Förster hat 1960 in seinem Buch „Das Befestigungswesen" auf die Bedeutung von Befestigungen für die Landesverteidigung hingewiesen. Diesen Hinweisen ist man bei Aufstellung der Bundeswehr nicht nachgegangen. Wie der General v. Baudissin 1985 an Grot schreibt: „Man bereitete sich auf den Bewegungskrieg á la russische Steppe vor, ohne an den neuen politischen Kontext und die Kernwaffen zu denken", daher wurde das Thema in der Bw nicht behandelt. Auch der Versuch, taktische Führungsvorschriften in diesem Sinne zu beeinflussen, scheiterte. Das wirkte sich auch bei dem Führungspersonal der Pioniere aus. Nach Grots Kenntnissen gab es in der Pionierwaffe keine ehemaligen Festungspioniere, die besonders auf dem Gebiet der Vorbereiteten Sperren ihre Erfahrungen hätten einbringen können. So lagen dem Dez 3 der Abt. PiWes KTV auch keine Erfahrungsberichte der ehemaligen Inspektion der Pioniere und Festungen vor. Vieles wurde von Grund auf neu entwickelt.

Angefangen hatte es seit Aufstellung der Bw mit der Übernahme der davor errichteten Sperreinbauten und der Forderung der Verbündeten nach weiteren Sperrmaßnahmen. Dazu erforderliche Bestimmungen, Weisungen und Vorschriften mussten erst unter Berücksichtigung der verfassungsmäßigen Ordnung geschaffen werden. Dies waren besonders in den Jahren zwischen 1968 und 1970 folgende Grundlagen: Führungsweisung Nr. 5 Vorbereitete Sperre durch FüH unter Mitwirkung Dez 3; Führungsweisung Nr. 4 Lähmungen unter Zuarbeit ebenfalls Dez 3; Richtlinie Planung, Bau und Unterhaltung Vorbereiteter Sperren (Entstanden in einer AG unter Leitung Dez 3 und später von der Abt. PiWes herausgegeben); Entwicklung neuer Sperrarten zum Schutz ziviler Infrastruktur wie Fallkörpersperre, Streckträgersperre, Sperrzelle; Sprengerprobungen mit Sprengschächten in verschiedenen Bodenarten zur

Ermittlung des jeweils größten Hinderniswertes; Fahrversuche mit Panzern in Wäldern zur Ermittlung deren Hinderniswertes.

Daneben liefen die normalen Dienstangelegenheiten weiter. Dazu zählten insbesondere Vorbereitung und Durchführung der jährlichen Sperrdezernententagungen WBK, Beiträge zu PiStOffz-Lehrgängen, Planung und Ausbau neuer Sperrlinien (Elbe-Seitenkanal und Main-Donau-Kanal), aber auch Prüfung alter Sperranlagen auf Notwendigkeiten. So wurden z.B. im Schwarzwald nach einer solchen Prüfung mit dem I. Korps (FR) ca. 400 Sperren aufgehoben und zum Rückbau freigegeben. Einzelobjekte bereiteten Sorgen, wie der Neue Elbtunnel in Hamburg, der zunächst keine Sperreinbauten erhielt, weil die Einführung neuer Sperreinbauten nicht rechtzeitig gelang.

Bei Allem waren zahlreiche Absprachen mit HA, PiSchule, PiInfraStab Bw und zahlreiche Dienstfahrten zu Erprobungsstellen, ja sogar eine Dienstreise in die Schweiz zur Einweisung in dortige Sperranlagen notwendig. Halt gab dem Dezernent ein HFw, der den Geschäftsgang regelte und dabei die umfangreichen Sperrunterlagen führte. Zwischendurch entstand dabei noch ein Lehrfilm zum Thema „Laden und Zündfertigmachen von Straßensprengschächten". Zusätzlich besuchte Hptm Grot einen Lehrgang an der Schule für Innere Führung zur Vorbereitung auf den daran anschließenden StOffzLehrgang. Wegen der nicht bestandenen Stabsoffizierssprüfung musste Grot sich ein zweites Mal stellen. Diesmal sollte er aber zu dem zwei Monate währenden StOffz-Lehrgang alter Art nach Hamburg entsandt werden. Verständnisvolle Vorgesetzte im KTV kommandierten ihn zur besseren Vorbereitung zu einem KpChef-Lehrgang zur Schule für Innere Führung nach Koblenz. Dort wurde insbesondere das Thema „Anerkennung der DDR, ja oder nein" intensiv behandelt.

Zu Beginn des Lehrganges wurde im Lehrfach Innere Führung dieses Thema als Vortrag durch die Lehrgangsteilnehmer ausgelobt. Grot meldete sich sofort und hielt am nächsten Tag den beschriebenen Vortrag, ohne kritisch hinterfragt zu werden. Irgendwie mussten die Lehrstabsoffiziere den Braten gerochen haben, denn Grot erhielt die Gelegenheit – entgegen seiner Lehrgangskameraden – zu einem weiteren Vortrag auf dem Gebiet der Inneren Führung. Abschließend kann festgestellt werden, dass Grot den Lehrgang bestand. So gestärkt kehrte er zum KTV zurück. Das Anerkennungsthema war eigentlich ein politisches, mit Militär hatte es nichts zu tun. Grot hatte sich für die Nichtanerkennung entschieden und auch begründet.

Später hat er sich aber doch gefragt, wie der Lehrgang wohl ausgegangen wäre, hätte er sich anders entschieden. Während des Lehrganges wurden die Vortragsthemen am Ende des Vormittagsdienstes verteilt. Die Vorträge wurden dann zu Beginn des nächsten Dienstes (08:00 Uhr) gehalten. Die Form der Vortragsvorlage war den Lehrgangsteilnehmern freigestellt. Ein Exemplar war den Lehroffizieren zu übergeben. Grot stand bei der Ausarbeitung erheblich unter Zeit- und Leistungsdruck (Beschaffung der Literatur, Ausarbeitung des Vortragstextes, Schreiben der Vorlage). Was das Schreiben des Textes betrifft, kam glücklicherweise seine Schwägerin zur Hilfe. Wie der Vortrag entstanden war, wurde von den Lehrstabsoffizieren nicht hinterfragt. Folgend ist dieser Vortrag in Originalausfertigung dieser Dienstchronik beigefügt.

Sparmaßnahmen erzwangen die Auflösung des KTV. Die Abt. Pionierwesen wurde auch aufgelöst und das Dezernat 3, jetzt unter dem OTL Knappe, wurde in das Heeresamt InspPiTr eingegliedert, was die Sperrbearbeitung künftig schwieriger gestalten sollte. Im Heeresamt Inspektion Pioniertruppen verrichtete Grot nur kurze Zeit seinen Dienst. Es war ein großes unübersichtliches und unpersönliches Amt, total überbürokratisiert. Als Beispiel dafür kann gelten, dass zur Einführung einer Leichtmetallleiter für die Wallmeister auf dem Einführungsschreiben 22 (zweiundzwanzig) Mitzeichnungsvermerke erforderlich waren. Die kleinen Dienstzimmer im Heeresamt-Hochhaus verliehen dem Ganzen das Bild eines Bienenstockes.

Am 7. September 1970 wurde der Hptm Grot dann zum VBK 36 nach Aachen versetzt.

Klaus   G r o t
Hauptmann

Anerkennung der SBZ als zweiter Deutscher Staat -
ja oder nein ?

Gliederung

A. Einleitung
B. Geschichtliche Entwicklung und Rechtsgrundlagen
C. Gründe für die Anerkennung
D. Gründe gegen die Anerkennung und Auswertung
E. Quellenverzeichnis

## A. Einleitung

Zur Einführung in das mir gegebene Thema möchte ich mich zunächst mit der Begriffsbestimmung des Wortes "Anerkennung" beschäftigen. Wenn man den Meinungsstreit verfolgt, hört man ständig die Begriffe "Anerkennung de facto", d.h. ein vorläufiger, noch nicht zu vollem Recht bestehender Zustand und "Anerkennung de jure", d.h. dem Recht nach. Für die Betrachtung des Themas ergeben sich zwischen beiden Begriffen nur geringe Unterschiede. Deshalb gehe ich hier nicht weiter darauf ein.

Das oft gehörte Argument, durch die Hinnahme einer einseitig gefällten Verwaltungsmaßnahme von der Seite der Zonenmachthaber sei die Anerkennung schon gegeben, ist falsch, da die völkerrechtliche Anerkennung die Vornahme von bestimmten Handlungen vorsieht. Unter völkerrechtlicher Anerkennung sind folgende Handlungen zu verstehen:

- Übersendung von Noten, in denen die Anerkennung ausgesprochen wird oder
- Austausch von Botschaften oder
- Abschluß von Verträgen sowie
- die sog. implizierte Anerkennung, bei der gewisse Verhaltensweisen als Anerkennung aufgefaßt werden können, wie z.B. die Aufnahme konsularischer Beziehungen oder der Beitritt zweier Staaten als Angehörige verschiedener Bündnisse zu einem gemeinsamen Bündnis.

## B. Geschichtliche Entwicklung und Rechtsgrundlagen

Als Nächstes möchte ich etwas in die Historie der letzten 25 Jahre zurückgehen und insbesondere einige Rechtsgrundlagen aufzeigen, die bei der Behandlung dieses Themas auf keinen Fall übersehen werden dürfen.

Mit der Kapitulation der Wehrmacht und der folgenden Verhaftung der Reichsregierung sowie Übernahme der Regierungsgewalt durch die Alliierten ging das seit 1871 bestehende Deutsche Reich nicht unter.

In der Erklärung (Berliner Erklärung) der 4 Großmächte in Anbetracht der Niederlage Deutschlands vom 5. 6. 1945 heißt es:" Die Übernahme zu den vorstehend genannten Zwecken der besagten Regierungsgewalt und Befugnisse umfaßt nicht die Annektierung Deutschlands. Die Regierungen .... (genannt sind hier die 4 Großmächte) werden später die Grenzen Deutschlands oder irgendeines Teiles Deutschlands und die rechtliche Stellung Deutschlands oder irgendeines Gebietes, das gegenwärtig einen Teil deutschen Gebietes bildet, festlegen".

Damit haben die Großmächte klar festgelegt, daß sie nach 1945 die Staatsgewalt treuhanderisch an Stelle der fehlenden Staatsgewalt des Deutschen Reiches übernommen haben.

Von einer Annektierung oder Auflösung eines Staates wäre erst dann zu sprechen, wenn

- das Staatsgebiet besetzt ist,
- auch in Zukunft besetzt gehalten werden soll und
- das Staatsgebiet annektiert und einem oder mehreren Staaten einverleibt werden soll.

Die Voraussetzungen hinsichtlich einer Auflösung oder Zweiteilung des Deutschen Reiches sind also nicht erfüllt.

Ein typisches Beispiel für die Auflösung eines Staates ist die Auflösung Preußens nach 1945 (Kontrollratsgesetz Nr. 46).

Auch in dem Beschluß über die Einsetzung des Kontrollrates wird von "den Deutschland als ein Ganzes betreffenden Angelegenheiten" gesprochen.

Im Verlaufe des Jahres 1946 wird von der Seite der UDSSR im Gegensatz zu manchen westlichen Staaten immer wieder eine gesamtdeutsche Regierung gefordert. Die Regierung der UDSSR war sich also bezüglich Deutschlands voll ihren Verpflichtungen bewußt.

Die unüberbrückbaren Meinungsverschiedenheiten der vier Großmächte führten schließlich zu den bekannten getrennten Entwicklungen in den beiden Teilen Deutschlands.

Bis etwa 1955 halten die Sowjets an ihrer Haltung über die Bildung eines gesamtdeutschen Staates fest. In dem sog. Moskauer Vertrag zwischen der UDSSR und der BBZ vom 20. 9. 1955 werden trotz der inzwischen erfolgten Staatsgründung noch Vorbehaltsrechte, die wiederum "Deutschland als Ganzes betreffen" geltend gemacht.

Gleiche oder zumindest ähnliche Vorbehaltsrechte finden wir auf
westlicher Seite in Art. 7 Abs. 2 des Deutschlandvertrages von
1954. Es heißt da unter anderem:" Bis zum Abschluß der friedens-
vertraglichen Regelung werden die Unterzeichnerstaaten zusammenwirken, um mit friedlichen Mitteln ihr gemeinsames Ziel zu ver-
wirklichen: Ein wiedervereinigtes Deutschland, das eine freiheitlich, demokratische Verfassung ähnlich wie die BRD besitzt und
das in die europäische Gemeinschaft integriert ist." Damit wurde
der Anspruch auf ein vereintes Deutschland erneut bestätigt.
Auch im Falle des Anspruchs der BRD, als Rechtsnachfolgerin des
Deutschen Reiches zu gelten, fallen auf westlicher Seite Anfang
der fünfziger Jahre zwei wichtige Entscheidungen. Durch den Abschluß des Londoner Schuldenabkommens von 1953, in dem die BRD
die Gesamtschuld des Deutschen Reiches mit Ausnahme der Verpflichtungen aus den Weltkriegen übernimmt und sich zur Zahlung verpflichtet, wird die BRD als Rechtsnachfolgerin bestätigt.
Die zweite Bestätigung kann dem schon erwähnten Deutschlandvertrag
entnommen werden.
Der Meinungswechsel der Sowjets hinsichtlich der Anerkennung von
zwei deutschen Staaten zeichnet sich etwa seit Sommer 1955 ab,
nachdem wohl von dieser Seite eingesehen wird, daß die kommunistische gesamtdeutsche Politik zunächst keine Aussicht auf Verwirklichung haben wird.
Auf die weitere Entwicklung einzugehen möchte ich mir an dieser
Stelle ersparen.
Wichtig sind vielleicht noch die Gründe, warum von kommunistischer
Seite auf die Anerkennung der SBZ so großen Wert gelegt wird:

- Die Anerkennung als gleichberechtigter Staat führt zur Festi-
  gung der kommunistischen Herrschaft in der SBZ und damit zur
- Anerkennung aller von den Kommunisten getroffenen Vorent-
  scheidungen, die völkerrechtlich eigentlich einer Regelung
  in einem späteren Friedensvertrag vorbehalten bleiben müßten.
- Die Legitimation der Herrschaft im Inneren durch die Anerkennung von Außen führt zur Rechtfertigung der Politik gegenüber der Bevölkerung der SBZ.
- Es erfolgt eine vorzeitige völkerrechtliche Anerkennung der

der Folgen des zweiten Weltkrieges, da mit dem Abschluß
eines Friedensvertrages in absehbarer Zeit nicht gerechnet
werden kann.

Seit etwa 1967 nun sehen wir uns in der BRD in verstärktem Maße einer
von verschiedenen Seiten vorgebrachten Forderung nach Anerkennung
der SBZ als zweiter deutscher Staat gegenüber. Ich möchte hier nur
die Forderungen verschiedener Kreisverbände der SPD und auch die
Forderungen der FDP im Wahlkampf erwähnen. Außerdem sind gerade
in der letzten Zeit zahlreiche Publikationen erschienen, in denen
sich positiv mit der Anerkennung auseinandergesetzt wird.
Die Stimmen gegen eine Anerkennung halten sich dagegen im Augenblick in der Minderheit.

C. Gründe für die Anerkennung

Die Gründe der Befürworter der Anerkennung lauten auf einen kurzen
Nenner gebracht etwa wie folgt:

1. "Das Ergebnis des eindeutig durch Hitler-Deutschland vom
   Zaun gebrochenen Krieges - die Errichtung neuer Staats-
   grenzen - muß als Faktum übernommen und anerkannt werden"
   und "Wer als Gewalttätiger mit Gewalt niedergeschlagen werden
   mußte, hat die Folgen seiner Gewalttat zu übernehmen."
   
   (Jasper)

2. Die staatliche Einheit ist auf absehbare Zeit nicht erreichbar. Ein vereinigtes Deutschland würde, ob es nun beim
   Westen oder beim Osten stünde, das Gleichgewicht zwischen
   beiden Lagern stark ändern. Auch eine Neutralisierung ganz
   Deutschlands müßte am Mißtrauen der betroffenen Mächte
   scheitern.
   Die Bundesrepublik und die SBZ sind für ihre Verbündeten
   aus wirtschaftlichen, politischen und militärischen Gründen
   so wichtig, daß ein Ausbrechen nicht zugelassen wird.
   Die Deutschen werden also auf absehbare Zeit in zwei Staaten
   getrennt leben müssen und sich darauf einzustellen haben.

3. Das Verhältnis der BRD zu dritten Staaten, insbesondere zu
   den Entwicklungsländern würde entlastet, da Erpressungs-
   versuche und ein damit verbundenes gegenseitiges Hochschau-

keln des Umfanges von Entwicklungshilfen nicht mehr möglich
wäre. Weiter werden die Beziehungen zu den Verbündeten ent-
krampft, da möglicher Konfliktstoff beseitigt wird (Chal-
font Affäre).

4. Die Politik der BRD wird an Glaubwürdigkeit im Innern wie
nach Außen gewinnen. Der Widerspruch zwischen Wort und
Wirklichkeit, Versprechungen und Möglichkeiten und die Er-
starrung der Politik in Rechtsformen wird beseitigt. Partei-
politische Gegensätze werden aufgehoben und die Regierung
würde an Handlungsfähigkeit gewinnen, da die Ostpolitik
nach sachlichen statt nach formalen Gesichtspunkten geführt
werden könnte.

5. Die Anerkennung würde in der SBZ die Möglichkeit zu Fortschritt im Inneren und zur Verständigung mit der BRD schaffen oder sie wenigstens erleichtern.
Durch eine Konsolidierung der Herrschaft der SED gewinnt
dieser Staat die Möglichkeit eine Politik zu betreiben,
die von der Bevölkerung mehr als bisher getragen werden
könnte. Dadurch wird eine größere Selbständigkeit erzielt
und die Regierung braucht sich nicht mehr auf die sowjetischen Bajonette zu stützen. Außerdem wird dadurch eine
größere Eigenständigkeit und Liberalisierung erreicht.
Eine Lockerung der bestehenden Zustände, ein milderes Re-
giment in der SBZ und allmählich auch eine Öffnung nach
Westen wären die Folgen. Ein Fortschritt in der Verständigung mit der BRD und ein besseres Verständnis der beiden
Bevölkerungsteile wären unter diesen Aspekten unter Umständen besser als z.Zt. möglich.

6. Ohne Anerkennung der SBZ sind Aussöhnung und umfassende Zusammenarbeit mit der UDSSR und den anderen osteuropäischen
Staaten nicht denkbar. Eine Anerkennung der SBZ würde für
die UDSSR gleichzeitig eine Bestätigung und Anerkennung
ihres Einflußgebietes bis zur Elbe sein. Damit würde ein
wesentliches Interesse der UDSSR bestätigt.
Als Folge hiervon würden die Aufrechterhaltung der militä-

rischen Stärke und die politische Disziplinierung in den Ostblockstaaten nicht mehr so gerechtfertigt sein wie im Augenblick, da das Gespenst des "westdeutschen Revanchismus" nicht mehr vorhanden wäre. Eine Entspannung in Gesamteuropa wäre die unausbleibliche Folge.

7. Die Lebensfähigkeit Berlins läßt sich nur durch Vereinbarung mit dem Osten erhalten. Als Preis für diese Vereinbarungen müßte die Anerkennung der SBZ gezahlt werden.

8. Die Teilung Europas kann nur überwunden werden, wenn die SBZ als gleichberechtigter Staat an dem Annäherungsprozeß teilnimmt. Auf dem Umweg über Europa ergäbe sich dann vielleicht die Möglichkeit, die Spaltung Deutschlands zu überwinden.

Beim Studium des vorhandenen Schrifttums lassen sich leicht noch andere Gründe, die für die Anerkennung sprechen, finden. Doch meine ich hier die wichtigsten Gründe zusammengetragen zu haben. Eine weitere Aufzählung von Gründen hätte nur eine Ausweitung des Themas zur Folge, ohne daß im Grundegenommen ein anderes Ergebnis in der Auswertung zu erwarten wäre.

D. Gründe gegen die Anerkennung und Auswertung

Nachdem ich die historische und rechtliche Situation und auch die wichtigsten Gründe, die für eine mögliche Anerkennung der Befürworter sprechen, aufgeführt habe, möchte ich jetzt meine persönliche Auffassung zum Ausdruck bringen:

Zunächst fällt auf, daß den rechtlichen Voraussetzungen und den möglichen Auswirkungen bei der Aufgabe von Rechtspositionen allgemein von den Befürwortern der Anerkennung nur wenig Beachtung geschenkt wird. Oft wird nur mit einem Nebensatz davon gesprochen, daß man sich bei der Beurteilung nicht an überholte Rechtspositionen klammern darf.

Natürlich muß der Politiker hauptsächlich die politischen Faktoren für die Herbeiführung einer Entscheidung als Grundlage seines Handelns nehmen. Er darf jedoch auf keinen Fall die rechtliche Situation bei der Beurteilung und bei seinen daraus folgenden Handlungen außer acht lassen, weil sonst die Gefahr besteht, daß

er sich in Situationen begibt, aus denen er mangels rechtlicher
Handhabe nur unter großen Schwierigkeiten wieder herauskommt oder
sich gar festfährt. Dies gilt besonders im Hinblick auf die Anerkennung für den Fall, daß unsere Verbündeten gewissermaßen von
ihrer Verantwortung und ihren Verpflichtungen entbunden werden.
Wenn eine völkerrechtliche Anerkennung der SBZ durch die Regierung
der BRD erfolgen sollte, ergäben sich folgende Konsequenzen:

1. Eine Anerkennung der SBZ wäre verfassungswidrig, da sie gegen einen Auftrag des GG verstößt. In der Präambel zum Grund-
   gesetz heißt es nämlich:"Das gesamte Deutsche Volk bleibt
   aufgefordert, in freier Selbstbestimmung die Einheit und
   Freiheit Deutschlands zu vollenden."

2. Die Verantwortlichkeit der vier Mächte, die aus dem Pots-
   damer Abkommen herrührt, wird einseitig durch die BRD aufgehoben. Damit gibt die BRD ihre jetzige Rechtsposition auf in
   dieser Frage, wobei insbesondere Berlin preisgegeben wird.

3. Der Art. 7 Abs. 2 des Deutschlandvertrages wird außer Kraft
   gesetzt. Die Unterzeichner werden aus dem Vertrag entlassen.

4. Es erfolgt eine Legalisierung des Status Quo in Deutschland
   und sämtliche Amtshandlungen der SBZ, wie z.B. das Görlitzer
   Abkommen, werden völkerrechtlich anerkannt.

5. Die SBZ wird voll als Ausland anerkannt. Alle Bestrebungen der
   Regierung der BRD freie Wahlen oder sogar die Wiedervereinigung anzustreben wären eine völkerrechtwidrige Intervention
   in die inneren Angelegenheiten eines fremden Staates.

6. Gleichzeitig würde daraus resultieren, daß auch alle Bestrebungen der UNO oder ausländischer Staaten eine Einmi-
   schung in die inneren Angelegenheiten der SBZ wären.

Politisch sind insbesondere noch folgende Einwände gegen eine Anerkennung und Aufwertung des Regimes in der SBZ zu erheben:

1. Es wird keinen verantwortlichen Politiker einer der vier im
   Bundestag vertretenen demokratischen Parteien geben, der die
   Folgen des zweiten Weltkrieges nicht sieht und der bereit
   wäre, diese mit Gewalt zu ändern. Zahlreiche Erklärungen
   der verschiedenen Bundesregierungen zur Friedenspolitik der

BRD zeugen davon. Es kann aber nicht erwartet werden, daß die vier Großmächte einseitig ihre Verpflichtungen gegenüber Deutschland abgeben, ohne daß ein Friedensvertrag zwischen den Beteiligten abgeschlossen wird. Die Feststellung, daß kein Politiker im Ausland ein Herauslösen der deutschen Teile aus den beiden Blöcken wegen der damit verbundenen Risiken befürwortet, ist kein Grund für die Anerkennung, wohl aber ein Grund zum Suchen einer gesamteuropäischen Friedensordnung und der Festlegung der deutschen Rolle darin.

2. Es ist eine Frage der Politik, ob sich die BRD erpressen läßt oder wie die Glaubwürdigkeit der deutschen Politik verbessert wird. Bei der Taktik der Kommunisten ist damit zu rechnen, daß nach der Anerkennung der SBZ weitere Forderungen erhoben werden. Eine Entspannung zu erwarten, hieße die Ziele der Kommunisten zu verkennen. Gründe, die Politik der BRD zu verketzern, lassen sich beliebig konstruieren.

3. Das Beispiel des Einmarsches in die CSSR hat deutlich gemacht, daß eine Liberalisierung und der Versuch einer Öffnung eines kommunistischen Staates nach dem Westen dann auf jeden Fall verhindert wird, wenn dadurch der Zusammenhalt des kommunistischen Blocks gefährdet ist. Eine Öffnung der SBZ zum Westen wird daher wegen der Gefahr des Abfalls und eines möglichen Verlustes im Hinblick auf die strategische Bedeutung der SBZ auf keinen Fall zugelassen werden.

4. Eine Verbesserung der Beziehungen zwischen den Staaten des Ostblocks und der BRD ist, wie das Beispiel Rumäniens zeigt, wohl möglich. Es darf jedoch bei der Verbesserung der Beziehungen nicht davon ausgegangen werden, daß nur die BRD einseitig zurücksteckt. Dies ist im Falle Rumäniens nicht geschehen.

5. Die Lebensfähigkeit Berlins kann nur durch die Westmächte garantiert werden, da die BRD nach Abschluß eines Vertrages

mit der SBZ über Berlin, hilflos den Launen der dortigen
Machthaber ausgeliefert wäre.

6. Es muß nach Überprüfung der gegenwärtigen Situation be-
zweifelt werden, ob die Machthaber des kommunistischen
Lagers eine Anerkennung durch aktive Entspannungsbereit-
schaft honorieren würden. Die Sowjets werden auf keinen
Fall auf eine Teilung Europas verzichten, wenn dadurch
ihre Position gefährdet wird.
Sicher verfolgen die kommunistischen Machthaber die Bemühungen der verschiedenen Politiker um die Anerkennung der SBZ
mit großem Interesse, da dieses ihren Zielen entgegenkommt,
doch werden sie sich um keinen Preis von ihrer bisherigen
Politik abbringen lassen.

7. Als letzten Grund möchte ich gegen eine Anerkennung geltend
machen, daß der Westen auf keinen Fall die Politik des SED-
Regimes im Inneren honorieren sollte. Eine Regierung, die
Terror,und Unfreiheit, Unmenschlichkeit und Haß gegen Anders-
denkende zur politischen Norm erhebt, verdient nicht die
Anerkennung im völkerrechtlichen Sinne.

Die Bundesregierung sollte daher aus den o.a. Gründen von einer
Anerkennung aus heutiger Sicht absehen. Zur Erleichterung des Loses
der Menschen in der SBZ solltenaber trotz vielfältiger Schwierigkeiten alle Maßnahmen erwogen werden, durch die dieses Ziel erreicht werden kann. Nach meiner Einschätzung sind die Möglichkeiten
hierzu noch nicht ausgeschöpft.

Eine Anerkennung der SBZ würde letztlich zur Folge haben, daß die
Brücken zum andern Teil Deutschlands völlig abgebrochen werden und
daß die Integrierung der SBZ in den Ostblock vollständig vollzogen
werden könnte.
So aber bleibt auch politisch gesehen, im Deutschen Volk Zusammen-
gehörigkeitsgefühl und Nationalbewußtsein vorhanden, die als Grund-
steine für eine spätere Wiedervereinigung sicher von großem Nutzen
sein dürften.

E. Quellenverzeichnis
1. Ploetz: Die Deutsche Frage
2. Karl Jaspers: Wohin treibt die Bundesrepublik?
3. Peter Bender: Zehn Gründe für die Anerkennung der DDR
4. H. Albertz, Dietrich Goldschmidt: Kosequenzen oder Thesen, Analysen und Dokumente zur Deutschlandpolitik
5. Der große Brockhaus, Ausgabe 54
6. Schrift: Das Atlantische Bündnis - Herausgeber Deutsche Atlantische Gesellschaft, 1956

Hamburg, den 13. Oktober 1969

## Fehlentwicklungen im KTV

Der Zuständigkeitsbereich der Abt. PiWes im KTV war außerordentlich groß und weitreichend für die Zukunft des territorialen Pionierwesens. Untersuchungen zur Aufrechterhaltung der Operationsfreiheit in der RCZ ergaben einen großen Bedarf an Festbrückengerät im Verteidigungsfall. Dazu wurde KTV Mitte der sechziger Jahre große Mengen Baily-Brückengerät angeboten. Es handelte sich dabei um mehrere tausend Meter Brückengerät, das zu einem günstigen Preis erworben werden konnte. In der Erwartung eines modernen Festbrückengerätes entschloss man sich jedoch, auf das Angebot zu verzichten, mit der Folge, dass dem Territorialheer bis zur Wende überhaupt kein entsprechendes Gerät zur Verfügung stand.

Merkwürdig kann auch die Entwicklung der BODAN-Fähren genannt werden. Obgleich nur zur Verwendung am Rhein vorgesehen, wurden diese Fähren so konstruiert, dass sie auch im Eisenbahntransport verlegt werden konnten. Dies hatte zur Folge, dass bestimmte Elemente für den Betrieb sehr engräumig konstruiert werden mussten, so z. B. die Steuerstände. Das wurde besonders von dem Bedienungspersonal beklagt. Passend dazu wurde für die Flußpionierkompanien ein neuer Sicherungsboottyp entwickelt. Die militärischen Forderungen dazu waren umfassend; bahnverlastbar, 2cm Bewaffnung, Radargerät. Heraus kam ein kopflastiges Boot, das nicht einsatztauglich war. Folglich mussten die schon beschafften Boote veräußert werden.

Bei Auflösung KTV hätte die Möglichkeit bestanden, Teile der AbtPiWes in das BMVg FüH III/5 zu verlagern. Dies hätte besonders für das Dez Sperren gegolten, das ohnehin schon immer eng mit dem FüH zusammen gearbeitet hatte. Das hätte zweifellos der Sperrbearbeitung zu einer größeren Wirksamkeit verholfen. Doch der Oberst Bredenförder stellte sich hinter den General der Pioniere, BrigGen Stefani. Später hat Bredenförder gegenüber Grot zugegeben, dass er sich manches anders gewünscht hätte. Er hat sich aber gegen den General der Pioniere nicht durchsetzen können.

Ein anderes Thema war die Besetzung der Ltr PiWes/WBK und der Dez. Stelle InPiHA. Das waren ausnahmslos A 15 Stellen, die mit ehemaligen PiBtl Kommandeuren besetzt wurden, ohne dass diese vorher die Möglichkeit hatten, Kenntnisse im TerrH zu erwerben. So musste zwangsläufig jede neue Stellenbesetzung zu einem Rückschlag führen, da sich jeder neue Herr erst langwierig einarbeiten musste.

# 12. Im Verteidigungsbezirkskommando 36 Aachen

Die Versetzung ins VBK 36 brachte Grot in den kleinsten und an der Grenze zu Belgien und den Niederlanden gelegenen Verteidigungsbezirk im Wehrbereich III, den Regierungsbezirk Aachen, in dem schon Bismarck als junger Referendar seinen Dienst versah. Das VBK 36 war bis zu seiner Auflösung in der Oppenhoffstraße in einer Stadtvilla, einem Gebäude aus der Gründerzeit, stationiert. Das war ein ziemlich unwirtliches Haus mit hohen Räumen, Holzvertäfelung und zahlreichen Schnitzereien im Stil der Zeit, die dem Ganzen etwas Protziges vermittelten. Da der Platz nicht ausreichte, war die Spezialstabsabteilung PiWes in der ca. 6 km entfernten Lützow-Kaserne untergebracht. Der Grund für die Auflösung des VBK 36 war, dass der Regierungsbezirk Aachen aufgelöst und dem Regierungsbezirk Köln zugeschlagen wurde.

Kurz nach seinem Dienstantritt wurde Grot zum Major befördert. Der Dienstposten war eine Herausforderung für Grot. Er verfügte über eine Personalausstattung wie z.B. bei einem in der FCZ gelegenen VBK, jedoch mit eingeschränkten Aufgaben. Das Aufgabengebiet Sperren war nicht vorhanden, weil es westlich des Rheins keine vorbereiteten Sperren gab. Richtlinien über das Erkunden und Anlegen von Unterlagen für das Pioniertechnische Berichtswesen waren nicht erlassen worden, weil Zuständigkeiten zwischen ziviler und militärischer Gewalt nicht zu regeln waren. So blieb nur noch das Aufgabengebiet Vorbereitung der Schadensbekämpfung für den Verteidigungsfall. Hierfür gab es im VBK keine Unterlagen, so dass gewissermaßen bei Null begonnen werden musste. Vorschriften über die Form der Unterlagen und Art der zu erfassenden Schadensobjekte waren nicht gegeben. Dafür wurden in der Abt PiWes besondere Karteikarten entwickelt und vom Kommandeur des VBK genehmigt. Gleichzeitig erfolgte eine Bestandsaufnahme der zu erfassenden Objekte. Das waren zunächst alle Übergänge und Brücken im Zuge der durch den Verteidigungsbezirk verlaufenden Militärstraßen und Eisenbahnlinien, Pumpstationen und Tanklager des Pipeline-Netzes und die Staudämme in der Eifel. Bei den anlaufenden Erkundungen wurde festgestellt, dass aus der belgischen Besatzungszeit noch Sprengkammern in Eisenbahnbrücken vorhanden waren, mit denen Saboteure die Eisenbahnlinien Aachen – Köln und Aachen – Düsseldorf mit geringem Aufwand an Sprengstoffen hätten längerfristig unterbrechen können. Deren Beseitigung wurde beantragt. Dank der guten Geländekenntnisse der eingesetzten PiOffz und WmFw, hier besonders OLt Zastrow, wurden alle wichtigen Objekte in die Schadensbekämpfungskartei aufgenommen und dokumentiert.

Während Grots Aachener Zeit kam die Frage auf, ob für die Offiziere der Bundeswehr eine Hochschulausbildung eingeführt werden sollte. Es wurde im Offizierskorps heftig über diese Frage diskutiert. Die Mehrheit der Offiziere war der Meinung, dass eine solche Ausbildung nicht erforderlich sei. Wenn sie jedoch eingeführt werden sollte, dann sollte es ein stark berufsbezogenes Studium sein. Die beabsichtigten Studiengänge wurden nicht als förderlich für die Ausbildung der Offiziere angesehen. Bemängelt wurde, dass die Offiziere vom Jurastudium ausgeschlossen wurden. Gerade dieses Studium könnte den Offizieren bei der Ausübung des Berufes helfen, da der Dienst viele Rechtsfragen aufwirft. Es bestand der Eindruck, dass die Monopolstellung der Juristen vor Einschränkungen bewahrt werden sollte.

Leiter der Abt PiWes im BMVg war in den frühen Jahren der Bw der Ministerialrat Gumbel. Dieser war konfessionell sehr einseitig gebunden, so dass ihm der Ruf vorauseilte, er würde nachts in einem total abgedunkelten Zimmer immer noch Schatten werfen. Von dem Luftwaffenoberst Block, Kdr VBK 36, kann dazu folgendes berichtet werden. Ursprünglich sollte er Kommandeur des VBK 31 in Köln werden. Als Katholik aber war er geschieden und hatte sich wieder verehelicht. Da man im BMVg aber damals der Auffassung war, dass man dem Kardinal in Köln einen Geschiedenen nicht zumuten könne, wurde Block seinen Angaben zufolge nach Aachen versetzt. Die Verwendung in Aachen war Grot für 5 Jahre angekündigt. Zwei Ereignisse führten jedoch zu einer Wende. Dies waren die Eingliederung des Regierungsbezirkes Aachen in den Regierungsbezirk Köln und der plötzliche Tod des Sperrdezernenten WBK III, Major Wackers, im Frühjahr 1972.

Im Namen der

## Bundesrepublik Deutschland

ernenne ich

den Hauptmann

Klaus Grot

zum Major

Bonn, den 25. November 1970

Der Bundesminister der Verteidigung

Der ADM-Lehrgang

Genau betrachtet waren die Lehrgänge zur Ausbildung als Offizier der Bundeswehr recht kurz, da man zur Aufstellung der Streitkräfte schnell Offiziere im Truppendienst benötigte. Um gewisse Defizite auszugleichen, meldete sich Grot mehrfach zu Lehrgängen an den Truppenschulen des Heeres. So auch zur Teilnahme an einem ADM-Lehrgang an der Pionierschule/Akademie Ing-Bau in München. Dieser Lehrgang war zwar nicht zwingend für seine Laufbahn erforderlich, sollte jedoch dem Zweck zur Erweiterung seines Gesichtsfeldes dienen. Ziel des Lehrganges war die Schulung der Lehrgangsteilnehmer zur Befähigung, ADM einzusetzen. So waren einige Teilnehmer unmittelbar dazu vorgesehen, anderen diente der Lehrgang nur zur Information. Während des Lehrganges wurde folgendes gelehrt:

- Suchen von Sperrstellen zum Einsatz von ADM;

- Erstellen einer Wirkungsanalyse;

- Anforderungen von ADM;

- Freigabe, Einbau und Sprengen von ADM.

Der Lehrgang wurde begleitet von einem US-ADM Team, das eine Übungs-ADM 0,3 kt zu Anschauungs- und Übungszwecken mit sich führte. Die hatte etwa die Größe eines Marmeladeneimers. Über die Problematik eines ADM-Einsatzes auf dem Boden der Bundesrepublik wegen des großen Anfalls verstrahlten Materials wurde wenig berichtet. Es wurde lediglich angemerkt, dass Straßensprengschächte für ADM-Einsätze wegen zu geringer Tiefe nicht geeignet seien. Wegen der geringen Tiefe sei die Menge verstrahlten Materials besonders hoch. Um den Einsatz dennoch zu ermöglichen, wurden in der Bundeswehr besondere Bohrgeräte eingeführt, die allerdings erst im Einsatzfall mit dem Bohren tiefer Schächte beginnen könnten. Der Bau vorbereiteter Schächte für ADM sei nicht vorgesehen. Weiter wurde herausgestellt, dass die Bundeswehr zwar ADM-Einsätze beantragen könnte, aber keine Verfügungsgewalt über die ADM hätte. Diese verbliebe bis zur Zündung beim US-Präsidenten. Insgesamt wurde der Eindruck vermittelt, dass die hohen Pionierführer der Bw den Einsatz der ADM als Chance betrachteten, mit der Artillerie – was den Einsatz atomarer Mittel betrifft – gleichzuziehen.

Der Gedanke, dass mit den ADM große Verstrahlungen und Verwüstungen angerichtet werden könnten – zum Schaden der Bundesrepublik – kam nicht auf. Interessant ist dabei die Feststellung, dass 1976 im Militärverlag der DDR ein Buch herausgegeben wurde mit dem Titel „Berechnungsgrundlagen für die Pioniersicherstellung" von Oberst I.F. Lysuchin. In den ersten beiden Abschnitten (ca. ¼ des Buches) wird die Beurteilung der Auswirkung von Kernwaffenschlägen auf das Gelände und die Methodik zur Berechnung von Zerstörungen bei der Detonation von Kernminen abgehandelt. Man kann also davon ausgehen, dass die Streitkräfte des Warschauer Paktes sich auf das Vorhandensein der ADM eingestellt hatten. Dieses Buch hatte Grots Vater von einem DDR-Besuch mitgebracht und seinem Sohn geschenkt.

# 13.    Sperrdezernent im Wehrbereichskommando III

Am 6. März 1972 meldete sich Grot zum Dienst im Wehrbereichskommando III. Durch seine vorherige Verwendung im KTV war er gut auf seine neue Aufgabe vorbereitet. Das Wehrbereichskommando III war in der Reitzenstein-Kaserne im Norden Düsseldorfs stationiert. Die Kaserne war ein Bau aus den dreißiger Jahren. Als ehemalige Bataillonsunterkunft war sie zur Unterbringung eines WBK, das auf mehrere Unterkunftsblöcke verteilt war, sehr unpraktisch, was die Zusammenarbeit innerhalb des Stabes sehr erschwerte. Als dann noch später für den Zugang zum Befehlshabergebäude besondere Sicherheitsmaßnahmen befohlen wurden, sah Grot seinen Abteilungsleiter G 3 nur noch höchst selten, was die Zusammenarbeit zusätzlich problematisch machte. Die benachbarte Wehrbereichsverwaltung III hatte es dagegen geschafft, für sich ein modernes Bürogebäude errichten zu lassen.

Die Lage der VorbSperren im WB III erstreckte sich sowohl auf die FCZ wie auch auf die RCZ. Die Aufteilung auf die Zuständigkeiten in der FCZ erforderte eine enge Zusammenarbeit mit den PiKdo des I. (GE), des I. (BR) und des I. (BE) Korps. Der Schwerpunkt lag dabei eindeutig beim I. (BR) Korps. Unterstellt waren WKK III fünf Verteidigungsbezirkskommandos mit insgesamt 21 für die Sperrbearbeitung besonders wichtigen Wallmeistertrupps. Fachlich war der Sperrdezernent des WBK III dem HA InsPiTr unterstellt. Zur Zeit des Dienstantrittes waren im WB III etwa 500 Sperren vorhanden.

Die Aufgaben des Dezernates im Kdo waren einzigartig, vielseitig und umfangreich. Sie erstreckten sich von grundsätzlichen Fragen bis zur Regelung von einzelnen Punkten der Sperrbearbeitung. Dazu zählten: Sperrplanung im WB III im Zusammenwirken mit den NATO-Korps, Prüfung eingereichter Sperrunterlagen und Vorlage beim Heeresamt zur Genehmigung, Vergabe von Bauaufträgen für Sperreinbauten im Zusammenwirken mit der WBV III, dabei

Verplanung der zugewiesenen Haushaltsmittel, Überprüfung des Zustandes und der Einsatzbereitschaft bestehender Sperreinbauten zusammen mit den PiStOffz VBK und gegebenenfalls Einleitung von Instandsetzungen, Planung und Durchführung von Wallmeister-Tagungen zu deren Weiterbildung, Regelung von Fragen zur Stationierung von WmTrp und der Unterstellung im Verteidigungsfall und des Zusammenwirkens mit den PiTrTle der NATO-Korps im V-Fall sowie Planung und Durchführung von Verbindungstreffen mit I. (BE) und I. (BR) Korps, Einweisung der neu eingesetzten Korps PiKdre derselben Korps in die Verfahrensgrundsätze für die Sperrbearbeitung im WB III.

Der Einsatz der NATO-Korps und der Verstärkungskräfte der NORTHAG in der RGZ machte es erforderlich, umfangreiches Kartenmaterial für den Einsatz der Wallmeister bereitzustellen. Nach längerer Vorbereitung konnte für den Einsatz eine Wallmeisterkarte 1:250.000 gedruckt werden. In dieser Karte waren die Dienstbereiche aller Wallmeistertrupps im WB III und deren Standorte eingedruckt. Der Druck erfolgte durch die technisch gut ausgestattete Abteilung MilGeo, die zusammen mit der Gruppe G3/PiWesen/ ABCAbwehr in einem Stabsgebäude untergebracht waren. Daneben wurden zahlreiche Einzelvorhaben geplant und durchgeführt. Dies waren unter anderem: Erstellung von Dienstanweisungen für PiStOffz VBK, Herausgabe eines Befehls zur Einlagerung von Sprengmunition und Sperrzubehör im WB III, Durchführung eines Vergleichsprengens mit dem I. (BR) Korps und Erstellung eines Berichtes über die Ergebnisse, der zur Überprüfung der deutschen Sprengvorschrift führte, Zusammenziehung der Wm WB III zur Sperrübung REES, während der das Laden und Zündfertigmachen einer großen Brücke geübt wurde, dabei Erfassung besonders von Daten des Zeitbedarfes. Der geplante Einsatz der 30. (BR) Engineer Brigade im WB III erforderte drei Dienstreisen Grots zu Ausbildungen dieses Verbandes in der britischen Pionierschule in Chatham. Während seiner Zeit in Düsseldorf wurde Grot viermal an die britische Pionierschule kommandiert. Dreimal hatte er so an Weiterbildungslehrgängen der 30. Engineer Brigade teilzunehmen. Diese Brigade war ein Reserveverband, der im Kriegsfall die British Army on the Rhine verstärken sollte und nur aus Reservisten bestand. Die Offiziere dieser Brigade wurden jährlich einmal über ein Wochenende in Chatham zusammengezogen.

Bei der britischen Pionierschule in Chatham handelt es sich um eine altehrwürdige und traditionsvolle Schule, begründet während der napoleonischen Feldzüge. Auch während des täglichen Dienstes wurden die Sitten und Gebräuche der britischen Armee hochgehalten. Zum festen Programm der besuchten Lehrgänge gehörten die Dinner Nights. Hier zeigte sich der Glanz und die Tradition der britischen Pionierwaffe in ganz besonderer Weise. Das Offizierscasino war mit vielen Erinnerungsstücken an die glorreiche Vergangenheit angefüllt. Für Grot und seine deutschen Begleiter waren die Stunden dort unvergesslich. Bei seinem zweiten Aufenthalt war Grot alleiniger Vertreter der Bundeswehr. Er wurde als Gast an den Kommandeurstisch gebeten und zum Beginn der Dinner Night ertönte ihm zu Ehren die deutsche Nationalhymne. Die Veranstaltung zog sich bis tief in die Nacht hinein. Die britischen Offiziere hatten ihre roten Ausgangsröcke angelegt und gaben so der Veranstaltung ein würdiges Aussehen.

Beim ersten Mal waren die Ausbildungsthemen für die britischen Offiziere merkwürdig. Ging es doch um die Vorbereitung eines Einsatzes der Brigade in den Wirren des nordirischen Bürgerkrieges, der zum Zeitpunkt des Lehrganges gerade heftig tobte. Ein alter britischer Pionieroberst meinte dazu, wenn man den Militärs für den Einsatz freie Hand gäbe, wäre der Spuk in kurzer Zeit zu Ende.

Beim zweiten Aufenthalt hatte Grot einen Vortrag über Gliederung und Einsatz der Pioniere im Wehrbereich III unter besonderer Berücksichtigung des Einsatzes der 30. EngBrig zu halten. Die dazu benötigten Unterlagen hatte Grot vorab auf dem Kurierweg nach Chatham voraus geschickt.

Der dritte Aufenthalt Grots zusammen mit dem PiStabsOffz VBK 33 OTL Ruge stand ebenfalls unter dem Zeichen des Einsatzes der 29. Brigade im Kriegsfall in NRW. Die Anreise erfolgte diesmal mit dem Flugzeug.

Beim vierten Besuch der BR Pionierschule wurde Grot als Vertreter des Gruppenleiters G3/Pi/AbcAbwehr zur Teilnahme an der Stabsrahmenübung MAKEFAST entsandt. Die Anreise erfolgte damals von Mönchengladbach mit einem Hubschrauber. Während der Übung traf Grot auf zahlreiche Pionieroffiziere, die er bereits aus seiner Tätigkeit als Sperrdezernent WBK III kannte. Einen besonderen persönlichen Vorteil hatten die Chatham-Besuche: Grot fand jedes Mal die Gelegenheit zu einem Besuch Londons.

Das Bild auf Seite 105 zeigt die Teilnehmer an ‚Exercise Make Fast' 1977 an der Pionierschule der Britischen Armee in Chatham südwestlich von London. Bei den Teilnehmern handelt es sich vornehmlich um Offiziere aus den Korpspionierkommandos der I. BR, BE, NL und GE Korps.

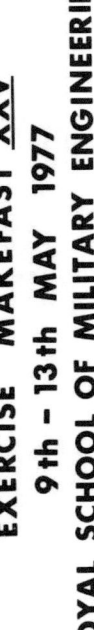

EXERCISE MAKEFAST XXV
9th – 13th MAY 1977
ROYAL SCHOOL OF MILITARY ENGINEERING

Diese Treffen wurden jährlich wiederholt und dienten dazu, die Einsatzgrund-sätze der Pioniere zu vereinheitlichen. Das Treffen dauerte eine Woche. Die deutschen Teilnehmer wurden in einem Hubschrauber von Mönchengladbach nach Chatham geflogen.

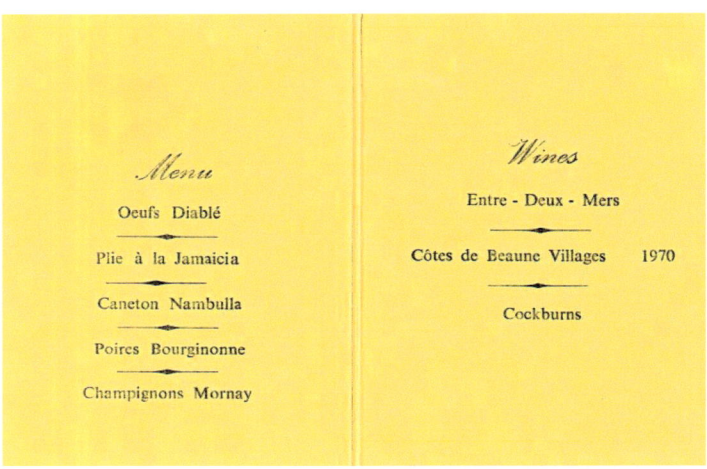

*Vorder- und Innenseite einer Einladung zur Dinner Night an der Britischen Pionierschule in Chatham*

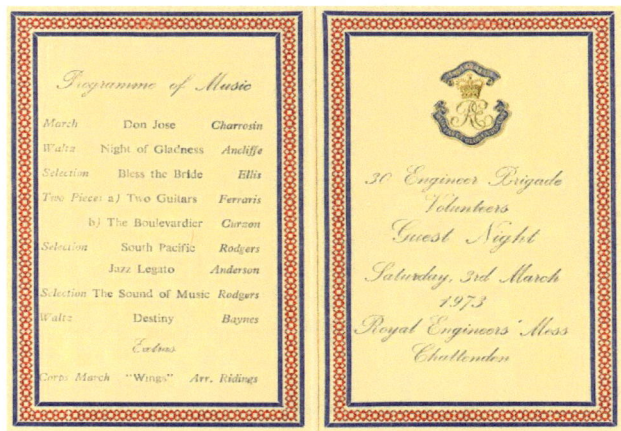

From: Brigadier S T BALDRY MBE

HQ 29 ENGR. BDE. (V)
FENHAM BARRACKS
NEWCASTLE UPON TYNE
NE2 4NP

Tel. Newcastle 611046/7

31/1                                        25th October, 1977

Oberst Leutnant GROT
WEHRBEREICHSKOMMANDO 111
REITZESTEIN KASERNE
LENAU STRASSE 29
4000 DUSSELDORF 30

Dear Oscar,

        Thank you very much for coming all the way from Dusseldorf in order to
tell us about WBK III.  Your visit helped a lot to make our volunteer officers
understand how 29 Engineer Brigade will be employed in war, and how they will
have to cooperate with the German Forces.

        I hope you had a good two days visiting London, and that the plane going
back to Dusseldorf was less delayed than the one coming over.  I hope we shall
meet again next time I am visiting Germany.

            Yours sincerely

                Stanley Baldry

MM

*Dankschreiben des Kommandeurs der 29. ENGR.BDE. (V) Birgadier ST BALDRY
MBE an Grot wegen seines Einsatzes während der Study Period der 29. ENGR.BDE.
1977 an der Britischen Pionierschule in CHATHAM*

Nicht zu vergessen ist, dass Grot jährlich einmal an der Tagung der vom HA veranstalteten Sperrdezernententagung, die in jeweils wechselnden Wehrbereichen durchgeführt wurden, teilnahm. Zur Regelung von Fragen der Sperrbearbeitung fanden regelmäßig im Ministerium für Wirtschaft und Verkehr NRW Besprechungen statt.

Darüber hinaus wurden über dieses Thema Vorträge durch Grot in den Regierungsbezirken gehalten. Es verdient hier festgehalten zu werden, dass es in NRW nie Schwierigkeiten bei der Duldung von Sperrvorbereitungen gegeben hat; auch nicht in der Sperrlinie des Rheins. Nur einmal durchbrach ein Ladungskasten die kühn gestreckte Brückenlinie und stieß auf den Unwillen des Brückenarchitektenprofessors. Der Ladungskasten wurde umkonstruiert. Da es der NATO nicht gelang, Pionierkampfmittel mit einheitlichen Maßen zu entwickeln, musste dies bei den Sperrplanungen berücksichtigt werden. Schwierigkeiten traten besonders dann auf, wenn Führungslinien gewechselt wurden. Um dem abzuhelfen, wurden z.B. für die Brücken des Mittellandkanals Halteschienen für britische und deutsche Schneidladungen entwickelt und eingeführt.

OTL GROT

Grot während eines Verbindungstreffens
Karrikatur von OTL Pfennig, Sperrdezernent WBK II

Auch bei der Planung von Sperrvorbereitungen gab es Auffassungsunterschiede. So forderte das I. (BR) Korps Sperrvorbereitungen am ostwärtigen Weserufer der Portaenge. Wegen beengter Platzverhältnisse, bedingt durch die Bundesstraße und Eisenbahntrasse, wurde hier ein unterirdischer Gang mit Sprengkammern geplant. Nach Änderung der Korpsgrenzen war für diese Sperre das I. (GE) Korps zuständig und rückte wegen der zu hohen Kosten von dieser Forderung ab.

Nach einem Jahr auf seinem neuen Dienstposten wurde Grot zum Oberstleutnant befördert. Diese Beförderung verbesserte seine Position gegenüber den älteren Pionierstabsoffizieren im Wehrbereich III erheblich und erleichterte ihm seine Tätigkeit. Nach Jahren der Tätigkeit im WBK III kam für Grot die Frage nach seiner weiteren dienstlichen Verwendung auf. Sein früherer Vorgesetzter, OTL Knappe, vor der Pensionierung stehend, hatte Grot als seinen Nachfolger im HA vorgeschlagen. Dem folgte P3/5 jedoch nicht und besetzte diesen Dienstposten mit einem Offizier ohne jegliche Erfahrung im TerrH. Der von Grot angestrebten Versetzung nach Norddeutschland verweigerte sich P. Auf Grund älterer Zusagen hatte Grot inzwischen in Schleswig-Holstein ein Haus bauen lassen und kam dadurch in Schwierigkeiten. Grot sah sich daher zu einer Eingabe an den Wehrbeauftragten gezwungen. Mit Datum vom 23. Januar 1978 erfolgte auf Grund dieser Eingabe ein positiver Bescheid, und ihm wurde eine Versetzung nach Bremen in Aussicht gestellt. Nach längerer Zeit musste Grot dann erfahren, dass nicht P gegen eine Versetzung war, sondern sein direkter Vorgesetzter, OTL Angenlahr, der der Meinung war, auf Grot könne er nicht verzichten.

Sechseinhalb Jahre war Grot insgesamt als Sperrdezernent im WBK III tätig. Während dieser Zeit war es ihm gelungen den Wirkungsgrad der Sperren durch Umbauten zu verbessern, vorhandene Sperrlücken besonders in der FCZ zu schließen, und die Zusammenarbeit zwischen den NATO-Korps und dem TerrH im WB III auf dem Gebiet der Sperren zu verbessern. So konnte er sein Aufgabengebiet wohlgeordnet an seinen Nachfolger übergeben.

Während einer Wallmeister-Tagung wurde Grot aus dem Wehrbereich verabschiedet.

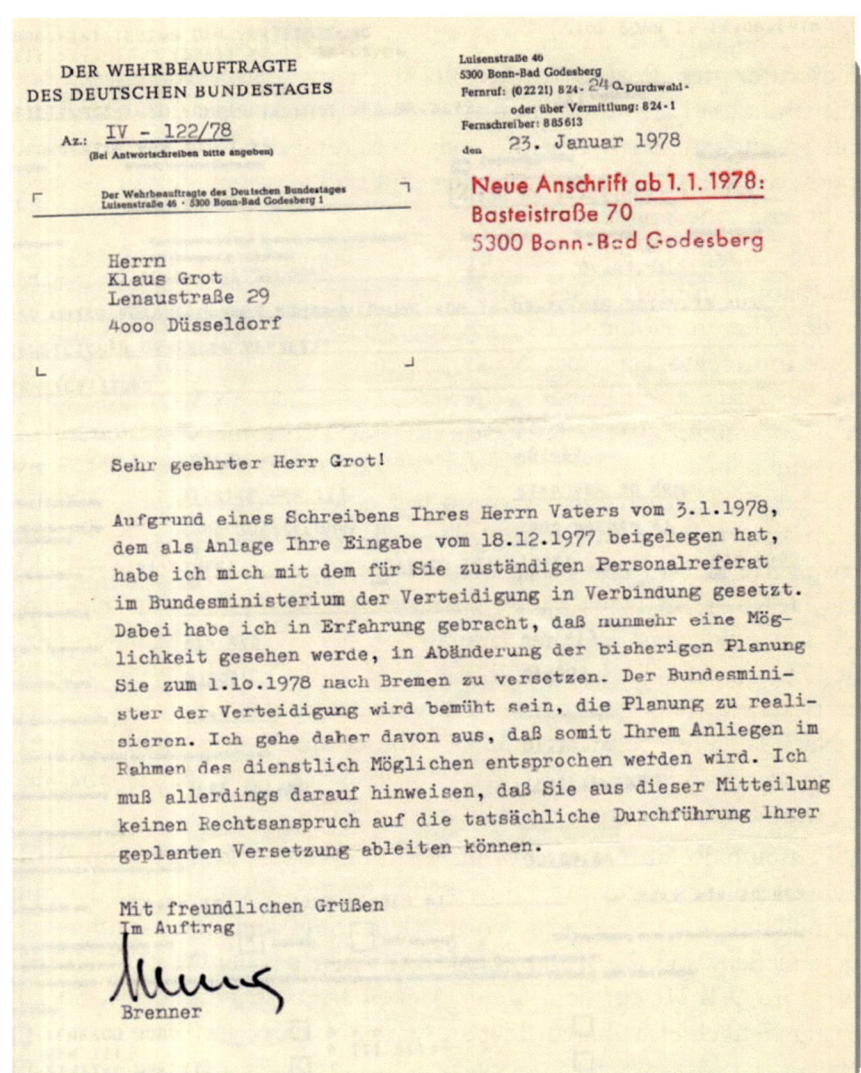

DER WEHRBEAUFTRAGTE
DES DEUTSCHEN BUNDESTAGES

Az.: IV - 122/78
(Bei Antwortschreiben bitte angeben)

Luisenstraße 46
5300 Bonn-Bad Godesberg
Fernruf: (02221) 824- 24 0- Durchwahl-
oder über Vermittlung: 824-1
Fernschreiber: 885613

den 23. Januar 1978

Neue Anschrift ab 1. 1. 1978:
Basteistraße 70
5300 Bonn-Bad Godesberg

Der Wehrbeauftragte des Deutschen Bundestages
Luisenstraße 46 · 5300 Bonn-Bad Godesberg 1

Herrn
Klaus Grot
Lenaustraße 29
4000 Düsseldorf

Sehr geehrter Herr Grot!

Aufgrund eines Schreibens Ihres Herrn Vaters vom 3.1.1978,
dem als Anlage Ihre Eingabe vom 18.12.1977 beigelegen hat,
habe ich mich mit dem für Sie zuständigen Personalreferat
im Bundesministerium der Verteidigung in Verbindung gesetzt.
Dabei habe ich in Erfahrung gebracht, daß nunmehr eine Möglichkeit gesehen werde, in Abänderung der bisherigen Planung
Sie zum 1.10.1978 nach Bremen zu versetzen. Der Bundesminister der Verteidigung wird bemüht sein, die Planung zu realisieren. Ich gehe daher davon aus, daß somit Ihrem Anliegen im
Rahmen des dienstlich Möglichen entsprochen werden wird. Ich
muß allerdings darauf hinweisen, daß Sie aus dieser Mitteilung
keinen Rechtsanspruch auf die tatsächliche Durchführung Ihrer
geplanten Versetzung ableiten können.

Mit freundlichen Grüßen
Im Auftrag

Brenner

*Befreiendes Schreiben des Wehrbeauftragten des Deutschen Bundestages an Grot mit der
Ankündigung seiner Versetzung nach Bremen*

Im Namen der

# Bundesrepublik Deutschland

ernenne ich

den Major

Klaus Grot

zum Oberstleutnant

Bonn, den    15. Dezember 1972

## Der Bundesminister der Verteidigung

In Vertretung

*Beförderungsurkunde zum Oberstleutnant*

## Anerkennungsurkunde

Oberstleutnant Klaus Grot
Wehrbereichskommando III

hat sich am Vorschlagwesen in der Bundeswehr mit Erfolg beteiligt. Ich spreche ihm hierfür meinen besonderen Dank aus. Der Vorschlag betrifft

Verwendung von deutschen Halteschienen für britische und deutsche Schneidladungen bei Sperrvorbereitungen an Brücken;

er ist mit einer Geldprämie von 200,-- DM ausgezeichnet worden.

Bonn, den 22. April 1974

Der Bundesminister der Verteidigung

*Anerkennungsurkunde für einen Verbesserungsvorschlag im Sprengdienst*

Abt Pi/ABCAbw                                    Düsseldorf, den 29.12.73
- AbtLtr -

Herrn
Oberstleutnant Groz
 - Abt Pi/ABCAbw 3 -


Betr.: Versuchs- und Vergleichssprengen 1973 I.(BR) Korps und WBK III
       am 3.5.73
Vorg.: Erfahrungsbericht vom 2o.12.73
Anl.: - 1 -

       Nach Einsichtnahme gebe ich den Erfahrungsbericht zurück und stelle
       dazu fest :
       1. Vorbereitung und Durchführung des Sprengvorhabens am 3.5.73
          und der vorgelegte Erfahrungsbericht vom 2o.12.73 sind
          anerkennenswert
       2. Der Erfahrungsbericht ist hinsichtlich
          - Darstellung
          - Übersichtlichkeit
          - Aussagewert
          - bildlicher Anschauung
          mustergültig zusammengestellt und damit geeignet, der Sprengtechnik
          und der Sprengausbildung besonders dienlich zu sein.

                                                  Oberstleutnant

Kopie beglaubigt:

Pönitzsch, RIZA

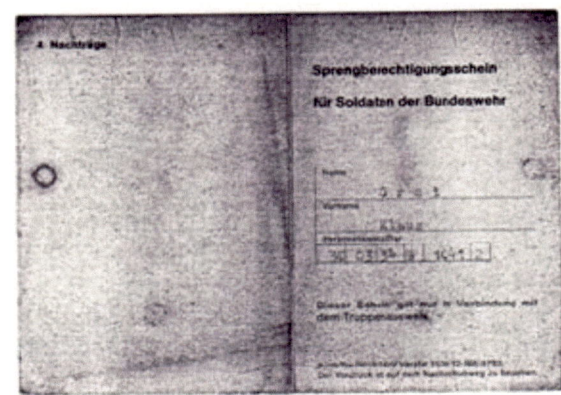

1. Der Inhaber ist berechtigt, als Leitender beim Sprengen pioniertechnische Sprengungen nach der

☐ ZDv 3/701 VS-NfD „Pionierdienst aller Truppen – Sperren und Sprengen"

☒ HDv 286/200 „Sprengen"

vorzunehmen.

2. Der Inhaber ist verpflichtet, sich vor jedem Sprengen mit den geltenden Bestimmungen der für ihn zutreffenden Sprengvorschrift (Nr 1), besonders den Sicherheitsbestimmungen, vertraut zu machen.

3. Der Schein wurde ausgestellt von der Pionierschule und Fachschule des Heeres für Bautechnik in München

am     27.4.1978

Listennummer     1150/28

Unterschrift, Dienstgrad, Dienststellung

(Niemann)
Oberstlt und S3/Ausb

Dienstsiegel

*Bilder von der Verabschiedung aus dem Wehrbereich III*

*Oberstleutnant Grot wird Ehrenwallmeister*

Bei den nachfolgenden Texten handelt es sich um Vortrags- (Briefing-) Texte, die Grot aus verschiedenen Anlässen zu halten hatte. Sie stammen aus dem Bundesarchiv Freiburg. Sie wurden in diese Ausarbeitung aufgenommen als Beweis für die enge und intensive Zusammenarbeit zwischen Wehrbereichskommando III und den im Verteidigungsfall im Lande Nordrhein-Westfaleneingesetzten NATO-Korps; hier besonders dem I. (BR) und dem I. (BE) Korps. Dazu zählte aber auch die in der RCZ WB III eingesetzte 30. (BR) Engineer Brigade, die erst im Verteidigungsfall in die Bundesrepublik verlegt werden sollte.

In seinen Vorträgen ging es hauptsächlich um die Zusammenarbeit der Briten mit den deutschen territorialen Kommandobehörden im V-Fall im WB III. Vorträge vor den britischen Pionieren wurden in englischer Sprache gehalten. Wenn sich auch einzelne Passagen in den Texten wiederholen, so sollen sie auf die Schwierigkeiten hinweisen, die bei der Durchsetzung einheitlicher Grundsätze auftraten. Dies galt besonders für die Erarbeitung der Sperrunterlagen. Hier wollten insbesondere das I. (BR) Korps ausscheren und das Microfitche System einführen. Die Behandlung dieses Themas war außerordentlich schwierig, doch gelang es immer wieder durch Kompromisse, die Einheitlichkeit bei der Sperrbearbeitung zu wahren.

Bei den Pionieren des I. (BE) Korps, einschließlich des Korps PiKdr, wurde die deutsche Sprache verwendet. Hier wirkte sich zweifellos die Praxis der Belgier aus, die Beförderungen von dem Bestehen immer strengerer Sprachprüfungen abhängig zu machen. Dazu kommt, dass die Belgier über lange Jahre ihrer Dienstzeit in Deutschland stationiert waren, während die britischen Offiziere durchschnittlich alle zwei Jahre versetzt wurden und sie damit rechnen mussten, auch z.B. nach Hongkong versetzt zu werden.

Durch die Aufnahme verschiedener Texte soll die Aufgabenvielfalt und der Umfang der Aufgaben Grots in Düsseldorf dargestellt werden. Bei Stabsrahmenübungen war Grot auch zeitweise als Verbindungsoffizier bei EngBranch British Army of the Rhine in Mönchengladbach eingesetzt.

## Sperrplanung im Wehrbereich III

Bei der Aufstellung von Kampfplänen spielte die Sperrplanung
in Vergangenheit und Gegenwart schon immer eine wichtige Rolle.
Noch heute geben in unserem Lande zahlreiche Bauwerke der Vergangen-
heit hiervon Kenntnis; wie der Linnes im Süden und Westen in unserem
Land oder der Dunebrog hoch im Norden. Auch vor dem Zweiten Weltkrieg
war der Bau von Befestigungen und Sperren bedeutsam.
Sowohl im Westen wie im Osten entstanden gewaltige Bauwerke mit
einem heute nicht mehr vorstellbaren personellen und materiellen
Aufwand.
Wie für alle Lebensbereiche brachte die Kapitulation 1945 einen
Stillstand und Umschwung.

Zunächst wurden einmal alle Befestigungen und Sperren geschleift.
Zahlreiche gesprengte Bunker des Westwalles geben davon Zeugnis.
Erst die nach 45 auftretenden Ost-West-Spannungen veranlaßten die
damaligen westlichen Besatzungsmächte den Bau von Sperrvorbereitungen in unserem Lande aufzunehmen. Diese Sperrplanung ging aber
nicht davon aus, das Gebiet der westlichen Besatzungszone zu schützen
und zu verteidigen, sondern die Sperren wurden so angelegt, daß
diese Zonen Kampfgebiet sein sollten, um die weiter westwärts gelegenen
Länder Niederlande, Belgien und Frankreich zu schützen und um zu
verhindern, daß die Kämpfe in diesem Landstriche hineingetragen
wurde.

Entsprechend dah auch die Sperrplanung im Lande NORDRHEIN-WESTFALEN aus.

- Die Niederländer befestigten die EMS/ DE Kanal
- Die Belgier richteten ihr Augenmerk besonders auf den RHEIN und
  die westlich davon gelegenen Landesteile
- Die Engländer, weiter ostwärts stationiert, richteten sich
  darauf ein, den Kampf hinhaltend zu führen.

- 2 -

116

Wie weit die Anlage der Vorbereiteten Sperren in dieser Zeit zwischen
allen Besatzungsmächten koordiniert war, entzieht sich meiner
Kenntnis.

In meinen Betrachtungen kann ich nur von dem ausgehen, was bei
der Aufstellung der Bundeswehr und bei dem Übergang der Verantwortung der Sperrbearbeitung in die Hände der Bundeswehr vorgefunden
wurde.

Von den vorgefundenen Vorbereiteten Sperren wurde ein Teil in
den Jahren 1958/59 durch die Bundeswehr übernommen. Der andere Teil
gelangte in die Zuständigkeit der Kommunen, mit der Auflage,
diese Objekte beseitigen zu lassen. Die Kosten der Beseitigungen
wurden von den Ämtern für Verteidigungslasten getragen. Jedoch
sind nicht alle diese Anlagen verschwunden. Der aufmerksame Betrachter
kann besonders in den westlichen Landesteilen diese Zeugnisse ver-
gangener Tätigkeiten bewundern. Zum Teil stellen sich auch noch
eine erhebliche Gefährdung bei Nutzung durch Saboteure dar.

Doch wenden wir uns nun den vorhandenen in der Zuständigkeit
der Bw liegenden Vorbereiteten Sperren zu.

Ich weiß nicht, nach welchen Vorstellungen Sperren damals in die
Verantwortung der Bundeswehr übernommen worden sind. Der Zahl nach
waren es erhebliche Mengen (siehe Proki)

Mit der Zeit setzte jedoch die Erkenntnis ein, daß man wohl des
Guten zuviel getan hatte und ab 1962 begann man die Zahl der
Vorbereiteten Sperren sehr drastisch zu reduzieren. Hier wurden
zunächst in den Räumen Münsteraner Becken - Sauerland und Eifel
zahlreiche Objekte aufgehoben.

1968 begann man die RHEINZONE erheblich auszukämmen.
Nach Zustimmung von NORTHAG und CENTAG wurden in dieser Zone
lediglich die RHEINBRÜCKEN als Vorbereitete Sperren belassen.
Ausgangspunkt zu diesen Überlegungen war, daß die NATO-Truppen
die Verteidigung der BRD soweit ostwärts wie möglich aufnehmen
sollten. Hätte man eine breite Sperrzone am RHEIN aufrecht-
erhalten und zwangsläufig auch weiter ausbauen wollen, so wäre
hier der erhebliche Einsatz von Haushaltmitteln erforderlich gewesen. Diese Gelder hätten dann beim Bau von Sperren in der FCZ
gefehlt.

Darüberhinaus ging man bei KTV davon aus, daß im Falle einer
Wende des Kriegsglücks zu unserem Ungunsten und damit ein
tiefes Eindringen feindlicher Kräfte in den westdeutschen
Raum und über den RHEIN hinaus nicht dazu führen darf, daß
im Gefühl des bevorstehenden Endsieges die Lebensgrundlagen
der Bevölkerung noch zerstört werden. Davon ausgehend muß
gesagt werden, daß es sinnlos wäre z.B. im Raume AACHEN
Vorbereitete Sperren errichten zu wollen, die feindlichen
Kräfte wohl kaum noch lange aufhalten, aber die Lebensgrundlagen der Bevölkerung erheblich schmälern würden.

Ich will hier keineswegs den Defaitismus das Wort reden, aber
ich meine unsere Verteidigungsbemühungen beruhen auf der
Konzeption, den Feind so weit wie möglich ostwärts abzufangen.

Eine Staffelung von Sperrlinien in der Tiefe des Raumes
könnte die ungünstige Folge zeitigen, daß die Truppe schon
mit einem Auge nach rückwärts schaut unter dem Motto weichen
wir noch mal schnell aus, da ist ja noch eine vorbereitete Linie.

Die Sperrplanung im Wehrbereich III wird im Augenblick hauptsächlich von folgenden Faktoren beeinflußt.

1.　　Aufteilung in FCZ und RCZ im Verhältnis 1 : 3
　　　Verhältnis der Sperren:　　　　　　　5 : 1

2.　　Verteilung der Zuständigkeiten auf 4 NATO Korps

　　　　　　　　　　+ I.(GE) Korps　　)
　　　　　　　　　　+ I.(BR) Korps　　)
　　　　　　　　　　+ I.(BE) Korps　　) FCZ
　　　　　　　　　　+ III.(GE)Korps　 )

　　　TKN in der RCZ mit Genehmigungsvorbehalt BMVg
　　　Einverständnis BMVg liegt vor für

　　　　　　　　　　- Teutoburger Wald
　　　　　　　　　　- MLK
　　　　　　　　　　- DEK
　　　　　　　　　　- RHEIN

118

3. Aufteilung der FCZ in verschiedenen Prioritätszonen
   durch NORTHAG, dabei 1. Priorität
                                2.      "
                                3.      "

   Hauptinteresse liegt jedoch bei Stufen 1 + 2
   (Einsatzräume der Divisionen)

4. Durch die geographische Lage des Landes NRW zur DDR
   kommt es in den einzelnen NATO-Korps zu einer unterschiedlichen Interessenlage THÜRINGER Balkon

   Entfernung   I. (GE) Korps zur Grenze   12o Km
                I. (BE)      "              5o Km

5. Stärke der verfügbaren Pionierkräfte in der FCZ.

6. Unterschiedliche Einsatzmittel (PiKpfm)

7. Verschiedenartige Auffassung über die Führung des
   Gefechtes

   +  Engländer   Einsatz von Minen im großen Rahmen

   +  Belgier     Konzentration auf bestimmte Linie

   Während die bisher genannten Pkt veränderbar sind, da
   sie von der Beurteilung der Lage abhängig sind, ist das
   Gelände als feste Größe zu sehen.
   Selbst bei Unkenntnis der Operationspläne ergeben sich
   durch die im Wehrbereich III Geländeformationen
   folgende Sperrlinien von Ost nach West jeweils vom
   Norden nach Süden verlaufend:

   -  WESER
   -  TEUTOBURGER WALD
   -  EGGEGEBIRGE
   -  ROTHAARGEBIRGE
   -  DEK
   -  RHEIN

)

Der MLK als Sonderfall von Ost nach West verlaufend.
Große Flächen des Wehrbereichs sind für den Ausbau
von Sperrlinien schlecht geeignet.
Münsteraner Becken, Niederrheingebot mit nur unter
großem Aufwand ausbaufähig.

Als Erschwernisse bei der Sperrplanung treten auf:

+ Verbot ständiger Anlagen
+ Politische Gründe, Schutz der Bevölkerung

Aus dem bishergesagtem ergibt sich nun, daß eine reine
nationale Sperrplanung wegen der zahlreichen Abhängigkeiten
nicht möglich ist.
Nach den geltenden Richtlinien sollen sich die nationalen
deutschen Stäbe nur dann einschalten, wenn es daran geht,
deutsche Interessen zu vertreten. Dies ist in der Regel
der Fal, wenn es

- um die Beschränkung von Sperrmaßnahmen geht
  (Sperrlückenbegrenzung, keine Vorbereitungen in Pfeilern
  und Widerlagern) und

- zur Erhaltung der Lebensgrundlagen der Bevölkerung
  erforderlich ist.

Die Erfahrung hat jedoch gezeigt, daß es bei dieser passiven
Rolle nicht geblieben ist und auch nicht bleiben sollte.
Für diese Feststellung sprechen folgende Gründe:

- die Stäbe des TerrHeeres sind mit den Gegebenheiten des
  Geländes auf Grund ihrer genannten Kenntnisse besser vertraut (Besser Informationsstand z.B. Straßenneubauten)
  und

- die NATO-Stäbe sind in einer anderen Interessenlage

Daraus ergibt sich eine aktivere Rolle unserseits als ursprünglich
vorgesehen und beabsichtigt.
Auch sind die Korps PiKdo der NATO-Korps nicht unbegrenzt
leistungsfähig und nehmen daher Hilfen gerne an.

- 6 -

Als Ergebnis der Sperrbearbeitung bleibt festzustellen, daß

- die Tätigkeit der Wm die Sperrbearbeitung betreffend auf gewisse Räume beschränkt worden ist und

- die verfügbaren Haushaltsmittel erweitert eingesetzt werden sowie

- technisch überholte alte Vorbereitete Sperren aufgehoben werden konnten und

- die Erkundung neuer Vorbereiteter Sperren sich dabei zur Zeit hauptsächlich auf folgende Räume beschränkt

    + Rothaargebirge
    + Teutoburger Wald
    + Eggegebirge
    + Raum nördlich des Wicherngebirges

In meinen Anführungen habe ich das Gebiet der geplanten Feldmäßigen Sperren nicht behandelt.

Geplante Feldmäßige Sperren sollen Vorbereitete Sperren ergänzen, aber mit den Mitteln der Truppe angelegt werden.

Ziel ist es

- Sperrlinien zu verstärken
- Umgehung Vorbereiteter Sperren auszuschließen

    und

- Sperren dort anzulegen wo bisher keine Vorbereitungen getroffen werden konnten.

Feldmäßige Sperren sind so immer in Zusammenhang mit Vorbereiteten Sperren zu sehen und daher auch bei Erkundungen zu berücksichtigen.

G 3 Pi/ABCAbw 1/3 Az 40-03-30          4 Düsseldorf, 16. Februar 1976
                                       App 2284
                                       G./Schr.


Betr.: Besuch des Korps PiKdr I. (BE) Korps

Referat: Vorbereitete Sperren im Wehrbereich III

Ich habe den Auftrag über Vorbereitete Sperren im Wehrbereich III
zu sprechen.
Im Wehrbereich III sind zur Zeit mit dem Stand vom 1.1.1976 479
Vorbereitete Sperren vorhanden.

67 Sperren sind bereits vom Heeresamt/Inspektion der Pioniere als
Planungen anerkannt und sollen demnächst errichtet werden.
Die Vorbereiteten Sperren verteilen sich wie folgt:

FCZ:    395
RCZ:     84

In der FCZ befinden sich in den einzelnen Korpsbereichen folgende
Vorbereitete Sperren.

1. (GE) Korps    23
I. (BR) Korps    143
I. (BE) Korps    206
III.(GE) Korps    23

Die Masse der Vorbereiteten Sperren besteht zur Zeit aus Straßensprengschächten. Andere Formen der Sperrvorbereitungen sind
Sperreinbauten an Brücken. Für 2 Trägerstecksperren im Bereich
des I.(BE) Korps sind Ende vergangenen Jahres fertiggestellt worden.

2 weitere Trägerstecksperren sind in der Planung.
Betrachtet man die geographische Lage der Vorbereiteten Sperren im
Wehrbereich III, so bilden sich folgende Sperrschwerpunkte oder
Sperrlinien heraus:

-   WESER-DIEMEL
-   MITTELLANDKANAL, aber nur FCZ
-   TEUTOBURGER WALD - EGGEGEBIRGE-ROTHAARGEBIRGE
-   DORTMUND-EMS-KANAL
-   RHEIN

                      - 2 -

122

Ich wende mich nun als erstes den Sperrvorbereitungen im
Bereich des I. (BE) Korps zu.
Hier bestehen die Sperrlinien

- WESER - DIEMEL
    und
- EGGEGEBIRGE - ROTHAARGEBIRGE

Betrachten wir zunächst einmal die Sperrlinie, die aus WESER und
DIEMEL gebildet wird, soweit sie sich im Wehrbereich III be-
findet. Im Zuge dieser beiden Flußläufe sind sämtliche Brücken
mit Sperrvorbereitungen versehen. Die Sperrvorbereitungen
von 4 Weserbrücken sind zur Zeit in der Überarbeitung, da es
sich bei einer Überprüfung herausgestellt hatte, daß die
Einbauten in technischer Hinsicht überholungsbedürftig
waren und auch nicht mit den Bestimmungen der Führungsweisung
Nr. 5 übereinstimmten, die statt einer völligen Zerstörung
der Brückenbauwerke eine Sperrlückenbegrenzung auf 45 m vor-
schreiben, soweit dies technisch möglich ist.

Im einzelnen ist zum Bearbeitungsstand der 4 Sperrobjekte
festzustellen:

- HOL 48  Der Auftrag zum Umbau und zur Verbesserung der Sperr-
          vorbereitungen wurde Anfang des Jahres vergeben

- HOL 5o  Die Ladungskästen sind infolge Anstricharbeiten ohne
          Wissen der Bundeswehr entfernt worden. Der Auftrag
          an die Bundesbahn zur Einholung von Kostenvoranschlägen
          liegt vor. Im derzeitigen Zustand kann die Brücke
          dennoch durch Sprengen des westlichen Pfeilers mit
          4 Sprengkammern zum Einsturz gebracht werden.

- HX 1    Hier soll zur Vereinfachung der Sperrvorbereitungen
          der Umbau von 2 auf 1 Trennschnitt erfolgen.
          Die Planungen sind hierzu noch nicht ganz abgeschlossen.
          Die bisherigen Vorbereitungen können aber genutzt werden.

- HX 3    Auch hier sollen die Vorbereitungen verringert werden
         Der Bearbeitungsstand ist ähnlich wie der des Sperr-
         objektes HX 1. Auch hier sind die alten Vorbereitungen
         voll nutzbar.

Die notwendigen Änderungen der Sperrvorbereitungen sind auf
einer gemeinsamen Erkundung mit den Pionieren des I.(BE) Korps
abgesprochen worden.
Grundsätzlich wird bei der Verbesserung von Sperrvorbereitungen
deutscherseits darauf geachtet, daß

- der Umfang der Sperrvorbereitungen unter Beachtung der taktischen Erfordernisse auf das notwendige Maß beschränkt wird,
  so daß z.B. Brücken über den jeweiligen Fluß unterbrochen
  werden und eine Sperrlücke bis zu 45 m erreicht wird,

- die Sperrvorbereitungen für die Verwendung der beim I.(BR)
  Korps  zur Verfügung stehenden Kampfmittel getroffen werden
  und

- der Zeit- und Kräftebedarf zur Auslösung der Sperrvorbereitungen auf ein Mindestmaß beschränkt wird.

Es ist geplant bei der Anlage von neuen Sperrvorbereitungen
diese so zu treffen, daß verstärkt Schneidladungen Verwendung
finden.
Diese Art der Vorbereitung wird als sicherer angesehen.
Ein weiterer Vorteil ist, daß die mit dem Laden und Zündfertigmachen dieser Objekte Zeit und Kräfte einsparen kann.
Soweit dem I.(BE) Korps keine Schneidladungen zur Verfügung
stehen können diese, wie für andere Sperrvorbereitungen schon
geschehen, dem I.(BE) Korps leihweise überlassen werden.
Entsprechende Anforderungen sind gestellt. Zur Zeit besteht hier
ein Engpaß. Auf Grund des abgeschlossenen Leihvertrages wird
WBK III jedoch auf bevorzugte Lieferung für I.(BE) Korps
drängen.

Zwischen der WESER und dem EGGEGEBIRGE befinden sich eine ganze
Reihe von vorbereiteten Sperren in Form von Straßensprengschächten,
die durch ihre Lage im Gelände zum Aufbau oder zur Verstärkung von
Verzögerungslinien geradezu herausfordern.

Während nach rechts diese Verzögerungslinien weitergeführt
werden können, muß festgestellt werden, daß eine Anlehnung
nach links in dem Bereich des I.(BR) Korps nicht möglich ist,
da sich das Gelände nicht immer dafür eignet Sperrlinien
auszubauen.
Die letzte Sperrlinie im Bereich des I.(BE) Korps wird aus
Sperren im Bereich des EGGEGEBIRGE und des ROTHAARGEBIRGES
gebildet.

Im ROTHAARGEBIRGE wurden 1974 zunächst durch die Wallmeister
des Wehrbereiches und dann mit den Vertretern des I.(BE) Korps
25 neue Vorbereitete Sperren erkundet. Zum ersten Mal wurde
im Wehrbereich III ein bestimmter Geländeteil systematisch
durch die Wallmeister erkundet, um auf Grund von baulichen
Veränderungen im Gelände neue Sperrmöglichkeiten herauszufinden,
bzw. Sperrlücken zu schließen.

Eine ähnliche Erkundung hat 1975 für den Bereich des
TEUTOBURGER WALDES und des EGGEGEBIRGES stattgefunden.
Die Forderungen für den Neubau Vorbereiteter Sperren liegen WBK III
vor.
Ich verlasse jetzt den Bereich des I.(BR) Korps und wende
mich den anderen Sperrvorbereitungen im Wehrbereich III zu.
Im Bereich des I.(BR) Korps finden wir wie bereits schon ange-
deutet die Sperrlinien WESER, MITTELLANDKANAL und TEUTOBURGER WALD.

Zwischen diesen Sperrlinien befinden sich nur wenige Vorbereitete Sperren, da hier die Landschaft sehr offen ist und sie
sich daher wenig zur Anlage von Vorbereiteten Sperren eignet.

Im Norden wird der MITTELLANDKANAL ausgebaut und verbreitert.
Im Zuge dieser Maßnahmen mußten sämtliche Brückenbauwerke neu
errichtet werden.
Die Sperrvorbereitungen werden jetzt so getroffen, daß die
Brücken sowohl mit deutschen wie auch mit englischen Schneid-
ladungen geladen werden können.
Während in der FCZ die NATO Korps für die Sperrplanung in ihren
Bereichen voll zuständig sind, dürfen Vorbereitete Sperren in
der RCZ nur mit Genehmigung des Verteidigungsministeriums in
BONN geplant und angelegt werden.

Damit das Verteidigungsministerium nicht wegen jeder Sperrvorbereitung angegangen wird, wurde in einem Grundsatzbefehl festgelegt, daß im Wehrbereich III folgende Sperrlinien ausgebaut
werden können, ohne daß jede Vorbereitete Sperre einzeln genehmigt werden muß.

Diese Genehmigung erstreckt sich in der RCZ im Wehrbereich III
auf folgende Sperrlinien:

- MITTELLANDKANAL
- TEUTOBURGER WALD
- DORTMUND-EMS-KANAL
- RHEIN

Die bedeutenste Sperrlinie ist in der RCZ der RHEIN.
Zwischen der niederländischen Grenze im Norden und BONN sind
daher alle Rheinbrücken durch Sperreinbauten zum Sprengen vorbereitet. Die Sperrvorbereitungen an den Rheinbrücken bestehen
aus Ladungshalterungen und Ladungskästen zur Aufnahme von
Sprengmasse formbar oder aus Halteschienen zur Aufnahme von
Schneidladungen.

Die Sprengmunition für diese Objekte ist in verschiedenen
Munitionsdepots objektnahe gelagert. Dies trifft übrigens auch
für die anderen Sperrvorbereitungen in der RCZ zu.
Als objektnahe wird eine Entfernung von 5o Km angesehen.

Im Nordosten der RCZ bilden DORTMUND-EMS-KANAL und TEUTOBURGER WALD
eine gemeinsame durchgehende Sperrlinie.

Während zwischen RHEINE und IBBENBÜHREN sämtliche über den
DORTMUND-EMS-KANAL führende Brücken schon vorbereitet sind,
bestehen weiter südlich keine Vorbereitete Sperren mehr.

Es ist jedoch geplant alle Brücken bis MÜNSTER mit Sperreinbauten zu versehen und die erforderliche Munition dafür einzulagern.
Die Sperrvorbereitungen im nördlichen TEUTOBURGER WALD bestehen
in der Masse aus Straßensprengschächten. Soweit hier neue Verkehrs-
ninien gebaut werden, ist der Bau neuer Vorbereiteter Sperren
geplant.

Immerhin ist der TEUTOBURGER WALD die letzte durchgehende
Sperrlinie vor dem RHEIN.
Im sogenannten MÜNSTERAUER Becken und im südlich davon ge-
legenen Sauerland befinden sich keine Sperrvorbereitungen mehr.
Das Gleiche gilt übrigens auch für den Raum westlich des RHEINS.

Ich habe bereits die Aufgaben der Wallmeister angesprochen.
Ich möchte hier noch auf den Einsatz der Wallmeister im Kriegsfall eingehen. Nach dem OpBefehl WBK III, ist vorgesehen, im
Bereich des (BE) Korps 6 Wallmeistertrupps zur Einweisung der
belgischen Pioniere in vorhandene Sperrvorbereitungen einzusetzen.
Durch Verlegung eines WmTrp in dem VB 34 wird sich die Zahl
der WmTrp für I.(BE) Korps auf 7 erhöhen.

Von diesen Wallmeistertrupps wird zunächst ein von einem Pionieroffizier der Reserve geführter Wallmeistertrupp bei SA auf
Antrag I.(BE) Korps als Wallmeisterleittrupp zum I.(BE) Korps
treten, um den Einsatz der Wallmeister des Wehrbereichs III
mit den belgischen Pioniereinheiten und Verbänden zu koordi-
nieren. ~~Darüberhinaus soll er dort helfend eingreifen, wo~~
~~bei der Auslösung von Sperrvorbereitungen Absprachen mit Zivil-~~
~~behörden zwingend notwendig sind, wie z.B. bei Brücken über~~
~~die WESER.~~

Gleichzeitig soll er als Verbindungsorgan dort helfend tätig
werden, wo es darum geht, zum Schutze der Zivilbevölkerung vor
Auslösung von Sperrvorbereitungen, die deutschen nationalen
Kommandobehörden und zivilen Behörden zu unterrichten bzw.
anzuhören, soweit es das Kampfgeschehen zuläßt.
Nach Auffassung WBK III können die Aufgaben nur durch einen
Pionieroffizier erfüllt werden, der mit den Gegebenheiten
vertraut ist.

Eine Koordinierung des gesamten Einsatzes der VBK 23, 34, 35
und 44 für den Bereich I.(BE) Korps im Verteidigungsfall, der
stets von WBK III angestrebt wurde, konnte leider bis zum
heutigen Tage nicht verwirklicht werden.

Zur Zeit liegt diese Angelegenheit dem Territorialkommando NORD
zur Entscheidung vor.

Erlauben Sie mir zum Schluß bitte, daß ich einmal kurz den
Werdegang einer Vorbereiteten Sperre schildere:

| | |
|---|---|
| NATO Korps | Aufstellen einer mil. Forderung auf Grund des Sperrplanes |
| Div - VBK | Gemeinsame Erkundung, Aufstellen einer takt.techn. Beurteilung |
| VBK | Aufstellen einer Mil. Bedarfsforderung |
| WBK | Prüfen der Mil. Bedarfsforderung |
| HA | Genehmigen der Mil. Bedarfsforderung |
| VBK | Aufstellen einer Mil. Infrastrukturforderung |
| WBK | Prüfen der Mil. Bedarfsforderung |
| WBV | Auftrag an Baulastträger zum Einholen von Kostenvoranschlägen |
| VBK/WBK | Prüfender Mil. Infrastrukturforderung auf Einhaltung Mil. Forderungen |
| Baulastträger | Auftragsvergabe zum Bau der Vorbereiteten Sperre |
| Zivile Baufirma | Bau der Vorbereiteten Sperre |
| VBK | Abnahme der Vorbereiteten Sperre, Erstattung der Sperrunterlagen und Übergabe des Sperrobjektes an die NATO Kdo-Behörde. |

Der Neubau und die Unterhaltung Vorbereiteter Sperren erfordert
erhebliche Haushaltsmittel. Auf dieser Folie ist der Stand der
Ausgaben seit 1963 verzeichnet. Leider sind dem Wehrbereich III
hier in vielen Fällen bei der Errichtung neuer Sperren die Hände
gebunden, da

- Haushaltsmittel nicht im wünschenswerter Höhe zugewiesen werden
  und

- bei der Schaffung von Sperrvorbereitungen zivile Behörden und
  Firmen eingeschaltet werden müssen.

Bitte nehmen Sie dies auch als Hinweis für die Fälle in
denen Sperrvorbereitungen nicht in wünschenswerter Schnelligkeit
getroffen werden können.

Die Sperrbearbeitung wird im Wehrbereich III durch die sehr
gute Zusammenarbeit zwischen I.(BE) Korps und WBK III
wesentlich erleichtert.

Hier haben sich insbesondere die regelmäßig stattfindenden
- WBK-Verbindungstreffen hervorragend bewährt.


Ich danke Ihnen für Ihre Geduld.

G 3 Pi/ABCAbw 1/3 4 Düsseldorf 30, 12. Februar 1976
App 2284
G./Schr.

Vortrag: Aufgaben Dez 1/3 mit Einweisung in die WmOrg

Herr Oberst!

Ich bin OTL Grot und im Wehrbereich III zuständig für pioniertechnische Mitarbeit an Planungen für die militärische Landesverteidigung im Wehrbereich III.

Zu meinen Aufgaben gehören:

- erstellen von Beiträgen und Weisungen auf dem Gebiet der Landesverteidigung hinsichtlich der Planung, Anlage, Änderung, Unterhaltung und Beseitigung Vorbereiteter Sperren

- mitwirken bei der Bearbeitung von Grundsatzfragen für die Bearbeitung von Lähmungen und Geplanten Feldmäßigen Sperren

- vertreten der nationalen Belange bei Planung und Anlage Vorbereiteter Sperren, Lähmungen und Geplanter Feldmäßiger Sperren

- prüfen Militärischer Bedarfsforderungen für Vorbereitete Sperren auf Einhaltung bestehender Weisungen, Richtlinien, Vorschriften und Befehle

- prüfen Militärischer Infrastrukturforderungen auf Einhaltung der militärischen Forderungen vor Übergabe an die WBV III zur Weiterleitung an die zuständigen zivilen Baulastträger

- überprüfen der taktischen Bedeutung und Notwendigkeit Vorbereiteter Sperren in der RCZ gem. Führungsanweisung Nr. 5

- überprüfen der Sperrvorbereitungen in der FCZ mit den NATO-Korps und Abstimmung der Sperrplanung mit den Sperrvorbereitungen

- veranlassen der Aufhebung und Beseitigung nicht mehr benötigter Sperrvorbereitungen

- 2 -

130

- inspizieren des Bauzustandes der Vorbereiteten Sperren
  in unregelmäßigen Zeitabständen

- mitwirken bei Planung und Einsatz für die Erkundung
  von Geländehindernissen durch Wm

- erstellen von Beiträgen zur Planung, Durchführung
  und Überwachung des Einsatzes und der Ausbildung für
  Wallmeister auf den Gebieten Vorbereitete Sperren,
  Geplante Feldmäßige Sperren, Lähmungen und Erfassung
  von Geländehindernissen

- erstellen von Beiträgen und Stellungnahmen zur Gliederung
  und Stationierung der Wallmeister im Wehrbereich III

- vorbereiten und durchführen von WBK-Verbindungstreffen
  mit I.(BE) und I.(BR) Korps

- errechnen des jährlichen Ausgabemittelbedarfes bei
  Kapitel 1412 Titel 52 1o2 (Instandsetzung) und Titel
  55 96o (Neubau Vorbereiteter Sperren)

- planen und festlegen der Verwendung der im Wehrbereich III
  jährlich zur Verfügung stehenden Ausgabemittel für Vorbereitete Sperren und Lähmungen

- mitprüfen der Planungsunterlagen für den Bau von Lagerungs-
  möglichkeiten von Pi-Kampfmitteln und Sperrzubehör für
  Vorbereitete Sperren

- prüfen der Forderungen der Gaststreitkräfte zur Schaffung
  von Einlagerungsmöglichkeiten für deren Pionierkampfmittel

- mitwirken bei dem Abschluß von Verträgen mit den NATO-
  Kommandobehörden zur leihweisen Überlassung von Pionier-
  kampfmitteln

Nachdem ich mein Aufgabenbereich dargestellt habe, erlauben
Sie mir bitte auf Gliederung und Aufgaben sowie auf ihre
Dislozierung einzugehen.
Ein WmTrp besteht im Frieden aus:

- 3 -

131

1    WmTrpFhr     (HFw)

1    Wm           (OFw)

1    ZKf

Dieser ZKf wird im Verteidigungsfall durch einen Soldaten (Uffz) ersetzt.

Der WmTrp hat folgende Aufgaben.

- Mitwirkung bei Erkundung und Planung auf folgenden Gebieten
- Vorbereitete Sperren
- Feldmäßige Sperren
- Schadensbekämpfung
- Katastrophenschutz
- Pioniertechnisches Berichtswesen

- Überwachung der Einhaltung Militärischer Forderungen bei Bau und Abnahme fertiggestellter Vorbereiteter Sperren

- Einweisung der Pioniertruppenteile bei der Übernahme Vorbereiteter Sperren

- Kontrolle und Wartung Vorbereiteter Sperren

- Verbindungsaufnahmen und Zusammenarbeit im militärischen Bereich und mit zivilen Behörden bei der Bearbeitung einzelner Pionieraufgaben auf Weisung des PiStOffz

- Erarbeitung der Sperrhefte

- Wartung und Pflege der Sperrmittel und des Sperrzubehörs

- Mitwirken bei objektweiser Einlagerung und Kontrolle der Pionierkampfmittel für Vorbereitete Sperren

Im WB III sind z.Zt. 21 WmTrp eingesetzt. Ihr Einsatz richtet sich nach dem Schwerpunkt ihrer Aufgaben.

Auf die VBK verteilen sie sich wie folgt:

| VBK | 31 | 2 | WmTrp |
|-----|----|----|----|
| VBK | 32 | 3 | " |
| VBK | 33 | 3 | " |
| VBK | 34 | 3 | " |
| VBK | 35 | 1o | " |

Die Aufteilung in der FCZ ist wie folgt vorgenommen:

| I. (GE) Korps | 1 | WmTrp |
|-----|----|----|
| I. (BR) Korps | 5 | " |
| I. (BE) Korps | 6 | " |
| III.(GE) Korps | 1 | " |

Auf Grund der sich stark erhöhten Anzahl Vorbereiteter Sperren bei I.(BE) Korps ist geplant 1 weiteren WmTrp von der RCZ in die FCZ zu verlegen.
Die derzeitigen Einsatzbereiche der Wm sind aus folgender Übersicht zu entnehmen.

Auf den Einsatz der Wallmeister im Verteidigungsfall werde ich in meinem zweiten Vortrag eingehen.

Betr.: Besuch des Korps PiKdr I.(BR) Korps
Referat: Vorbereitete Sperren im Wehrbereich III

Ich habe den Auftrag über Vorbereitete Sperren im Wehrbereich III
zu sprechen.

Erlauben Sie mir bitte zunächst einige grundsätzliche Ausführungen
zur Planung und dem Bau Vorbereiteter Sperren im Wehrbereich III
vorzutragen.

Nach den zwischen der NATO und der Bundesregierung ausgehandelten Verträgen werden Vorbereitete Sperren in der FCZ auf Grund
der Forderungen der dort eingesetzten NATO-Korps im Rahmen ihrer
Kampfführungspläne von den zuständigen deutschen territorialen
Kommandobehörden errichtet. In der RCZ erfolgt die Planung und
der Bau Vorbereiteter Sperren durch die deutschen territorialen
Kommandobehörden. Die Planung dieser Vorbereiteten Sperren erfolgt
jedoch in voller Übereinstimmung für meinen Bereich mit AFCENT
bzw. NORTHAG.
In den oben erwähnten Verträgen ist gleichzeitig festgelegt,
daß die Kosten für den Bau der Sperrvorbereitungen von der
Bundesregierung getragen werden.
Die für die Auslösung der Sperrvorbereitungen notwendigen Pionier-
kampfmittel müssen jedoch von den NATO-Korps gestellt werden.
Das bedeutet, daß die Sperrvorbereitungen nach Maßgabe der jewei-
ligen Vorschriften der einzelnen NATO-Korps angelegt werden müssen.
Ein Umstand der den Bau von Sperrvorbereitungen nicht gerade
erleichtert. Bedauerlicherweise sind die Pionierkampfmittel der
NATO-Korps nicht standardtisiert.
Bevor ich auf die verschiedenen Arten der Vorbereiteten Sperren
eingehe, möchte ich Ihnen noch einige Grundsätze über die Planung
Vorbereiteter Sperren zur Kenntnis geben, um Ihnen ein besseres
Verständnis zu ermöglichen.

-   Vorbereitete Sperren stehen im Mittelpunkt der Sperrplanung.
    Diese Sperren geben der Führung die Möglichkeit, schnell mit
    geringen Kräften und Mitteln die für den taktischen Zweck
    erforderliche Wirkung zu erzielen.

- 2 -

134

- Durch sorgfältige Erkundung der Sperrobjekte an
  Ort und Stelle, sowie durch Auswahl zweckmäßiger Sperrmittel und deren genaue Berechnung müssen unbeabsichtigte Nebenwirkungen und nachteilige Folgen für die deutsche Bevölkerung vermieden werden

- Sofern Sprengungen durchzuführen sind, bildet nicht
  der höchste Zerstörungsgrad den Maßstab, sondern das
  taktisch notwendige Mindestmaß an Wirkung.
  Brückenunterbrechungen sollen so bemessen sein, daß sie
  vom Gegner nicht durch Kriegsbrückengeräte im freien
  Vorbau überwunden werden können. Hier sind daher zur
  Zeit die Sperrlücken auf 45 m zu begrenzen, soweit dies
  von der Brückenkonstruktion her gesehen überhaupt möglich
  ist.

- Vorbereitete Sperren dürfen im Frieden kein Verkehrshindernis bilden. Ihr Zweck darf einem Außenstehenden nicht
  erkennbar sein.

Im Wehrbereich III gibt es folgende Arten Vorbereiteter Sperren:

- <u>Vorbereitete Trichtersperre</u>

  Sie besteht im Normalfall aus drei fünf Meter tiefen
  Straßensprengschächten.
  Wenn diese Straßensprengschächte mit 500 kg TNT geladen
  und gezündet werden, entstehen Trichter mit einem Durchmesser von etwa 10 Metern und einer Tiefe von 3,50 Metern.
  Diese Sperrart ist sehr häufig anzutreffen.
  Fahrversuche mit Panzern haben gezeigt, daß diese Sperre
  sehr wirksam ist. Die Sperrwirkung kann durch das nachträgliche Verlegen von PzMinen noch wesentlich verstärkt
  werden

- <u>Sperreinbauten an Brücken</u>
  Gewässer bilden immer noch wirksame Hindernisse gegen
  Panzer. Insbesondere dann, wenn die Ufer steil oder morastig
  sind und auch der Flußgrund schlammig ist.

Das ist bei vielen Flüssen Norddeutschlands der Fall.
Zahlreiche Brücken sind mit Sperreinbauten versehen. Diese
Sperreinbauten an Brücken bestehen normalerweise aus

- Ladungskästen oder Ladungshaltern für Sprengmasse
  formbar
- Halteschienen zur Aufnahme von Schneidladungen
- Ladebühnen und
- Leitern

Große Brücken, an denen das Verlegen von Zündleitungen
schwierig ist, sind mit permanenten Zündleitungen versehen.
Brücken sollen normalerweise durch Sprengen des Überbaus
zerstört werden. Auf das Sprengen von Widerlagern oder
Pfeilern soll, ausgenommen bei Kurzbrücken, verzichtet werden,
um einen späteren Wiederaufbau in Friedenszeiten nicht übermäßig zu erschweren.
Bei Brücken sind alle Konstruktionsteile des Überbaues zum
Sprengen vorbereitet. Bei Gitterträgerbrücken sind so z.B.
alle Ober- und Untergurte und die Fahrbahn sowie das Geländer
zum Sprengen vorgesehen.
Die Brückenfahrbahn soll normalerweise von unten geladen werden,
und das Befahren der Brücke bis kurz vor dem Sprengen zu
ermöglichen.

In einigen Fällen hat man jedoch aus Kostengründen auf die
Ladungsanbringung von unten verzichtet. Hier müssen die Ladungen
kurz vor dem Sprengen auf dem Brückendeck angebracht werden.
Dieses Verfahren wird besonders bei Brücken angewandt, die
eine geringe Tragfähigkeit besitzen oder nur von lokaler
Bedeutung sind, wie z.B. bei Brücken im Zuge von landwirt-
schaftlichen Wegen über den Mittellandkanal.
Als dritte Sperrart kennen wir im Wehrbereich III noch die
Trägerstecksperre.

Die Trägersteckspurre wird hauptsächlich dort verwandt, wo nicht gesprengt werden kann, weil in der
Nähe der Sperrstelle wichtige Versorgungslinien vorhanden
sind oder wo die Gefahr besteht, daß besonders wichtige
Bauwerke beschädigt werden können z.B. in Stadtgebieten
oder Unterführungen unter dem Mittellandkanal.

Im Wehrbereich III sind zur Zeit mit dem Stand vom 1.1.1976
..... Vorbereitete Sperren vorhanden.

.... Sperren sind bereits vom Heeresamt/Inspektion der Pioniere
als Planungen anerkannt und sollen demnächst errichtet werden.
Die Vorbereiteten Sperren verteilen sich wie folgt:

FCZ .....
RCZ .......

In der FCZ befinden sich in den einzelnen Korpsbereichen folgende
Vorbereitete Sperren.

I.   (GE) Korps .....
I.   (BR) Korps .......
I.   BE) Korps .......
III. (GE) Korps ......

Die Masse der Vorbereiteten Sperren besteht zur Zeit aus Straßensprengschächten. Andere Formen der Sperrvorbereitungen  sind
Sperreinbauten an Brücken. 2 Trägersteckperren im Bereich
des I.(BE) Korps sind Ende 1975 fertiggestellt worden.

Weitere Trägersteckperren sind in der Planung oder im Bau.
Betrachtet man die geographische Lage der Vorbereiteten Sperren im
Wehrbereich III, so bilden sich folgende Sperrschwerpunkte oder
Sperrlinien heraus:

- WESER-DIEMEL
- MITTELLANDKANAL, aber nur FCZ
- TEUTOBURGER WALD-EGGEGEBIRGE-ROTHAARGEBIRGE
- DORTMUND-EMS-KANAL
- RHEIN

Ich wende mich nun den Sperrvorbereitungen im Bereich
des I.(BR) Korps zu.

Hier bestehen die Sperrlinien WESER und TEUTOBURGER WALD.
Die Sperrlinie MITTELLANDKANAL geht infolge der Grenzänderung
zwischen I.(BR) Korps und I.(GE) Korps in die Zuständigkeit
des I.(GE) Korps über.
Betrachten wir zunächst die WESER-Linie. Hier sind alle
Brücken zum Sprengen vorbereitet.
Einige Sperrobjekte im Bereich MINDEN gehen in die Zuständigkeit des I.(GE) Korps über. Die noch vom I.(BR) Korps in diesem
Raum geforderten Sperrobjekte werden wahrscheinlich nicht alle
gebaut werden, da das I.(GE) Korps an seiner rechten Grenze
keinen besonderen Sperrschwerpunkt sieht.

Hier wird noch eine besondere Prüfung notwendig sein.

WBK III strebt an, daß das I.(BR) Korps zu dieser Überprüfung
hinzugezogen wird, damit ihre Belange gewahrt bleiben.

Sperrvorbereitungen an der WESER bestehen hauptsächlich aus
Ladungshaltern und Kästen sowie Halteschienen für Schneidladungen
an Brücken.
In einzelnen Fällen sind Brücken im Bereich des I.(BR) Korps
auch mit Halteschienen für deutsche Schneidladungen versehen
worden. Dies trifft für Spannbetonbrücken zu, für die seitens
I.(BR) Korps keine geeigneten Schneidladungen zur Verfügung
stehen.
Die erforderlichen Schneidladungen sollen dem I.(BR) Korps im
Rahmen eines Leihvertrages zur Verfügung gestellt werden.
Die Brücken über dem MITTELLAND-KANAL werden zur Zeit so vorbereitet, daß sie sowohl mit englischen wie auch mit deutschen
Schneidladungen geladen werden können. Das Verfahren sehen sie
hier auf der Abbildung. Durch eine geringfügige Abänderung
der Halteschienen für deutsche Schneidladungen konnte erreicht
werden, daß auch die Schneidladung Hayrick No 14 mit Zeltstäben
befestigt werden kann. In vorangegangenen Versuchen wurde festgestellt, daß die Stahlträger mit britischen und auch mit deutschen
Schneidladungen gut durchtrennt werden können.

Im übrigen möchte ich daraufhinweisen, daß der MLK ein ausgezeichnetes Panzerhindernis ist, da mindestens immer ein Ufer mit Spundwänden versehen ist.

Im TEUTOBURGER WALD sind zur Zeit hauptsächlich Straßensprengschächte angelegt. Durch den verstärkten Ausbau des Straßennetzes ist die Bundeswehr gezwungen, den Bau von Sperrvorbereitungen den neuen Verhältnissen anzupassen. Die Sperreinbauten in Straßen müssen natürlich zum Teil noch durch die Anlage von Feldmäßigen Sperren ergänzt werden.

Ich verlasse jetzt den Bereich des I.(BR) Korps und wende mich den anderen Sperrvorbereitungen im Wehrbereich III zu. Während in der FCZ die NATO-Korps für die Sperrplanung in ihren Bereichen voll zuständig sind, dürfen Vorbereitete Sperren in der RCZ nur mit Genehmigung des Verteidigungsministeriums in BONN geplant und angelegt werden.

Damit das Verteidigungsministerium nicht wegen jeder Sperrvorbereitung angegangen wird, wurde in einem Grundsatzbefehl festgelegt, daß im Wehrbereich III bestimmte Sperrlinien ausgebaut werden können, ohne daß jede Vorbereitete Sperre einzeln genehmigt werden muß. Diese Genehmigung erstreckt sich in der RCZ im Wehrbereich III auf folgende Sperrlinien:

- MITTELLANDKANAL
- TEUTOBURGER WALD
- DORTMUND-EMS-KANAL
- RHEIN

Im Nordosten der RCZ bilden DORTMUND-EMS-KANAL und TEUTOBURGER WALD eine gemeinsame durchgehende Sperrlinie. Während zwischen RHEINE und IBBENBÜHREN sämtliche über den DORTMUND-EMS-KANAL führende Brücken schon vorbereitet sind, bestehen weiter südlich keine Vorbereitete Sperren mehr. Es ist jedoch geplant alle Brücken bis MÜNSTER mit Sperreinbauten zu versehen und die erforderliche Munition dafür einzulagern.

Die Sperrvorbereitungen im nördlichen TEUTOBURGER WALD bestehen
in der Masse aus Straßensprengschächten. Soweit hier neue
Verkehrslinien gebaut werden, ist der Bau neuer Vorberei-
teter Sperren geplant.
Immerhin ist der TEUTOBURGER WALD die letzte durchgehende
Sperrlinie vor dem RHEIN.
Im sogenannten MÜNSTERANER Becken und im südlich davon ge-
legenen Sauerland befinden sich keine Sperrvorbereitungen mehr.
Das Gleiche gilt übrigens auch für den Raum westlich des RHEINS.

Ich wende mich nun dem RHEIN zu.
Hier sind nach dem letzten Weltkrieg zahlreiche große moderne
Brücken entstanden. Diese Brücken sind auf Grund ihrer Konstruktion mit feldmäßigen Mitteln nur schwierig und dann mit
großem Aufwand an Sprengmunition zu sprengen.

Zur Vereinfachung der Aufgaben der eingesetzten Pioniere und
um die Schäden in der Umgebung der Brücken- sie befinden sich
in der Masse in Städten- so gering wie möglich zu halten, ist
der Einbau von Sperrvorbereitungen unumgänglich.
Sperrvorbereitungen am RHEIN wären nun ein Thema für sich und
würden daher den Rahmen meines Vortrages sprengen.

Ich greife daher eine Brücke als Beispiel heraus, und zwar die
Brücke über den RHEIN bei REES. Es handelt sich um eine
vierspurige seilverspannte Balkenbrücke mit obenliegender
Fahrbahn und einer Länge von 987,5o m. Die Stahlkonstruktion
ist 463 m lang. Vorgesehen sind an dieser Brücke zwei Trennschnitte zwischen den Seilaufhängungen über dem Strom. Wird
das Mittelteil herausgesprengt, entsteht eine Lücke von
ca 5o m. Infolge der labilen Konstruktion ist die Lücke
mit Kriegsbrückengerät im freien Vorbau nicht zu überwinden.
Die Sperrvorbereitungen an dieser Brücke bestehen aus
- Ladungshaltern
- Ladungskästen, die mit Sprengmasse formbar gefüllt sind
    und so in einem MunDepot in der Nähe gelagert werden. Sie
    werden in die Ladungshalter eingesteckt und festgeschraubt
- eine Ladebühne, die auf dem Brückenwagen aufgebaut werden kann

- einer Einstiegsleiter, um von der Brücke in den
  Brückenwagen einzusteigen
  und
- einer permanenten Zündleitung

Sämtliche Stahlteile werden von unten geladen.
An der Brücke sind schon mehrfach Sperrübungen durchgeführt
worden. Dabei ist festgestellt worden, daß ein Pionierzug
6 - 7 Stunden braucht, um die Brücke zu laden und zünd-
fertig zu machen. Ähnliche Verhältnisse sind an anderen
RHEINBRÜCKEN anzutreffen, so auch an der Brücke die wir
heute nachmittag besichtigen werden.
Die Sprengmunition für diese Objekte ist in verschiedenen
Munitionsdepots objektnahe gelagert. Dies trifft übrigens
auch für die anderen Sperrvorbereitungen in der RCZ zu.
Als objektnahe wird eine Entfernung bis 5o Km angesehen.
Damit wäre mein Vortrag eigentlich beendet.

Ich möchte aber noch auf zwei Punkte eingehen, die mir
wesentlich erscheinen.

Punkt 1    Sperrhefte
Die Sperrhefte werden für Vorbereitete Sperren angelegt,
um in Kriegsfall der zum Laden und Zündfertigmachen der
Sperre eingesetzten Pioniertruppe alle Angaben zu geben,
die sie zur Durchführung ihres Auftrages braucht, wie:

- Lage des Objektes
- Umfang der getroffenen Sperrvorbereitungen
- Bedarf an Munition und Gerät sowie deren Lagerorte
- Arbeitsplan und den
- Befehl an den Führer des Sprengtrupps zur Auslösung der
  Sperre

Dazu muß ergänzt bemerkt werden, je größer und umfangreicher
die Sperrobjekte werden, um so mehr gewinnt das jeweilige
Sperrheft an Bedeutung. Darüberhinaus soll das Sperrheft
dem Pionierführer im Frieden schon die Möglichkeit geben

- sich einen Überblick über die Sperrvorbereitungen im
  Einsatzraum zu verschaffen, um
- seinen Pioniereinsatz entsprechend planen zu können.

Daß die eingeteilten Pioniere natürlich im Frieden an Hand
des Sperrheftes am Objekt eingewiesen werden oder am
Sperrobjekt üben können, möchte ich nur nebenbei bemerken.

Die Sperrhefte werden von den Wallmeistern für jede Vorbereitete Sperre in dreifacher Ausfertigung angefertigt.
Von diesen 3 Sperrheften sollen sich ███████ 2 Ausfertigungen
bei dem Korps PiKdr I.(BR) Korps befinden.

Der zweite Punkt betrifft die Wallmeister.
Im Wehrbereich III sind 21 Wallmeistertrupps eingesetzt.
Diese Wallmeister unterstehen den jeweiligen Pionierstabsoffizieren des Verteidigungsbezirkskommandos. Ein Wallmeistertrupp besteht aus
1 Hauptfeldwebel
1 Feldwebel und
1 Kraftfahrer mit LKw 0,4 t

Die Zuständigkeitsbereiche der Wallmeister im Wehrbereich III
sehen Sie auf dieser Übersicht eingezeichnet. Hier sehen
Sie die Wallmeister, die im Bereich des I.(BR) Korps eingesetzt
sind.

Aufgaben der Wallmeister sind:

- Erkundung und Planung Vorbereiteter Sperren in Zusammenwirken
  mit den zuständigen NATO-Korps
- Überwachen der Bauausführung und der Bauabnahme Vorbereiteter
  Sperren
- Übergabe der Vorbereiteten Sperren an die alliierten und
  nationalen Truppenteile einschließlich der Sperrhefte
- Überwachen und Instandsetzen der Vorbereiteten Sperren
- Unterstützen der Pioniere der NATO-Korps bei der Erkundung
  Feldmäßiger Sperren
- Erfassen von Unterlagen für das pioniertechnische Berichts-
  wesen
  wie

- 11 -

142

Gewässerübersichten

Straßen- und Brückenkarteien

Tunnelkarteien

Talsperrenkarteien

Pipelineunterlagen

Eisenbahnunterlagen

Angaben über Ersatzübergangsstellen

- Mitwirken bei der Erkundung von Schäden bei der Schadensbekämpfung
- Verbindungsaufnahme zu Zivilbehörden, um zum Beispiel vor der Auslösung von Sperrvorbereitungen Absprachen mit den Zivilbehörden über die Räumung bestimmter Gebiete zu treffen.

Dieser letzte Punkt ist als sehr wichtig anzusehen und wird durch die von MOD BONN herausgegebene Führungsweisung Nr. 5 besonders unterstrichen.

Ich zitiere daraus:

Zum Schutz der zu Hause gebliebenen Bevölkerung und zur reibungslosen Durchführung von Bevölkerungsbewegungen sind die Streitkräfte angewiesen, wann immer es die Kampflage zuläßt, vor Auslösung von Sperren die nationalen Kommandobehörden und zivilen Behörden anzuhören, sie zumindest aber über die Absicht der Truppe rechtzeitig zu informieren.

Erlauben Sie mir zum Schluß bitte, daß ich einmal kurz den Werdegang einer Vorbereiteten Sperre schildere:

| | |
|---|---|
| NATO Korps | Aufstellen einer mil Forderung auf Grund des Sperrplanes |
| Div - VBK | Gemeinsame Erkundung, Aufstellen einer takt. techn. Beurteilung |
| VBK | Aufstellen einer Mil. Bedarfsforderung |
| WBK | Prüfen der Mil. Bedarfsforderung |
| HA | Genehmigen der Mil. Bedarfsforderung |
| VBK | Aufstellen einer Mil. Infrastrukturforderur |
| WBK | Prüfen der Mil. Bedarfsforderung |
| WBV | Auftrag an Baulastträger zum Einholen von Kostenvoranschlägen |

| VBK/WBK | Prüfen der Mil. Infrastrukturforderung auf Einhaltung Mil. Forderungen |
| Baulastträger | Auftragsvergabe zum Bau der Vorbereiteten Sperre |
| Zivile Baufirma | Bau der Vorbereiteten Sperre |
| VBK | Abnahme der Vorbereiteten Sperre, Erstellung der Sperrunterlagen und Übergabe des Sperrobjektes an die NATO Kdo-Behörde |

Der Neubau und die Unterhaltung Vorbereiteter Sperren erfordert erhebliche Haushaltsmittel. Auf dieser Folie ist der Stand der Ausgaben seit 1963 verzeichnet. Leider sind dem Wehrbereich III hier in vielen Fällen bei der Errichtung neuer Sperren die Hände gebunden, da

- Haushaltsmittel nicht immer in wünschenswerter Höhe zugewiesen werden
  und
- bei der Schaffung von Sperrvorbereitungen zivile Behörden und Firmen eingeschaltet werden müssen.

Bitte nehmen Sie dies auch als Hinweis für die Fälle in denen Sperrvorbereitungen nicht in wünschenswerter Schnelligkeit getroffen werden können.

Die Sperrbearbeitung wird im Wehrbereich III durch die sehr gute Zusammenarbeit zwischen I.(BR) Korps und WBK III wesentlich erleichtert.

Hier haben sich insbesondere die regelmäßig stattfindenden WBK-Verbindungstreffen hervorragend bewährt.

Ich danke Ihnen für Ihre Geduld.

G 3 Pi/ABCAbw 1/3 Az 40-03-30       4 Düsseldorf 30, 1o. Januar 1978
                                                  App 2284
                                                  G./Schr.

An

G 3 Pi/ABCAbw 1/1

<u>im Hause</u>

<u>Betr.:</u>  Briefing für PiKdr I (GE)
      <u>hier:</u>  Text Vorbereitete Sperren

Ich habe den Auftrag über Vorbereitete Sperren im Wehrbereich III
zu sprechen.
Im Wehrbereich III sind zur Zeit mit dem Stand vom_____
Vorbereitete Sperren vorhanden.
Sperren sind bereits vom Heeresamt/███████████████ als
Planungen anerkannt und sollen demnächst errichtet werden.
Die Vorbereiteten Sperren verteilen sich wie folgt:

FCZ:_____
RCZ:_____

In der FCZ befinden sich in den einzelnen Korpsbereichen folgende
Vorbereitete Sperren.

1.  (GE)  Korps _____
I.  (BR)  Korps _____
I.  (BE)  Korps _____
III. (GE)  Korps_____

Nun möchte ich gleich einige grundsätzliche Ausführungen zur Planung
und dem Bau Vorbereiteter Sperren ████████████████
vortragen.
Nach den zwischen der NATO und der Bundesregierung ausgehandelten
Verträgen werden Vorbereitete Sperren in der FCZ auf Grund der
Forderungen der dort eingesetzten NATO-Korps im Rahmen ihrer
Kampfführungspläne von den zuständigen deutschen territorialen
Kommandobehörden errichtet. In der RCZ erfolgt die Planung und der
Bau Vorbereiteter Sperren durch die deutschen territorialen Kommando-
behörden.

                          - 2 -

Die Planung dieser Vorbereiteten Sperren erfolgt jedoch in
voller Übereinstimmung für meinen Bereich mit AFCENT bzw.
NORTHAG.
In den oben erwähnten Verträgen ist gleichzeitig festgelegt,
daß die Kosten für den Bau der Sperrvorbereitungen von der
Bundesregierung getragen werden.

Die für die Auslösung der Sperrvorbereitungen notwendigen
Pionierkampfmittel müssen jedoch von den NATO-Korps gestellt
werden.
Das bedeutet, daß die Sperrvorbereitungen nach Maßgabe der
jeweiligen Vorschriften der einzelnen NATO-Korps angelegt werden
müssen. Ein Umstand der den Bau von Sperrvorbereitungen nicht
gerade erleichtert. Bedauerlicherweise sind die Pionierkampfmittel der NATO-Korps nicht standardisiert.

Bevor ich auf die verschiedenen Arten der Vorbereiteten Sperren
eingehe, möchte ich Ihnen noch einige Grundsätze über Vorbereitete
Sperren zur Kenntnis geben, um Ihnen ein besseres Verständnis
zu ermöglichen.

- Vorbereitete Sperren stehen im Mittelpunkt der Sperrplanung.
  Diese Sperren geben der Führung die Möglichkeit, schnell mit
  geringen Kräften und Mitteln die für den taktischen Zweck
  erforderliche Wirkung zu erzielen.

- Durch sorgfältige Erkundung der Sperrobjekte an Ort und Stelle,
  sowie durch Auswahl zweckmäßiger Sperrmittel und deren genaue
  Berechnung müssen unbeabsichtigte Nebenwirkungen und nachteilige Folgen für die deutsche Bevölkerung vermieden werden

- Sofern Sprengungen durchzuführen sind, bildet nicht der höchste
  Zerstörungsgrad den Maßstab, sondern das taktisch notwendige
  Mindestmaß an Wirkung.
  Brückenunterbrechungen sollen so bemessen sein, daß sie vom
  Gegner nicht durch Kriegsbrückengeräte im freien Vorbau über-
  wunden werden können. Hier sind daher zur Zeit die Sperrlücken
  auf 45 m zu begrenzen, soweit dies von der Brückenkonstruktion
  her gesehen überhaupt möglich ist

- Vorbereitete Sperren dürfen im Frieden kein Verkehrshindernis
  bilden. Ihr Zweck darf einem Außenstehenden nicht erkennbar sein.

146

Erlauben Sie mir zum Schluß meiner grundsätzlichen Ausführungen
bitte, daß ich einmal kurz den Werdegang einer Vorbereiteten
Sperre schildere:

| | |
|---|---|
| NATO Korps | Aufstellen einer mil. Forderung auf Grund des Sperrplanes |
| Div - VBK | Gemeinsame Erkundung, Aufstellen einer takt. techn. Beurteilung |
| VBK | Aufstellen einer Mil. Bedarfsforderung |
| WBK | Prüfen der Mil. Bedarfsforderung |
| HA | Genehmigen der Mil. Bedarfsforderung |
| VBK | Aufstellen einer Mil. Infrastruktur- forderung |
| WBK | Prüfen der Mil. Bedarfsforderung |
| WBV | Auftrag an Baulastträger zum Einholen von Kostenvoranschlägen |
| VBK/WBK | Prüfen der Mil. Infrastrukturforderung auf Einhaltung Mil. Forderungen |
| Baulastträger | Auftragsvergabe zum Bau der Vorbereiteten Sperre |
| Zivile Baufirma | Bau der Vorbereiteten Sperre |
| VBK | Abnahme der Vorbereiteten Sperre, Erstellung der Sperrunterlagen und Über- gabe des Sperrobjektes an die NATO-Kdo-Be hörde. |

Der Neubau und die Unterhaltung Vorbereiteter Sperren erfordert
erhebliche Haushaltsmittel. Auf dieser Folie ist der Stand der
Ausgaben seit 1963 verzeichnet. Leider sind dem Wehrbereich III
hier in vielen Fällen bei der Errichtung neuer Sperren die Hände
gebunden, da

- Haushaltsmittel nicht im wünschenswerter Höhe zugewiesen werden
  und
- bei der Schaffung von Sperrvorbereitungen zivile Behörden und
  Firmen eingeschaltet werden müssen.

- 4 -

147

Bitte nehmen Sie dies auch als Hinweis für die Fälle in denen
Sperrvorbereitungen nicht in wünschenswerter Schnelligkeit
getroffen werden können.

Im Wehrbereich III gibt es folgende Arten Vorbereiteter Sperren:

- **Vorbereitete Trichtersperre**

  Sie besteht im Normalfall aus drei fünf Meter tiefen
  Straßensprengschächten.
  Wenn diese Straßensprengschächte mit 5oo kg TNT geladen und
  gezündet werden, entstehen Trichter mit einem Durchmesser
  von etwa 1o Metern und einer Tiefe von 3,5o Metern.
  Diese Sperrart ist sehr häufig anzutreffen.
  Fahrversuche mit Panzern haben gezeigt, daß diese Sperre sehr
  wirksam ist. Die Sperrwirkung kann durch das nachträgliche
  Verlegen von PzMinen noch wesentlich verstärkt werden

- **Sperreinbauten an Brücken**

  Gewässer bilden immer noch wirksame Hindernisse gegen Panzer.
  Insbesondere dann, wenn die Ufer steil oder morastig sind
  und auch der Flußgrund schlammig ist. Das ist bei vielen
  Flüssen Norddeutschlands der Fall. Zahlreiche Brücken
  sind mit Sperreinbauten versehen. Diese Sperreinbauten an
  Brücken bestehen normalerweise aus

  - Ladungskästen oder Ladungshaltern für Sprengmasse formbar
  - Halteschienen zur Aufnahme von Schneidladungen
  - Ladebühnen und
  - Leitern

  Große Brücken, an denen das Verlegen von Zündleitungen schwierig
  ist, sind mit permanenten Zündleitungen versehen.
  Brücken sollen normalerweise durch Sprengen des Überbaus zerstört werden. Auf das Sprengen von Widerlagern oder Pfeilern
  soll, ausgenommen bei Kurzbrücken, verzichtet werden, um
  einen späteren Wiederaufbau in Friedenszeiten nicht übermäßig
  zu erschweren.
  Bei Brücken sind alle Konstruktionsteile des Überbaues zum
  Sprengen vorbereitet. Bei Gitterträgerbrücken sind so z.B.
  alle Ober- und Untergurte und die Fahrbahn sowie das Geländer
  zum Sprengen vorgesehen. Die Brückenfahrbahn soll normalerweise
  von unten geladen werden, um das Befahren der Brücke bis kurz

vor dem Sprengen zu ermöglichen.

In einigen Fällen hat man jedoch aus Kostengründen auf die
Ladungsanbringung von unten verzichtet. Hier müssen die Ladungen kurz vor dem Sprengen auf dem Brückendeck angebracht
werden.

Die eben beschriebenen Sperrarten zählen zu den am häufigsten
eingebauten Vorbereiteten Sperren.

Daneben kennen wir noch als weitere Sperrarten

- die Trägerstecksperre und
- die Fallkörpersperre

Die Trägerstecksperre ist zum Sperren von Verkehrswegen
vorgesehen, wo eine hohe Sperrwirkung gefordert wird und
andere Sperrarten wie z.B. Sprengtrichter wegen ihres
hohen Zerstörungsgrades nicht vorgesehen werden können.
Die Trägerstecksperre besteht aus einem Betonfundament über
die gesamte Sperrbreite, in das 2 - 3 Doppelreihen Steckschächte eingelassen worden sind. Zur Auslösung der Sperrvorbereitung werden die Abdeckungen der Steckschächte entfernt und in jeden Steckschacht ein Stahlträger I P 26,
2,20 m lang eingeführt. An einem Ende des Stahlträgers
ist eine Verriegelungsklappe angebracht, die das Heraus-
ziehen des Stahlträgers verhindert. Soll die Sperre vorläufig geschlossen werden, werden die Stahlträger mit den
Verriegelungsklappen nach oben eingeführt. Die Stahlträger
werden in unmittelbarer Nähe der Sperrstelle in Betongaragen
gelagert und können jeweils durch 4 Soldaten zur Sperrstelle
mittels Tragezangen getragen werden.
Nach dem Schließen der Sperre wird die feindwärtigste
Doppelreihe mit 3 S-Rollen verstärkt und mit einem Tarnnetz
überzogen, damit die Stahlträger nicht mit Panzerkanonen
gezielt beschossen werden können.
Um einen Verkehrsweg von 5 m Breite sperren zu können werden
27 Stahlträger benötigt.
Die Fallkörpersperre besteht aus einem Fundament und einem
Fallkörper, der im Spannungs- oder Verteidigungsfall auf
das Fundament gestellt wird.

Zur Auslösung der Sperre wird bei Feindannäherung nur ein
Soldat benötigt. Mittels eines Sprengrohres wird die Vorder-
kante des Fundamentes abgesprengt und der Fallkörper fällt
auf die Straße.
Panzer können den Fallkörper weder überwinden noch beiseite
schieben. Die Höhe des Fallkörpers erlaubt dem Panzer nicht
gezielt zu schießen. Bei breiteren Verkehrswegen können
auch zwei Fallkörper nebeneinander angelegt werden.

Die letzte Sperrart ~~ist~~ an besondere Gegebenheiten gebunden.
Aus politischen Gründen ist das Aufstellen von Fallkörpern im
Frieden leider nicht möglich. Das Aufstellen von Fallkörpern
im Verteidigungsfall dürfte schwierig sein, da hier Spezial-
fahrzeuge und Kräne erforderlich sind. Da die Bereitstellung
auf Schwierigkeiten stößt, wird diese Sperrart kaum verwandt.
Um einen Ausblick auf die Zukunft zu geben, möchte ich hier
erwähnen, daß zur Zeit an Schaumstoffsperren gearbeitet wird.
Es ist daran gedacht, wäßrige Schäume im Tunnel hineinzupumpen,
um auf diese Weise das Befahren unmöglich zu machen. Erste
Erprobungen haben bereits stattgefunden.
Das einfachste Mittel, einen Tunnel zu sperren, wäre natürlich,
ihn mit Wasser vollaufen zu lassen. Dies führt aber bei
komplizierten Tunnelanlagen, die unter Flußläufen hindurch-
führen, zu einer vollständigen Zerstörung dieser Bauten. Da die
Schäume ständig nachproduziert werden können, läßt sich ein
Tunnel nachhaltig sperren.
Nun zu einigen Sperrvorbereitungen im Wehrbereich III.
Auf Grund der geographischen Verhältnisse ergeben sich hier
folgende Sperrlinien

- WESER - DIEMEL
- MITTELLANDKANAL
- TEUTOBURGER WALD - EGGEHEBIRGE - ROTHAARGEBIRGE
- EMS, DORTMUND-EMS-KANAL
- RHEIN

Nun zu den einzelnen Sperrlinien.

Sperrvorbereitungen an der WESER-DIEMEL bestehen hauptsächlich aus Ladungshaltern und Kästen sowie Halteschienen für Schneidladungen an Brücken.

In einzelnen Fällen sind Brücken im Bereich der alliierten Korps auch mit Halteschienen für deutsche Schneidladungen versehen worden.

Dies trifft für Spannbetonbrücken zu, für die seitens der alliierten Korps keine geeigneten Schneidladungen zur Verfügung stehen.

Die erforderlichen Schneidladungen sollen den alliierten Korps im Rahmen eines Leihvertrages zur Verfügung gestellt werden.

Die Brücken über dem MITTELLAND-KANAL werden zur Zeit so vorbereitet, daß sie sowohl mit englischen wie auch mit deutschen Schneidladungen geladen werden können. Das Verfahren sehen Sie hier auf der Abbildung. Durch eine geringfügige Abänderung der Halteschienen für deutsche Schneidladungen konnte erreicht werden, daß auch die Schneidladung Hayrick No 14 mit Zeltstäben befestigt werden kann. In vorangegangenen Versuchen wurde festgestellt, daß die Stahlträger mit britischen und auch mit deutschen Schneidladungen gut durchtrennt werden können. Im übrigen möchte ich daraufhinweisen, daß der MLK ein ausgezeichnetes Panzerhindernis ist, da mindestens immer ein Ufer mit Spundwänden versehen ist.

Im TEUTOBURGER WALD/EGGEGEBIRGE/ROTHAARGEBIRGE sind zur Zeit hauptsächlich Straßensprengschächte angelegt. Durch den verstärkten Ausbau des Straßennetzes ist die Bundeswehr gezwungen, den Bau von Sperrvorbereitungen den neuen Verhältnissen anzupassen. Die Sperreinbauten in Straßen müssen natürlich zum Teil noch durch die Anlage von feldmäßigen Sperren ergänzt werden.

Während in der FCZ die NATO-Korps für die Sperrplanung in ihren Bereichen voll zuständig sind, dürfen Vorbereitete Sperren in der RCZ nur mit Genehmigung des Verteidigungsministeriums in BONN geplant und angelegt werden.

Damit das Verteidigungsministerium nicht wegen jeder Sperrvorbereitung angegangen wird, wurde in einem Grundsatzbefehl festgelegt, daß im Wehrbereich III folgende Sperrlinien ausgebaut werden können, ohne daß jede Vorbereitete Sperre einzeln genehmigt werden muß.

Diese Genehmigung erstreckt sich in der RCZ im Wehrbereich III
auf folgende Sperrlinien:

- MITTELLANDKANAL
- TEUTOBURGER WALD
- DORTMUND-EMS-KANAL
- RHEIN

Im Nordosten der RCZ bilden DORTMUND-EMS-KANAL und TEUTOBURGER WALD
eine gemeinsame durchgehende Sperrlinie.
Während zwischen RHEINE und IBBENBÜHREN sämtliche über den
DORTMUND-EMS-KANAL führende Brücken schon vorbereitet sind,
bestehen weiter südlich keine vorbereitete Sperren mehr.

Es ist jedoch geplant alle Brücken bis MÜNSTER mit Sperreinbauten
zu versehen und die erforderliche Munition dafür einzulagern.
Die Sperrvorbereitungen im nördlichen TEUTOBURGER WALD als ▮ Teil
der RCZ bestehen in der Masse aus Straßensprengschächten.
Soweit hier neue Verkehrslinien gebaut werden, ist der Bau neuer
vorbereiteter Sperren geplant.
Immerhin ist der TEUTOBURGER WALD die letzte durchgehende Sperrlinie
vor dem RHEIN.
Im sogenannten MÜNSTERAUER Becken und im südlich davon gelegenen
Sauerland befinden sich keine Sperrvorbereitungen mehr.
Das Gleiche gilt übrigens auch für den Raum westlich des RHEINS.

Ich wende mich nun dem RHEIN zu.

Hier sind nach dem letzten Weltkrieg zahlreiche große moderne
Brücken entstanden. Diese Brücken sind auf Grund ihrer Konstruktion
mit feldmäßigen Mitteln nur schwierig und dann mit großem Aufwand
an Sprengmunition zu sprengen.
Zur Vereinfachung der Aufgaben der eingesetzten Pioniere und um
die Schäden in der Umgebung der Brücken- sie befinden sich in der
Masse in Städten- so gering wie möglich zu halten, ist der Einbau
von Sperrvorbereitungen unumgänglich.
Sperrvorbereitungen am RHEIN wären nun ein Thema für sich und würden
daher den Rahmen meines Vortrages sprengen.

Ich greife daher eine Brücke als Beispiel heraus, und zwar die Brücke über den RHEIN bei REES. Es handelt sich um eine vierspurige seilverspannte Balkenbrücke mit obenliegender Fahrbahn und einer Länge von 987,5o m. Die Stahlkonstruktion ist 463, m lang. Vorgesehen sind an dieser Brücke zwei Trennschnitte zwischen den Seilaufhängungen über dem Strom. Wird das Mittelteil herausgesprengt, entsteht eine Lücke von ca 5o m. Infolge der labilen Konstruktion ist die Lücke mit Kriegsbrückengerät im freien Vorbau nicht zu überwinden. Die Sperrvorbereitungen an dieser Brücke bestehen aus

- Ladungshaltern
- Ladungskästen, die mit Sprengmasse formbar gefüllt sind und so in einem MunDepot in der Nähe gelagert werden. Sie werden in die Ladungshalter eingesteckt und festgeschraubt.
- einer Ladebühne, die auf dem Brückenwagen aufgebaut werden kann
- einer Einstiegsleiter, um von der Brücke in den Brückenwagen einzusteigen und
- einer permanenten Zündleitung

Sämtliche Stahlteile werden von unten geladen.
An der Brücke sind schon mehrfach Sperrübungen durchgeführt worden. Dabei ist festgestellt worden, daß ein Pionierzug 6 - 7 Stunden braucht, um die Brücke zu laden und zündfertig zu machen. Ähnliche Verhältnisse sind an anderen RHEINBRÜCKEN anzutreffen.
Damit wäre mein Vortrag eigentlich beendet.

Ich möchte aber noch auf zwei Punkte eingehen, die mir wesentlich erscheinen.

Punkt  1  Sperrhefte

Die Sperrhefte werden für Vorbereitete Sperren angelegt, um im Kriegsfall der zum Laden und Zündfertigmachen der Sperre eingesetzten Pioniertruppe alle Angaben zu geben, die sie zur Durchführung ihres Auftrages braucht, wie:
- Lage des Objektes
- Umfang der getroffenen Sperrvorbereitungen
- Bedarf an Munition und Gerät sowie deren Lagerorte
- Arbeitsplan und den
- Befehl an den Führer des Sprengtrupps zur Auslösung der Sperre.

Dazu muß ergänzend bemerkt werden, je größer und umfangreicher
die Sperrobjekte werden, um so mehr gewinnt das jeweilige Sperrheft an Bedeutung. Darüberhinaus soll das Sperrheft dem Pionierführer im Frieden schon die Möglichkeit geben

- sich einen Überblick über die Sperrvorbereitungen im Einsatzraum zu verschaffen, um
- seinen Pioniereinsatz entsprechend planen zu können

Daß die eingeteilten Pioniere natürlich im Frieden an Hand des
Sperrheftes am Objekt eingewiesen werden oder am Sperrobjekt üben
können, möchte ich nur nebenbei bemerken.

Die Sperrhefte werden von den Wallmeistern für jede Vorbereitete
Sperre in dreifacher Ausfertigung angefertigt.

Von diesen 3 Sperrheften sollen sich in Zukunft 2 Ausfertigungen
bei dem Korps PiKdr der alliierten Korps befinden.

Der zweite Punkt betrifft die Wallmeister.

Im Wehrbereich III sind 21 Wallmeistertrupps eingesetzt.
Diese Wallmeister unterstehen den jeweiligen Pionierstabsoffizieren
des Verteidigungsbezirkskommandos. Ein Wallmeistertrupp besteht
aus einem Hauptfeldwebel
einem Feldwebel und
einem Kraftfahrer mit LKw 0,4 t

Die Zuständigkeitsbereiche der Wallmeister im Wehrbereich III
sehen sie auf dieser Übersicht eingezeichnet. Hier sehen sie die
Wallmeister, die im Bereich des I.(BR) Korps eingesetzt sind.

Aufgaben der Wallmeister sind:

- Erkundung und Planung Vorbereiteter Sperren in Zusammenwirken
  mit den zuständigen NATO-Korps

- Überwachen der Bauausführung und der Bauabnahme Vorbereiteter
  Sperren

- Übergabe der Vorbereiteten Sperren an die alliierten und nationalen
  Truppenteile einschließlich der Sperrhefte

- Überwachen und Instandsetzen der Vorbereiteten Sperren

- Unterstützen der Pioniere der NATO-Korps bei der Erkundung
  Feldmäßiger Sperren

- Erfassen von Unterlagen für das pioniertechnische Berichtswesen
  wie  Gewässerübersichten
       Straßen- und Brückenkarteien
       Tunnelkarteien
       Talsperrenkarteien
       Pipelineunterlagen
       Eisenbahnunterlagen
       Angaben über Ersatzübergangsstellen

- Mitwirken bei der Erkundung von Schäden bei der Schadensbekämpfung

- Verbindungsaufnahme zu Zivilbehörden, um zum Beispiel vor der Auslösung von Sperrvorbereitungen Absprachen mit den Zivilbehörden über die Räumung bestimmter Gebiete zu treffen.

Dieser letzte Punkt ist als sehr wichtig anzusehen und wird durch die von MOD BONN herausgegebene Führungsweisung Nr. 5 besonders unterstrichen.

Ich zitiere daraus:

Zum Schutz der zu Hause gebliebenen Bevölkerung und zur reibungslosen Durchführung von Bevölkerungsbewegungen sind die Streitkräfte angewiesen, wann immer es die Kampflage zuläßt, vor Auslösung von Sperren die nationalen Kommandobehörden und zivilen Behörden anzuhören, sie zumindest aber über die Absicht der Truppe rechtzeitig zu informieren

Die Sperrbearbeitung wird im Wehrbereich III durch die sehr gute Zusammenarbeit zwischen dem___Korps und WBK III wesentlich erleichtert.
Hier haben sich insbesondere die regelmäßig stattfindenden - WBK-Verbindungstreffen hervorragend bewährt.


Ich danke Ihnen für Ihre Geduld.

# 14. Als Pionierstabsoffizier im Verteidigungsbezirkskommando 20

Das Verteidigungsbezirkskommando 20 Bremen war in Bremen-Huckelriede in einem Kasernenblock der Scharnhorst-Kaserne untergebracht. Die Räumlichkeiten waren für diesen Stab recht großzügig bemessen. Neben dem VBK war noch eine Fachschulkompanie in der Kaserne stationiert.

Die Versetzung Grots nach Bremen, den kleinsten Stadtstaat der Bundesrepublik, brachte für ihn eine Reihe neuer und interessanter Aufgaben und Eindrücke, zum Beispiel ein engeres Heranrücken an die Entscheidungsträger der Politik. So konnte es geschehen, dass er mehrfach in der Woche wichtigen Politikern zufällig begegnete. Auch fand er in dem Regierungsrat Kranz, in der Senatskanzlei Bremen zuständig für Sicherheitspolitik, einen wichtigen Gesprächspartner. Zudem betätigte er sich politisch im Arbeitskreis für Sicherheitspolitik der SPD. Die damalige Zeit war unruhig und erfüllt von heftigen Diskussionen, besonders zur Nachrüstung. Die Ausstellung „Es ist so schön Soldat zu sein" und die Tumulte um die Rekrutenvereidigung im Weserstadion brachten zusätzlich Unruhe in die Stadt.

Das VBK lag in der FCZ, mit der Folge, dass alle Weserbrücken mit einer Ausnahme zur Unterbrechung vorbereitet waren. Diese Ausnahme betraf das Sperrobjekt HB 11, die sogenannte Erdbeerbrücke. Zum Einbau von Sperrvorbereitungen verweigerte die Stadt ihre Zustimmung. Ein von Grot im Zusammenwirken mit der Staatskanzlei erarbeiteter Verfahrensvorschlag, in einem direkten Gespräch zwischen COM NORTHAG und der Stadt Bremen Verständnis zu finden und nach einer geeigneten Lösung zu suchen, scheiterte im WBK II. Das hätte eine Grundlage für den Senat der Stadt sein können, um seine Auffassung in dieser Frage zu ändern.

Bremen lag im Zuständigkeitsbereich des I. (NL) Korps. Daher waren alle Sperreinbauten in den Brücken von NL Bureau Voorbereiding Voorzienigen aan Kunstwerken (BVVK) erstellt worden. Die niederländischen Pioniere wurden intensiv an den Sperrobjekten ausgebildet. Jährlich wurden zweimal die Sperrübungen SPRING BIJ nachts inmitten der schlafenden Stadt durchgeführt. Jedes Mal wurden drei Brücken mit Übungsladungen geladen und zündfertig gemacht. Schätzungsweise wird jeder niederländische NATO-Pionier einmal in seinem Leben an den Bremer Brücken gewesen sein. Eine so zielgerichtete Ausbildung war für die Bundeswehrpioniere nicht vorgesehen. Problematisch war die Absicherung der Übungen gegenüber nächtlichen Passanten, jedoch konnten ernsthafte Schwierigkeiten durch die PiOffz und Wallmeister des VBK verhindert werden. Lediglich ein Sperrobjekt, die Eisenbahnbrücke über die Weser südlich Bremens, wurde modernisiert. Um bei der monatlichen Kontrolle dieser Sperreinbauten unabhängig von der Bundesbahn zu sein, wurden die beiden WmFw zu Bundesbahnsicherungsposten ausgebildet. Zu erinnern sei noch an die drei Katastrophen, die Grot erlebte und bei denen er tätig werden musste. Es war dies die Schneekatastrophe, die das öffentliche Leben in Bremen fast zum Erliegen brachte. Zu erwähnen ist auch die große Mehlstaubexplosion, durch die die Rolandmühle im Hafen völlig zerstört wurde. Die größte Katastrophe war zweifellos das große Weserhochwasser, welches zu einer großen Überschwemmung in der Stadt im Bereich des großen Weserknies mit seinen Wehr- und Schleusenanlagen führte.

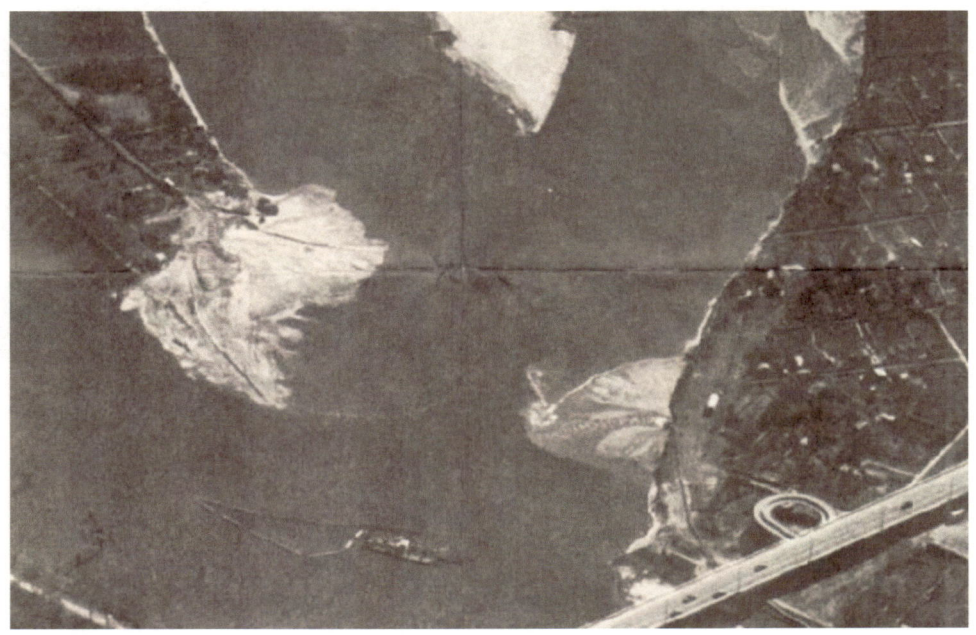

*Durchbruchstelle der Weser in Bremen*

*Aufruf der Stadt Bremen zur Hilfeleistung der durch das Hochwasser Geschädigten.*
*Der Erfolg war leider gering.*

Zunächst glaubte die Stadt an einen Deichbruch im Bereich Habenhausen und übersah dabei, dass sich die Weser in der Dunkelheit der Nacht ein neues Bett schräg zum Wasserknie gegraben hatte. Das so geschaffene neue Weserbett war ca. 110 m breit und bis zu 11 m tief. Dabei hatte die Stadt noch viel Glück. Wenige Grade Veränderungen im neuen Wasserlauf hätten zweifelsfrei auch zum Einsturz der hier flach gegründeten Erdbeerbrücke führen können. Durch Heranführen von größeren Mengen Steinmaterials aus dem Weserbergland gelang es dem Wasserstraßenschifffahrtsamt Bremen, durch Aufschütten eines Dammes die Weser wieder in ihr altes Bett zu zwängen. Zum Herantransport des Materials mussten zunächst durch die Bundeswehr mehrere 100 m Stahlstraße gelegt werden. Bei der Organisation dieses Vorhabens hat sich der damalige Olt Rackl besonders bewährt.

Gegen Ende seiner Dienstzeit in Bremen wurde Grot mit der Vorbereitung und Durchführung der Sperrübung WEHRHAFTER ROLAND II betraut. Hintergrund für diese Übung war die Ausbildung eines JgBtl (MobTrTl) auf seinen MobAuftrag im Rahmen eines Sperrverbandes. Ein dem Einsatzraum ähnliches Gelände mit gleicher Flächenausdehnung und Anzahl der Sperrobjekte wurde entlang der Weser im Raum Achim gefunden. Die Übung mit Volltruppe hatte besonders die Objektsicherung, das Laden und Zündfertigmachen der Sperrobjekte, Zusammenarbeit Jäger mit Pionieren, die Durchgabe der Zündstufenbefehle und Verteidigung von Brücken gegen Luftlandekräfte zum Ziel. Während der Übung konnte das Ausbildungsziel voll erreicht werden. Die Übung wurde später ähnlich wiederholt.

Während seiner Bremer Zeit war Grot mit seinen Aufgaben als Pionierstabsoffizier nicht ausgelastet. Der Grund dafür ist in der Tatsache zu sehen, dass alle Spezialstabsabteilungen Pionierwesen der VBK über dieselbe Gliederung und personelle Ausstattung verfügten. Es gab ein VBK in Süddeutschland mit 16 im besonderen Aufgabenbereich unterstellten Wallmeistertrupps und 2 VBK ohne unterstellte WMTrp (Aachen und Saarbrücken). So lag es nahe, dass Grot über seinen Bereich hinaus zusätzliche Aufgaben wahrnahm. Er war Mitglied im Personalrat des VBK 20, Vorsitzender der Standort-Kameradschaft Bremen des BWV und Mitglied des Sicherheitspolitischen Arbeitskreises der SPD in Bremen. Als solcher nahm er an einer sicherheitspolitischen Konferenz der SPD in Bremen teil. Während dieser Konferenz wurde er von einem Teilnehmer aus Wildeshausen angesprochen. Dieser berichtete, dass es in seinem Ortsverein einen Oberst gäbe, der daran interessiert sei, Kdr VBK 20 zu werden. Grot, der zu der Zeit über gute Kontakte zur Senatskanzlei mit dem damaligen Regierungsrat Krantz verfügte, setze ein entsprechendes Schreiben an den damaligen Bürgermeister Koschnik auf und übergab es in der Staatskanzlei. Einige Zeit später konnte Grot den Oberst Habichtsberg als Kommandeur begrüßen. Ein anderes Beispiel seiner Einflussmöglichkeiten ist, dass es ihm gelang, einen halben Sitz im Rundfunkrat des Landes Bremen für den Bundeswehrverband zu bekommen. Seine Mitarbeit im Sicherheitspolitischen Arbeitskreis verschaffte Grot aber auch die Teilnahme an weiteren sicherheitspolitischen Konferenzen der SPD, wobei er auf den Wehrbeauftragten Berkhahn traf und freudig begrüßt wurde. Berkhahn kannte Grots Vater aus seiner Hamburger Zeit und erinnerte sich an seine gute Zusammenarbeit. Besonders an das Waffenbeschaffungsprogramm für die Polizei.

Auch konnte Grot an zwei sicherheitspolitischen Informationsreisen des Bundestages nach Neapel und London für jeweils eine Woche teilnehmen. Eine weitere Informationsreise führte ihn nach Oslo. Die Mitarbeit im Sicherheitspolitischen Arbeitskreis der SPD Schleswig-Holstein erwies sich aber indes als schwierig, so dass Grot sein Engagement nach seiner Versetzung nach Hamburg aufgab. Der Einsatz für den BWV in Bremen ergab für Grot die Entsendung als Delegierter zur Teilnahme an einer Wehrbereichstagung in Oldenburg und nachfolgend die Teilnahme an der Hauptversammlung des Bundeswehrverbandes in Bonn-Bad Godesberg als Delegierter. Hier nahm er besonders aktiv an den Diskussionen teil und machte die Erfahrung, wie leicht es doch war, eine Menge zu begeistern und zu lenken.

In Bremen besuchte Grot das Staatsarchiv und begann sich für die Militärgeschichte der Stadt zu interessieren. Dabei wurden ihm die Fahnen des I. Hanseatischen Bremischen Infanterieregimentes Nr. 75 gezeigt, die dort gut verpackt lagerten. Es gelang Grot, zwei dieser Fahnen in das VBK zu überführen. Der große Besprechungsraum des VBK wurde unter Grots Leitung zum „Fahnensaal" umgestaltet, und die Fahnen wurden zu einer Einheit mit dem großen Wandgemälde der Schlacht von Loigny, in der sich die Bremer besonders geschlagen haben und das zunächst im Treppenhaus des Bremer Rathauses hing. An der Außenseite des Fahnensaales wurde die Verlusttafel aus einem Kriegerdenkmal in Bremen angebracht, die zuvor in der Cambrai-Kaserne entdeckt worden waren. Bei einer Traditionsveranstaltung des Hanseatisch Bremischen Infanterieregimentes wurden diese Tafeln vorgestellt und konnten danach zugeordnet werden.

In Bremen war Grot einer von drei Stabsoffizieren und wurde deshalb stärker in die Öffentlichkeitsarbeit des VBK eingebunden. So hatte er auch den

Kommandeur bei Schiffsbesuchen und anderen Veranstaltungen zu vertreten, konnte aber auch an Essen teilnehmen, die der Bremer Bürgermeister für die Kommandeure des Standortes Bremen jährlich einmal gab. Mehrfach hat Grot auch die PiStOffz-Tagungen im VBK 20 des WBK II organisiert. Die örtlichen Voraussetzungen und die verkehrstechnisch gesehen günstige Lage waren dazu gute Voraussetzungen.

Zur Förderung der Pionierausbildung aller Truppen der Angehörigen des VB-Stabes wurden jährlich für alle Soldaten Schlauchbootfahrten auf Wümme und Hunte durch Grot organisiert. Auch führte er jährlich auf dem Sprengplatz Trendelberg des TrÜbPl Munster Lager Sprengausbildungen durch, um die Kenntnisse seiner Untergebenen auf dem Gebiet der Sprengtechnik zu verbessern. Das galt besonders für die Anwendung von Sprengmasse formbar. Der Sprengplatz Trendelberg bot besonders günstige Voraussetzungen für die Sprengausbildung der Soldaten der AbtPiWes und der WmTrp.

Die durch die Weser herbeigeführte Überschwemmungskatastrophe in Bremen verdient eine umfangreiche Darstellung. Es begann damit, dass Grot, der wochentags in der Kaserne schlief, um Mitternacht aus dem Bett geholt wurde. Die Weser war über die Ufer getreten und gefährdete den Deich. Von der Bundeswehr wurde die Sprengung eines Entlastungsgrabens erwartet, um den Druck vom Deich zu nehmen. Auf Hinweis Grots bezüglich der Gefährdung der Häuser durch die Sprengung stellte man die Bundeswehr von jeder Verantwortung frei.

Grot nahm die nötigen Berechnungen vor und wollte zur Tat schreiten, als ein Bagger auf Umwegen zur Gefahrenstelle vorgedrungen war und mit dem Aushub für einen Entlastungsgraben begann. Er erwies sich später als wenig wirkungsvoll. Die Gefahr für die Stadt Bremen zeigte sich im Morgengrauen an ganz anderer Stelle. Unbemerkt hatte sich die Weser über Nacht im Deichvorland ein neues Bett gegraben, 110 m breit und bis zu 11 m tief mit Stromrichtung in Richtung Erdbeerbrücke. Ein in unserer wohlgeordneten, durchorganisierten und geregelten Welt unglaublicher Vorgang, der in der Öffentlichkeit aber wenig Beachtung fand. An der Erdbeerbrücke spielten sich ergreifende Szenen ab. Der neue Strom arbeitete sich mittlerweile durch ein Schrebergartengelände. Oben auf der Brücke johlte der Pöbel, als die Häuser eins nach dem anderen in den Fluten versanken, und unten weinten die Besitzer über den Verlust der mit viel Engagement aufgebauten Häuser.

Die zuständige Wasserstraßen-Schifffahrtsverwaltung machte sich danach sofort daran, den neuen Strom abzuriegeln. Große Mengen von Felsgestein wurden aus dem Weserbergland herangeführt und zu einem Damm aufgeschüttet. Bis auf zehn Meter war die Lücke geschlossen, als der mächtige Wasserdruck den Damm eindrückte. Jetzt war der Zeitpunkt gekommen, Pioniere der Bundeswehr zur Hilfe zu holen. Zunächst wurden Stahlstraßen verlegt, dann wurde eine Hohlplattenfähre herangeführt, um den Damm von beiden Seiten aufzuführen. Nun wurde erneut Gestein aus dem Weserbergland herantransportiert. Die dortigen Umweltschützer begannen sich schon zu rühren. Es gelang diesmal, den Damm aufzuführen und die Weser wieder in das alte Bett zu zwängen. Damit war die Gefahr für die Stadt Bremen abgewendet. Etwas später wurde in der Bremer Stadthalle eine Wohltätigkeitsveranstaltung unter dem Motto ‚Bremer helfen Bremer' durchgeführt, um den Betroffenen zu helfen. Diese Veranstaltung stieß jedoch leider auf wenig Interesse unter der Bevölkerung.

Aus seiner Bremer Zeit kann Grot noch von einem besonderen Beispiel moderner Menschenführung berichten. Auch hier war für Grot wieder eine Beurteilung fällig, mit der dazu gehörigen Stellungnahme des nächsthöheren Vorgesetzten, dem Befehlshaber im WB II, Gen Garken. Dieser suchte das VBK auf und ließ sich alle zu Beurteilenden vorstellen, fragte sie nach ihren zukünftigen Verwendungsvorstellungen und diktierte in Anwesenheit der Betreffenden seine Stellungnahme in die Maschine. Grot war beeindruckt; hatte er doch sonst erlebt, dass die nächsthöheren Vorgesetzten sich nur zu einem gedankenlosen „Einverstanden" aufraffen konnten. Die Stellungnahme des Generalmajors wirkte sich zwar nicht auf die weitere Verwendung Grots in der Bw aus, war aber ein gutes Beispiel für eine moderne Menschenführung.

1982 hatte sich im BMVg die Erkenntnis durchgesetzt, dass zur Lösung der anstehenden Probleme das VBK 10 Hamburg eine Spezialstabsabteilung Pionierwesen benötigt. Bei der Besetzung der Stelle des PiStOffz stand Grot an der Spitze der Bewerberliste und hatte sich am 19. April 1982 in Hamburg zu melden. Er war für diesen Dienstposten als Hamburger durch seine Ortskenntnisse und aufgrund seiner Erfahrungen mit den speziellen Schwierigkeiten der Hamburgischen Sperrvorbereitungen bestens geeignet. Zudem hatte er seit seiner Verwendung im KTV bei Tagungen und Besprechungen von den Problemen um Hamburg erfahren.

## Pioniere zähmen die „neue Weser" H 218.

Immer noch Hochwasseralarm in Norddeutschland: Kurz vor Bremen ist die Weser über die Ufer getreten, spült über eine Strecke von zwei Kilometern in einer Breite von 120 bis 500 Metern Äcker und Wiesen weg und schneidet eine Wohnsiedlung von der Außenwelt ab. 50 Familien können ihre Wohnungen nur noch über eine Fußgängerbrücke erreichen. Für 150 Pioniere der Bundeswehr heißt das: Katastropheneinsatz.

Um den Dammbruch zu schließen, müssen auf dem so entstandenen neuen Fluß zwei Fähranlegestellen errichtet werden. Die Lastkraftwagen ziviler Baufirmen sollen beladen mit Steinschutt von beiden Seiten an den Dammbruch fahren können.

100 Pioniere der Pionierbataillone 120 und 11 aus Barme/ Dörverden legen 500 Meter Stahlplattenstraße aus 12 000 Stahlplattenelementen, um die schwerbeladenen Lkw's nicht in den feuchten Wiesen versacken zu lassen. 50 Pioniere des Schwimmbrückenbataillons 160 aus Minden bauen eine Fähre für das Übersetzen über die „neue Weser".

Die Soldaten, die hier im Einsatz sind, wurden am Wochenende mit den Worten „Katastrophenalarm" in die Kaserne zurückbeordert. Seitdem stehen sie ununterbrochen an der „Wasserfront": Sechs Stunden arbeiten, sechs Stunden schlafen. Mittlerweile ist schon ein beträchtliches Stück geschafft worden. Immerhin 450 000 Schuttsteine sind vorgesehen, um die Weser wieder in ihr ursprüngliches Bett zu leiten.

Wasserwirtschaftsamt, Bundeswehrpioniere und private Bauunternehmen arbeiten dabei Hand in Hand. Laufend treffen große Sattelschlepper mit Befestigungsmaterial ein, die Lastwagen werden beladen, und die Pionierfähren setzen sie über – auch ein Rennen mit der Zeit.

*Artikel einer Bremer Zeitung über den Einsatz der Pioniere an der Weser*


Sein Name war in Hamburg bei der Polizei durch seinen Vater als ehemaliger Schutzpolizeikommandeur bekannt und öffnete ihm so manche Tür. Durch seine Tätigkeit in Bremen war er auch für die 101 Geniegevechtsgroep kein Unbekannter mehr und war mit den niederländischen Besonderheiten vertraut.

# DANKURKUNDE

IM NAMEN DER

BUNDESREPUBLIK DEUTSCHLAND

SPRECHE ICH

DEM OBERSTLEUTNANT

KLAUS GROT

ZUR VOLLENDUNG SEINER

DIENSTZEIT VON 25 JAHREN

MEINEN DANK UND MEINE ANERKENNUNG

FÜR DIE DEM DEUTSCHEN VOLKE GELEISTETEN

TREUEN DIENSTE AUS.

BONN, DEN 15. NOVEMBER 1979

DER BUNDESMINISTER DER VERTEIDIGUNG

IN VERTRETUNG

*Urkunde für 25 Jahre Dienst in der Bundeswehr*

*Empfang beim Bürgermeister Koschnik im Rathaus Bremen*

*Der Landespionierführer mit seinen Mitarbeitern im Fahnensaal des VBK 20*

*Abschiedsfahrt für den Kommandeur VBK 20 Oberst von Blumenthal (Mitte)*

*Vorfreude auf die Wasserausbildung sieht man den Pionierführer an*

*Wasserausbildung (nur nicht beim Einsteigen ins Wasser fallen)*

*Auf dem Wasser und dann ohne Rettungsweste*

*Grillen gehört auch dazu*

## 15.  Sicherheits- und Parteipolitischer Einsatz in Bremen

Während seiner Bremer Zeit führte Grot eine Wochenendehe. Die Wochenenden gehörten der Familie, aber während der Woche hatte Grot an den Abenden viel Zeit. Einer langen Familientradition folgend war er Mitglied der SPD und engagierte sich im Ortsverein Huckelriede und im Sicherheitspolitischen Arbeitskreis der Bremer SPD. Während dieser Zeit tobte die Debatte um die Nachrüstung. Das Überseemuseum veranstaltete die Antikriegsausstellung „Es ist so schön Soldat zu sein" und die Geschehnisse um die Vereidigung im Weserstadion sorgten für großes Aufsehen. Die Bremer SPD war in all diesen Fragen tief gespalten. Der Bürgermeister Koschnik setzte sich damals sehr für die Sicherheitspolitik der Regierung Schmidt ein. Der spätere Bürgermeister Scherf galt als Exponent des linken Flügels seiner Partei. Seine Rolle bei den Demonstrationen zur Rekrutenvereidigung im Weserstadion wurde nie ganz aufgeklärt.

Grot mischte sich intensiv ein, machte sich Gedanken über die Tradition in der Bundeswehr, befürwortete in Vorträgen die Politik der Nachrüstung, war Ordner bei einer Rede des Bundeskanzlers Schmidt in der Weserhalle, nahm an mehreren sicherheitspolitischen Kongressen der SPD teil und war Teilnehmer an Informationsreisen nach Neapel und London. Sein Einsatz als Standortvorsitzender Bundeswehrverband Bremen mit der Teilnahme an der Bereichsversammlung in Oldenburg, die ihn als Delegierten zur Bundesversammlung in Bad Godesberg entsandte, sei hier nur beiläufig erwähnt. Bremen mit seinen kurzen Wegen und Verbindungen war der ideale Platz für solches Engagement. Später wollte sich Grot in ähnlicher Weise in Schleswig-Holstein engagieren und scheiterte an diesem Flächenstaat. Die Erinnerungsstücke aus der Bremer Zeit sind spärlich, zeugen aber von Grots Engagement in dieser Zeit. Der anliegende Entwurf zur Traditionsbildung in der Bundeswehr war das Ergebnis längerer Diskussionen im Sicherheitspolitischen Arbeitskreis. Nachfolgend wird zusätzlich ein kurzer Briefwechsel des Verfassers mit dem General von Baudissin aufgeführt, der zwar zeitlich versetzt, aber von Grots Engagement in den Fragen der Sicherheitspolitik zeugen soll.

**„Tradition bewahren heißt nicht Asche aufheben,
sondern die Flammen am Brennen halten" (Jean Jaurès)**

Klaus Grot

Tradition in der Bundeswehr (Arbeitspapier)

Gliederung:

- Was verstehen wir unter Tradition?
- Wozu Tradition in der Bundeswehr?
- Grundsätze für die Tradition in der Bundeswehr
- Grenzen der Tradition in der Bundeswehr
- Beispiele für die Traditionspflege in der Bundeswehr

## Was verstehen wir unter Tradition?

In strenger Auslegung bedeutet Tradition „Überlieferung, die man annimmt, pflegt und weitergibt (lateinisch: tradere – weitergeben). Tradition ist kein einseitig nur auf das militärische bezogener Begriff, sondern erstreckt sich auf alle Lebensbereiche der Menschheit. Es gibt Traditionen bäuerlicher, handwerklicher, geistiger und geistlicher Berufe. Unser Leben ist von zahlreichen Traditionen geprägt, die wir zum Teil unbewusst durchleben. Traditionen ersparen es der Menschheit zum Teil bei der Lösung bestimmter Probleme immer wieder von vorn beginnen zu müssen. Sie sind damit auch Lebenshilfen.

Traditionen sind nicht feststehend, sondern im Wandel und der Anpassung an Zeitläufe unterzogen. Die Entwicklung der Menschheit schreitet voran und die Tradition, will sie nicht Hemmnis sein, muss sich anpassen. Überholte Traditionsformen werden dabei abgelegt. Tradition in einer freiheitlichen, demokratischen und rechtsstaatlichen Republik darf nicht von vordemokratischen Formen geprägt sein.

Tradition darf kein Mittel sein, Fortschritte eines Volkes oder gar der Menschheit aufzuhalten. Die Versuche konservativer oder reaktionärer Kräfte, sie als Bremskräfte, besonders in politischen Entwicklungsprozessen einzusetzen, dürfen nicht übersehen und in ihrer Wirksamkeit verkannt werden.

## Wozu Tradition in der Bundeswehr?

Pflichten und Aufgaben der Soldaten der Bundeswehr sind durch Gesetze bestimmt. Sie geben den Soldaten die Richtung für ihr Handeln an, legen aber auch Grenzen fest. Der Soldat ist ein Kind seines Volkes. Seine soziale Existenz ist von der geschichtlichen Entwicklung seines Volkes mitgeprägt worden. Herkommen, Geschichte und das staatliche Wollen – ob bewusst oder unbewusst – neben der Militärtechnik entscheidend ist das Bild des Soldaten.

Die aus der Geschichte des Volkes hervorgegangene Militärtradition wirkt mit auf die Soldaten ein. Daraus können sich für die Soldaten besondere Wertvorstellungen und ein gemeinsames Lebensgefühl ergeben. Beides gibt dem Einzelnen Halt und der Gesamtheit Verlässlichkeit. Abstrakte gesetzliche Begriffe und Forderungen ergeben auch die Tradition für den einzelnen Soldaten klare Vorstellungen von dem, was er zu tun und was er von seiner Umwelt bei der Erfüllung seiner Aufgaben zu erwarten hat bzw. kann. An militärischen Vorbildern kann sich der Soldat oft besser und leichter orientieren. Die Wirkung der Tradition auf den Soldaten darf daher bei seiner Ausbildung und Erziehung nicht unterschätzt werden. Falsche oder überholte Traditionen können die geistige Formung der Soldaten in eine falsche Richtung lenken und wie – die Geschichte beweist – den Staat gefährden.

Soldatische Tradition darf nicht als alleinstehend und losgelöst vom Volksganzen betrachtet werden. Der Soldat muss das Gefühl haben, fest in der Staatsgemeinschaft verankert zu sein. Die Bundeswehr kann ihre Traditionsformen nicht losgelöst von der Gesellschaft – zu deren Verteidigung sie bestimmt ist – entwickeln. Durch die Wehrpflicht kann andererseits verhindert werden, dass sich einseitige Traditionsformen entwickeln, die nur von den Soldaten getragen werden.

Grundsätze für die Tradition in der Bundeswehr

Tradition in der Bundeswehr muss dem Soldaten seine Pflicht zum Eintreten für die Erhaltung unserer freiheitlichen, demokratischen Rechts- und Lebensordnung und für den Frieden verdeutlichen. Alle soldatischen Werte wie Tapferkeit, Pflichterfüllung, Opferbereitschaft, Selbstlosigkeit und Kameradschaft gewinnen erst dann ihren Wert, wenn sie an unsere Lebensordnung gebunden sind.

Streitkräfte in einem freiheitlich demokratischen Rechtsstaat dürfen sich nicht auf Traditionen berufen, die in totalitären oder vordemokratischen Zeiträumen der Geschichte des deutschen Volkes für nützlich gehalten wurden und mit dazu beigetragen haben die jeweiligen Herrschaftssysteme zu sichern oder die Herrschaftsbereiche zu erweitern.

Die Asche der Geschichte darf die demokratischen Flammen in der Tradition der Bundeswehr nicht ersticken.

## Grenzen der Tradition in der Bundeswehr

Soldaten sind in Deutschland wie auch in anderen europäischen Ländern in vielen Jahrhunderten zu zahlreichen niedrigen und widerwärtigen Handlungen missbraucht worden, waren in vielen Fällen Werkzeuge der Reaktion im Kampf gegen die Freiheit, dienten der Unterdrückung von Nachbarvölkern und der Raubgelüste der Herrschenden.

Eine verbrecherische Politik hat das Deutsche Reich unter Ausnutzung überholter militärischer Wertvorstellungen und falsch verstandener Traditionsformen in der Zeit von 1933 – 45 in die Katastrophe geführt. Millionen deutscher Männer wurden in den beiden großen Kriegen unseres Jahrhunderts für die Durchsetzung machtpolitischer Ziele geopfert, die nicht in ihrem Interesse geführt wurden. Ihre Aufopferung ergibt aus der Rückschau betrachtet keinen Sinn. Das Denken und Handeln dieser beiden Soldatengenerationen kann den Soldaten der Bundeswehr nicht als Vorbilder vor Augen geführt werden. Auch lassen sich daraus keine Traditionen entwickeln. Ansätze dazu sind verwerflich. Bestrebungen, dieses dennoch zu tun, muss tatkräftig entgegen gewirkt werden.

## Folgende Traditionsformen sind für die Bundeswehr abzulehnen:

Benennung von Kasernen, Schiffen und sonstigen militärischen Anlagen oder Teilen davon nach Personen, die sich als Kriegshandwerker unkritisch in den Dienst politischer Verbrecher stellten, gegen die erste deutsche Republik putschten oder sich mit dem Putsch identifizierten, als Angehörige herrschender Häuser oder als konservative Politiker den Krieg als politisches Mittel einsetzten um die Herrschaftsbereiche ihrer Staaten zu erweitern.

Aufbau von militärischen Sammlungen und Museen zur einseitigen Aufnahme von Trophäen, Waffen und anderer Ausstellungsstücken ohne Darstellung der politischen Hintergründe und Folgen für das deutsche Volk.

Aufstellen oder Aufhängen von Bildnissen von Soldaten mit Symbolen der nationalsozialistischen Herrschaft.

Abspielen von Militärmusik, die der Verherrlichung des nationalsozialistischen Regims und des Militarismus dienten.

## Beispiele für die Traditionspflege in der Bundeswehr

Die Auswahlmöglichkeiten zur Begründung der Tradition für die Bundeswehr ist außerordentlich begrenzt. Nur wenige Epochen deutscher Geschichte eignen sich. Der Rahmen sollte aber auch nicht zu eng gezogen werden. Eine

Anzahl von Taten und Ereignissen aus der europäischen Geschichte eignen sich ebenfalls. Dies wird nicht vorgeschlagen, um einen Mangel abzuhelfen, sondern weil die Anstöße für neue Entwicklungen in Deutschland oftmals von außen kamen und hier nur fortgeführt oder den deutschen Verhältnissen angepaßt wurden.

Traditionswürdig für die Bundeswehr sind:

1.  Frühe Entwicklungen der allgemeinen Wehrpflicht, Aufstellung von Bürgermilitär zur Verteidigung der Stadtrepubliken;
2.  Überlegungen zur allgemeinen Wehrpflicht und der Volksbewaffnung während der französischen Revolution (Carnot);
3.  Der Freiheitskampf der Spanier gegen Napoleon;
4.  Die Befreiungskriege des deutschen Volkes und deren Vorbereitung gegen das Napoleonische Joch. Reformversuche des Staats- und Militärwesens in Deutschland;
5.  Aufstellung einer deutschen Marinestreitmacht 1848;
6.  Freiheitskämpfe in Deutschland 1848;
7.  Aufstellung von Bürgerwehren zum Schutze der Republik nach 1919 in Deutschland;
8.  Eintreten von Soldaten für die Republik während des Kapp-Putsches;
9.  Der Widerstand demokratischer Kräfte gegen den Nationalsozialismus einschließlich der Männer um den 20. Juli 1944;
10. Das Wirken militärischer Reformen bei der Aufstellung der Bundeswehr;
11. Die Aufopferung von Soldaten der Bundeswehr im Dienste zum Schutze der Bevölkerung und ihrer Kameraden;
12. Die Bewahrung des Friedens und unserer freiheitlich demokratischen Lebensordnung durch die Bundeswehr.

# Bundeswehr-Gelöbnis ohne Zapfenstreich?

## SPD-Arbeitskreis schrieb an Minister Apel

(kün) Die Form der Bundeswehr-Gelöbnisfeiern und die Art der demokratischen Traditionspflege in den Streitkräften müssen überarbeitet werden. Entsprechende Vorschläge hat gestern der Sicherheitspolitische Arbeitskreis der SPD-Landesorganisation Bremen in einem Brief an Verteidigungsminister Apel aufgestellt. Knapp ein Jahr nach den Stadion-Krawallen am 6. Mai 1980 betonte Arno Koch, Vorsitzender des Arbeitskreises, im Gespräch mit uns die Notwendigkeit einer öffentlichen Verteidigungsdebatte. Die Entspannungspolitik sei weiterhin die einzige Möglichkeit, Frieden und Freiheit auf Dauer zu erhalten.

Der Tiefpunkt im Verhältnis zur Bundeswehr vor einem Jahr ist, so die Meinung im Sicherheitspolitischen Arbeitskreis, inzwischen überwunden. Als eine Reaktion auf die damaligen Vorfälle versteht der Arbeitskreis seine Vorschläge für die Neuregelung der Gelöbnisfeiern. In einem Antrag an den Landesparteitag sprechen sich die Sozialdemokraten gegen Großveranstaltungen aus. Die Feiern sollen grundsätzlich nur im Bereich militärischer Anlagen durchgeführt werden. Allerdings müsse dabei sichergestellt werden, daß die Öffentlichkeit „an der Inpflichtnahme unserer jungen Bürger teilnehmen kann". Öffentliche Feiern will der Arbeitskreis nur noch in besonders begründeten Ausnahmefällen und nur im Einvernehmen mit der zuständigen Gebietskörperschaft gestattet wissen.

Eine Verbindung zwischen Gelöbnis- und Vereidigungsfeiern mit dem Großen Zapfenstreich lehnt die sozialdemokratische Organisation ab. Statt dessen sollten diese Feiern mit dem Absingen der Nationalhymne enden. Als Zeichen der Verbundenheit zwischen Bundeswehr und Gesellschaft sollte eine Persönlichkeit des öffentlichen Lebens zu den Wehrpflichtigen sprechen, lautet eine weitere Forderung zu diesem Bereich.

Koch und sein Arbeitskreiskollege Oberstleutnant Klaus Grot betonten gestern die Notwendigkeit, in Sicherheitsfragen verstärkt in die eigene Partei hineinzuwirken und zugleich die Öffentlichkeit anzusprechen. Gerade im Bereich der Nachrüstungsproblematik sei der Dialog mit der Jugend von entscheidender Bedeutung. Die neue US-Regierung müsse aufgefordert werden, Verhandlungen mit der Sowjetunion zu beginnen. „Sonst kann die Nachrüstungskritik bis zur Regierungsunfähigkeit in Bonn führen", warnte Koch.

In einer Erklärung übt der rund 160 Mitglieder starke Arbeitskreis (Koch: „Wir sind nicht die letzten kalten Krieger.") auch Kritik an der Bonner Verteidigungspolitik. „Mit zu teuren Waffensystemen, die keiner bezahlen kann, mit Verdienstmedaillen, die für uns wenig Sinn haben, mit kosmetischen Veränderungen, die als Reformen hingestellt werden, und mit der Absicht, den Problembereich Bundeswehr und Tradition als Nebenkriegsschauplatz abzutun", bleibe die Bundeswehr weiterhin ein Spannungsfeld der Partei, heißt es in dem Papier.

Auch zu Fragen der Traditionspflege hat der Sicherheitspolitische Arbeitskreis eine ausführliche Stellungnahme nach Bonn gesandt. Da Traditionspflege der Streitkräfte in der Demokratie von den Bürgern innerlich mitgetragen und durch ständige Dialogbereitschaft gestützt werden müsse, könne die Gesellschaft auf die Forderung nach ständiger Überprüfung des militärischen Brauchtums nicht verzichten.

---

Morgen, am Maifeiertag, erscheinen die BREMER NACHRICHTEN mit der Wochenendausgabe für den 1.–3. Mai. Die wöchentliche Sonderbeilage mit dem Funk- und Fernsehprogramm und dem Touristikteil ist bereits in der heutigen Ausgabe enthalten.

*Schreiben der Bremer SPD unter Mitwirkung Grot*

175

*Zeit v 24. 4. 81*

# Vom Geist der Armee

## Vor der großen Traditionsdebatte der Bundeswehr / Von Karl-Heinz Janßen

Das Sprichwort vom Kind, das erst in den Brunnen fallen muß, damit die Fürsorgepflichtigen Schaden verhüten, wäre ein Motto für die Traditionsdebatte in dieser Woche, zu der Bundesverteidigungsminister Hans Apel mehr als fünfzig Gesprächspartner aus „allen gesellschaftlich relevanten Gruppen" nach Bonn geladen hat. Sich selbst hätte er manchen Ärger, den ihm anvertrauten Streitkräften viel Unruhe erspart, wenn er die Bundeswehr bereits vor ihrem 25. Geburtstag in die Lage versetzt hätte, über den eigenen Standort in unserer Gesellschaft nachzudenken. Erst die Krawalle während der öffentlichen Gelöbnisse im vorigen Jahr brachten ans Fackellicht: Der Minister hatte ein Problem, das schon sein Vorgänger Georg Leber sträflich vernachlässigte, nicht rechtzeitig erkannt.

Die Debatte auf der Hardthöhe läuft unter dem Stichwort „Soldat und Gesellschaft". Dienst in der Bundeswehr, demokratisches Bewußtsein, Tradition sind gleichrangige Themen. Daran ist soviel richtig: Es lohnte den Aufwand nicht, wollten sich die Diskutanten einzig über Sinn oder Unsinn des Großen Zapfenstreichs unterhalten. Dieses Ritual aus vordemokratischen Zeiten diente bereits vor einem Jahr den Demonstranten in Bremen nur noch als Vorwand, hinter dem sich viel tiefer sitzendes Unbehagen verbarg neben Krisen- und Kriegsängsten ein von Monat zu Monat weiterwachsendes Mißtrauen gegen die sicherheitspolitische Konzeption dieses Staates, die nicht mehr als unumstößlich hingenommen wird. Kurzum: Die Bundeswehr steckt in einer Legitimationskrise.

---

### An unsere Leser

Die nächste Ausgabe der ZEIT (Nr. 19) wird wegen des Feiertags 1. Mai früher gedruckt und ausgeliefert. Sie erhalten sie bereits am Mittwoch, dem 29. April, an Ihrem Kiosk.

---

Aber in Bonn sollen diesmal weder Raketen gezählt noch Abschreckungsdoktrinen in Frage gestellt werden. Vielmehr wird gestritten um Formen und Symbole, um Schiffs- und Kasernennamen, um soldatische Leitbilder und Tugenden. Und immer wieder um die deutsche Geschichte, der auch die Bundeswehr nicht entfliehen kann. Für das Selbstverständnis der Streitkräfte wie ihren Auftrag ist Tradition offenbar unerläßlich. Zu welchem Ziele also wird diese verspätete Debatte geführt?

Anders als in den verbündeten Ländern ist die militärische Tradition der Deutschen seit 1945 gebrochen. Aber der vermeintliche Neuanfang im westlichen Teil des Vaterlandes begann mit einer Lebenslüge: Als ob die Streitkräfte den Sachverstand von Generälen brauchten, die bis zum bitteren Ende Hitler gedient hatten (auch wenn sie vorgaben, es sei das Vaterland gewe-

Die Unbefangenheit, mit der unsere Bundeswehr die vermeintlich rein soldatische Tradition der Wehrmacht übernahm, weil sie deren militärische Leistungen losgelöst von den Verbrechen des Angriffskrieges und des Völkermordes betrachtete — diese Naivität erklärt so fatale Pannen wie die Taufe eines Raketenzerstörers auf den Namen des Durchhalte-Admirals Lütjens, wie das Auftreten des hitlerhörigen Fliegerobersten Rudel in einer Bundeswehrkaserne und den rühmenden Nachruf des Bundeswehrverbandes für den am Niedergang Deutschlands mitschuldigen Großadmiral Dönitz.

Wären die vorgeordneten Grundsätze des Traditionserlasses beachtet worden, hätten sich solche Entgleisungen wohl vermeiden lassen. Darum meinen manche, es lasse sich mit dem Erlaß auch weiterhin gut leben, sofern man ihn stilistisch verbessere, Widersprüche und Fehler beseitige, ihn vom zeitbedingten Pathos säubere („Zucht des Geistes, der Sprache und des Leibes") und auf den neuesten Stand der Erkenntnis bringe. Besser wäre es zweifellos, ihn ganz über Bord zu werfen, nicht nur, weil er die Verbrechen des Zweiten Weltkrieges zu verdrängen half, sondern weil sich Tradition nicht auf dem Verordnungswege befehlen, geschweige denn planen läßt. Traditionen müssen von selbst wachsen, sie sind dem Wandel der Zeiten und Meinungen unterworfen, sie veralten, sterben ab, oder aber sie währen verhängnisvoll fort und fort.

Doch die Kommandeure, die sich um die Traditionspflege kümmern müssen, erwarten Anweisungen von oben, damit sie dem Wildwuchs wehren können. Darum hat Graf Baudissin, ein Reformer der ersten Stunde, recht mit seiner These: „Auch bei der Tradition handelt es sich um ein Führungsproblem." Sicherlich denkt er dabei nicht nur an die Militärs. Wer führt, muß zwischen Optionen wählen. Er muß Rahmenbedingungen setzen, den Verantwortlichen Spielräume lassen, mit vollem Mut zum Risiko. Auf dem Felde der Traditionspflege jedoch wurde in den letzten fünfzehn Jahren nicht mehr geführt. Bonn war auf dem Traditionserlaß eingeschlafen.

Zwei Möglichkeiten bieten sich für die Zukunft an: *erstens* eine an demokratische Vorbilder deutscher Geschichte anknüpfende Tradition, *zweitens* eine bundeswehreigene Tradition. Der Bundeswehr allein dürfte man beide Aufgaben nicht überlassen. Sie wäre schlicht überfordert.

Der erste Weg verweist die Traditionspflege der Bundeswehr auf die politische Erziehung. Allen Bürgern, die in Uniform eingeschlossen, müßte erst bewußt werden, daß die soldatischen (oder „preußischen") Tugenden bürgerliche Tugenden sind, die nicht ethisch wertfrei, nicht losgelöst von ihrem Zweck betrachtet werden dürfen. Hans Apel hat es vor Ostern in der Hamburger Bundeswehrhochschule bereits verbindlich formuliert: „Die Wertvorstellungen unseres demokratischen Gemeinwesens müssen sich in der Armee widerspiegeln."

Fragt sich nur, ob die Gesellschaft schon ein

*Artikel der Zeit vom 24. April 1981*

in Bremen nur noch als Vorwand, hinter dem sich viel tiefer sitzendes Unbehagen verbarg: neben Krisen- und Kriegsängsten von Monat zu Monat weiterwachsendes Mißtrauen gegen die sicherheitspolitische Konzeption dieses Staates, die nicht mehr als unumstößlich hingenommen wird. Kurzum: Die Bundeswehr steckt in einer Legitimationskrise.

Aber in Bonn sollen diesmal weder Raketen gezählt noch Abschreckungsdoktrinen in Frage gestellt werden. Vielmehr wird gestritten, um Formen und Symbole, um Schiffs- und Kasernennamen, um soldatische Leitbilder und Tugenden. Und immer wieder um die deutsche Geschichte, der auch die Bundeswehr nicht entfliehen kann. Für das Selbstverständnis der Streitkräfte wie für ihren Auftrag ist Tradition offenbar unerläßlich. Zu welchem Ziele also wird diese verspätete Debatte geführt?

Anders als in den verbündeten Ländern ist die militärische Tradition der Deutschen seit 1945 gebrochen. Aber der vermeintliche Neuanfang im westlichen Teil des Vaterlandes begann mit einer Lebenslüge: Als ob die Streitkräfte den Sachverstand von Generälen brauchten, die bis zum bitteren Ende Hitler gedient hatten (auch wenn sie vorgaben, es sei das Vaterland gewesen). Die kleine Gruppe der Reformer hatte es schwer gegen die überwiegende Mehrheit jener zehntausend ehemaligen Offiziere der Wehrmacht, die dazu neigten, altvertraute Formen zu restaurieren, obschon deren Inhalte alles andere als demokratisch gewesen waren.

Der Streit zwischen konservativen Traditionalisten und liberalen Reformern wurde schließlich 1965 mit dem „Traditionserlaß" vorläufig beigelegt. Ein fauler Kompromiß. Er band die Bundeswehr zwar an die Grundsätze eines freiheitlich-demokratisch verfaßten Rechtsstaates und einer reinen Verteidigungsgemeinschaft, aber er pries unterschiedslos als „gültige Überlieferungen der deutschen Wehrgeschichte" (also auch des Zweiten Weltkrieges) soldatische Tugenden wie „gewissenhafte Pflichterfüllung um des sachlichen Auftrages willen", „Gehorsam", „Treue zum Dienstherrn". Noch vor wenigen Wochen hat der ehemalige Kommandeur der Führungsakademie, Generalmajor a. D. Eberhard Wagemann, diesen Teil des von ihm mitverfaßten Erlasses verteidigt: Man habe die Wehrmacht nicht ausdrücklich aus der Tradition der Bundeswehr ausgeschlossen, „weil die Mehrzahl ihrer Angehörigen offensichtlich weder aus Verbrechern noch aus politischen Opportunisten bestand, sondern aus Staatsbürgern, die der Überzeugung waren, ihrer staatsbürgerlichen Pflicht folgen zu müssen".

Es ist kein Zufall, wenn die Historiker erst seit einigen Jahren begonnen haben, das Tabu der scheinbar „unbefleckten Wehrmacht" zu brechen. Sie war viel tiefer in die Verbrechen des Hitler-Regimes verstrickt, als man aus politischen Gründen zugeben wollte (dies gilt sogar für einige berühmte Namen der Widerstandsbewegung vom 20. Juli). Sie war — so der leitende Historiker des Militärgeschichtlichen Forschungsamts in Freiburg, Professor Manfred Messerschmidt — „tatsächlich neben der SS der stählerne Garant des Systems".

C 7451 C

Traditionen müssen von selbst wachsen, sie sind dem Wandel der Zeiten und Meinungen unterworfen, sie veralten, sterben ab, oder aber sie währen verhängnisvoll fort und fort.

Doch die Kommandeure, die sich um die Traditionspflege kümmern müssen, erwarten Anweisungen von oben, damit sie dem Wildwuchs wehren können. Darum hat Graf Baudissin, ein Reformer der ersten Stunde, recht mit seiner These: „Auch bei der Tradition handelt es sich um ein Führungsproblem." Sicherlich denkt er dabei nicht nur an die Militärs. Wer führt, muß zwischen Optionen wählen. Er muß Rahmenbedingungen setzen, den Verantwortlichen Spielräume lassen, mit vollem Mut zum Risiko. Auf dem Felde der Traditionspflege jedoch wurde in den letzten fünfzehn Jahren nicht mehr geführt. Bonn war auf dem Traditionserlaß eingeschlafen.

Zwei Möglichkeiten bieten sich für die Zukunft an: erstens eine an demokratische Vorbilder deutscher Geschichte anknüpfende Tradition, zweitens eine bundeswehreigene Tradition. Der Bundeswehr allein dürfte man beide Aufgaben nicht überlassen. Sie wäre schlicht überfordert.

Der erste Weg verweist die Traditionspflege der Bundeswehr auf die politische Erziehung. Allen Bürgern, die in Uniform eingeschlossen, müßte man bewußt werden, daß die soldatischen (oder „preußischen") Tugenden bürgerliche Tugenden sind, die nicht ethisch wertfrei, nicht losgelöst von ihrem Zweck betrachtet werden dürfen. Hans Apel hat es vor Ostern in der Hamburger Bundeswehrhochschule bereits verbindlich formuliert: „Die Wertvorstellungen unseres demokratischen Gemeinwesens müssen sich in der Armee widerspiegeln."

Fragt sich nur, ob die Gesellschaft schon ein solch unbefangenes Verhältnis zur Vergangenheit entwickelt hat, daß die Bundeswehr auch die meuternden Kieler Matrosen von 1918, Männer der deutschen Arbeiterbewegung oder — undenkbar? — kommunistische Widerstandskämpfer gegen Hitler in ihre Traditionsgalerie aufnehmen könnte. Wieso eigentlich müssen des „Geyers schwarzer Haufe" oder „Lützows wilde, verwegene Jagd" — Partisanen der Freiheit also — einzig der Nationalen Volksarmee überlassen bleiben? Und warum sich auf Preußen beschränken? Es gibt ältere, zuweilen rühmenswertere Militärtraditionen in Süddeutschland und sogar in den Hansestädten. Allerdings käme es entscheidend darauf an, wer die historischen Traditionselemente auswählt.

Auch der zweite Weg, eine bundeswehreigene Tradition, müßte eingebettet sein in die Geschichte der Demokratie. Schon oft hat die Bundeswehr sinnstiftend „in die Zukunft hinein" (Baudissin) gewirkt, indem sie nicht Leben zerstörte, sondern Leben bewahrte, so bei der Sturmflutkatastrophe und beim Waldbrand in Norddeutschland, im Kampf gegen den Hunger in Afrika, zuletzt im italienischen Erdbebengebiet. Eine Reihe von Soldaten haben sich für andere geopfert. Auch der von Terroristen ermordete Ex-Soldat und Lufthansa-Kapitän Jürgen Schumann, der eine Gelegenheit zur Flucht ausschlug, stünde der Bundeswehr als Vorbild gut zu Gesicht. Was das öffentliche Gelöbnis angeht, unbestreitbar eine eigene Tradition, so entspräche dem Geist der Republik eine einfache Inpflichtnahme durch Handschlag besser als ein mystisches Schauspiel bei Fackelschein, Choral und Zapfenstreich.

Eine so verstandene Traditionsdebatte, die sich an den nüchternen Reformkonzepten des Anfangs orientierte, könnte Angelpunkt sein für die wichtigere Debatte über unsere gesamte Sicherheits- und Abrüstungspolitik — eine Debatte, die manch einer für überflüssig halten mag, der aber jede Generation sich neu stellen muß.

*Fortsetzung des Artikels der Vorseite*

177

Antwort von Grot auf den Artikel in der Zeitschrift „Die Zeit" vom 24.4.1981 (Auszug):

„Um die Bundeswehr an den freiheitlich demokratischen Rechtsstaat zu binden, war der Traditionserlaß nicht notwendig. Dies ist schließlich im Soldatengesetz festgelegt. Tapferkeit, Gehorsam, Treue und Opferbereitschaft, sowie das stets Eintreten für unsere freiheitlich-demokratische Gesellschaftsordnung sind Forderungen, die gerade ein demokratischer Rechtsstaat an seine Waffenträger stellen muß, wenn er sich in einer unruhigen Welt behaupten will. Der Mißbrauch der erstgenannten Werte durch die Machthaber des Dritten Reiches darf nicht dazu führen, auf diese Werte zu verzichten oder sie anzuzweifeln. Wenn Sie die Auswahl bestimmter Traditionsbeispiele in der Bw kritisieren, so haben Sie offensichtlich dabei vergessen, daß die Bundeswehr in einer Periode konservativ geprägter deutscher Politik aufgestellt wurde, die das Bild der Bw prägte und zum Teil noch heute prägt."

SPD-Ortsverein Schwachhausen-West          Bremen, 19. Okt. 1981
          Manfred Fluß

                    Georg-Gröning-Str 10 2

Herrn
Klaus Grot
Niedersachsendamm 67-69
2800 Bremen


Lieber Genosse Klaus Grot,

im Namen des Vorstands möchte ich mich noch einmal herzlich für
Dein Kommen und Dein Referat auf der Mitgliederversammlung des
Ortsvereins bedanken. Wir möchten aber diese Gelegenheit auch
dafür benutzen, um uns bei Dir für die zahlreichen Pannen (Nicht-
anwesenheit mehrerer Vorstandsmitglieder, die die Mitgliederversammlung vorbereitet hatten; zu später Beginn; kein Koreferent;
"Abbröckeln" der Mitglieder zum Ende der Versammlung) zu ent-
schuldigen und auch dafür, daß einige Diskussionsredner ihre
abweichende sachliche Position in nicht besonders fairer Form
und in emotionalen, persönlichen Attacken vorgebracht haben.
Der Vorstand hätte sich mehr Toleranz Dir gegenüber gewünscht,
obwohl Du ja hinterher sagtest, daß Du schon Härteres gewohnt
seiest. Trotz vieler sachlicher Auffassungsunterschiede erkennt
es der Vorstand des Ortsvereins Schwachhausen-West besonders
an, daß es in Deinem beruflichen Umfeld wahrscheinlich schwieriger ist, sozialdemokratische Positionen zu vertreten, als zum
Beispiel Kritik am NATO-Doppelbeschluß etwa in den Hochschulen
zu üben.

Nochmals herzlichen Dank und viele Grüße im Namen des Vorstands
des Ortsvereins Schwachhausen-West
                              Manfred Fluß
                              Manfred Fluß

**Antrag des Ortsvereins Dassendorf**

Betr.: Sicherheitspolitik

Die Bundesregierung wird aufgefordert, weiterhin an der durch nichts zu ersetzenden Entspannungspolitik und entgegen der Pressionsversuche - besonders durch konservative Politiker in aller Welt - unbeirrt festzuhalten.

Sie wird weiterhin aufgefordert, unverändert für eine weltweite, gleichgewichtige Abrüstung einzutreten und unter Beachtung unserer staatlichen Interessen und unserer Sicherheitslage alles zu unterlassen, was zu einer weiteren Verschärfung der Gegensätze in der gegenwärtigen Weltlage führen könnte.

Die Androhung oder Anwendung von Gewalt, sowie das Streben nach militärischer Überlegenheit führt zu keiner gerechten und andauernden Lösung der Probleme dieser Welt und wird lediglich eine Vergrößerung der Leiden großer Teile der Menschheit zur Folge haben.

Der Weg zu einem menschenwürdigen Dasein für alle Bewohner dieser Erde aknn nur beschritten werden, wenn alle Völker und Staaten zu solidarischem Handeln bereit sind und die wirtschaftlich starken Staaten den ärmeren zur Hilfe kommen.

Anmerkung: Siehe Antrag 1 des Parteivorstandes Parteitag Hamburg 15.- 19. 11. 1977.

gez. Klaus Grot

Dieser Beschlußentwurf wurde von den Delegierten der SPD des Kreises Herzogzum Lauenburg angenommen und wurde der damaligen Bunderegierung unter Bundeskanzler Schmidt zugeleitet.

*Antrag des SPD-Ortsverein Dassendorf auf Initiative Grots*

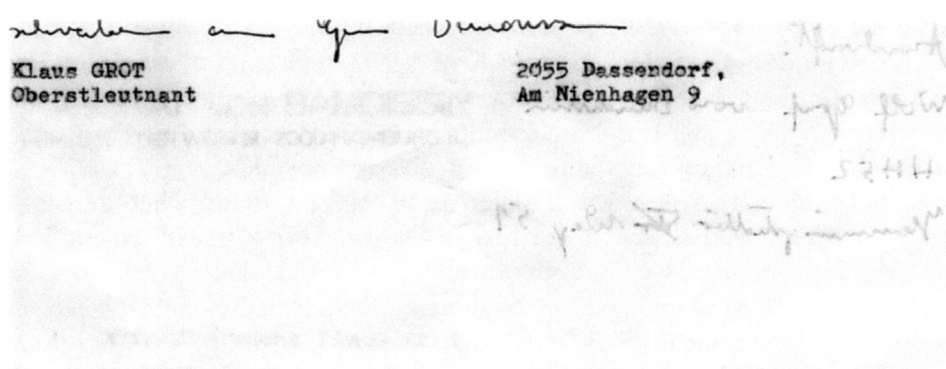

Klaus GROT                    2055 Dassendorf,
Oberstleutnant                Am Nienhagen 9

leider komme ich erst heute dazu, mein während des Neujahrsempfangs
in der FüAkBw gegebenes Versprechen einzulösen, indem ich Ihnen die
Kopie aus den "Grundsätzen der höheren Kriegs-Kunst für die Generäle
der Österreichischen Armee" zusende. Die in § 1 festgelegten Grundsätze sind - besonders wenn man die Zeit bedenkt - bemerkenswert.
Vergleichbare Sätze wie vom Krieg als größtem Übel oder vom vorteil-
haften Frieden sind in preußisch-deutschen Instruktionen - weder
früher noch später - zu finden und ich meine, daß es der Bundeswehr
bei Aufstellungsbeginn gut angestanden hätte - besonders nach den
Geschehnissen des zweiten Weltkrieges - ein deutliches Zeichen auch
in den Führungsvorschriften in ähnlicher Form zu setzen.

*Briefwechsel Grot - Baudissin*

## „§ 1. Allgemeine Betrachtungen über den Krieg

Der Krieg ist das größte Uebel, was einem Staate, was einer Nation widerfahren kann. Es muß daher die Hauptsorge eines Regenten, eines commandirenden Generals seyn, alle nur immer möglichen Kräfte gleich bey dem ersten Ausbruche des Krieges aufzubiethen, und alles anzuwenden, damit derselbe so kurz, als es nur immer seyn kann, dauere, und bald auf die möglich günstigste Art entschieden werde. Einen vortheilhaften Frieden zu erwirken, muß das Ziel jedes Krieges seyn; weil nur ein vortheilhafter Friede dauerhaft ist, und nur durch einen dauerhaften Frieden Nationen glücklich gemacht, folglich der Zweck der Regierungen erreicht werden kann." (Friedrich Karl Ferdinand Freiherr von Müffling, Marginalien zu den Grundsätzen der höhern Kriegskunst für die Generale der östreichischen Armee, Weimar 1808, S. 1)

# WOLF GRAF VON BAUDISSIN
HEMMINGSTEDTER WEG 51 · 2000 HAMBURG 52


Herrn
Oberstleutnant Klaus Grot
Am Nienhagen 9

2055 Dassendorf

05. Februar 1985

Lieber und verehrter Herr Grot,

bei Rückkehr von einer recht aufschlußreichen Fahrt
nach Ost-Berlin zum IPW und nach Weimar finde ich Ihre
freundlichen Zeilen und die wirklich besonders interessante Anlage. Sie zeigt, daß man Clausewitz in Wien
besser verstanden hatte als in Berlin, wo sich alles
berufliche Interesse auf den taktischen Sieg konzentrier-
te bzw. der Krieg heroisch-romantisch zur eigentlichen
Bewährungsprobe des Mannes hochstilisiert wurde.

Es war seinerzeit in der Dienststelle Blank schon nicht
ganz einfach, gegen manchen Einspruch der sui-generis-
Kämpfer, im Konzept der Inneren Führung als einzig legi-
tim gebliebene Aufgabe heutiger Streitkräfte, die Kriegs-
verhütung bzw. Deeskalationsbereitschaft darzulegen.
Doch scheiterte jeder Versuch, taktische Führungsvorschriften in diesem Sinne zu beeinflussen. Man bereitete
sich auf den Bewegungskrieg à la russische Steppe vor,
ohne an den neuen politischen Kontext und die Kernwaffen
zu denken.

Mit herzlichem Gruß

*Briefwechsel Grot - Baudissin*

# 16. Neuanfang in Hamburg

Die Auflösung der Pionierspezialstabsabteilung des VBK 10 zur Erzielung von Einsparungen war aus heutiger Sicht ein großer Fehler. Bei den verzwickten Hamburger Verhältnissen war es falsch anzunehmen, dass die Bearbeitung der Sperrangelegenheiten von Kiel aus bearbeitet werden konnten. Die Folge war eine Stagnation in allen Fragen der Sperrvorbereitungen in Hamburg.

Der Dienstbeginn Grots wurde von den betroffenen Ämtern Hamburgs begrüßt. Dies traf besonders für den Einsatz im Katastrophenfall zu. In der Bremer Verwaltung wurden alle Fragen zur Sperrbearbeitung von der Senatskanzlei entschieden. In Hamburg dagegen durch verschiedene Ämter. Brücken im Hafen unterstanden dem Amt für Strom- und Hafenbau, die Brücken im Stadtbereich, einschließlich des neuen Elbtunnels, dem Amt für Brücken und Flughafenbau, die Eisenbahnbrücken der Bundesbahndirektion Hamburg Altona. Grot stellte sich daher den Behördenleitern vor und legte damit das Fundament für eine erfolgreiche Zusammenarbeit.

Durch das TK SH wurde Grot die direkte Zusammenarbeit mit den in Hamburg eingesetzten NATO-Kommandobehörden zugestanden, dem Divisionspionierführer der 6. PzGrenDiv nördlich der Elbe und den Korpspionierführer des I. (NL) Korps im Süden. Die Möglichkeit, mit den KdoBehörden direkt Kontakt aufzunehmen, erleichterte Grot die Tätigkeit erheblich, führte aber auch dazu, dass das TK sich in manchen Fragen nicht durchsetzen konnte, wie z.B. bei den Sperrvorbereitungen im Neuen Elbtunnel. So wollte das TK dort eine Schaumstoffsperre installieren, deren Sperrwert aber von Grot als sehr gering eingeschätzt wurde.

Die Personalausstattung der neuaufgestellten Spezialstabsabteilung war zunächst nicht sehr hilfreich. Hptm Hagemann kam aus der DepOrg und Lt Link frisch vom Offz-Lehrgang. Weiterbildung und kritische Kontrolle standen daher für Grot im Vordergrund. Während seiner neun Dienstjahre in Hamburg erlebte Grot als Kommandeure drei Kapitäne zur See aus unterschiedlichen Verwendungsbereichen der Marine. Der erste, Kpt zur See Wind, war vorher jahrelang Kpt der Gorch Fock, der zweite, Kpt zur See Kaiser, kam von den Marinefliegern, und der Dritte, Kpt zur See Kähler, sah sich mehr als Zerstörerführer. Großes Interesse an Grots Spezialgebiet brachte keiner auf. Grot war daher bei der Durchsetzung seiner Aufgaben gegenüber der Stadt Hamburg auf sich gestellt. Er hat es auf Grund seiner Verwendung im Territorialheer als Schwäche angesehen, dass Offiziere anderer Teilstreitkräfte auf Kdr-Stellen im TH Verwendung finden.

Bei der Besichtigung der Sperrvorbereitungen in Hamburg ging es zunächst um eine Bestandsaufnahme, bei der erhebliche Versäumnisse in der Vergangenheit zu Tage traten. Dann wurde der Kontakt zu den Niederländern gesucht, um in der Frage der Sperrlinie Süderelbe auf eine einheitliche Linie zu kommen. Gleichzeitig musste nach Lösungen gesucht werden, die es erlaubten, das niederländische System der Sperreinbauten mit den deutschen Vorschriften und Vorstellungen zu vereinbaren.

Der Zusammenarbeit mit der 101 Geniegefechtgroep galt höchste Priorität. Jedes Jahr wurden mehrere Briefings und Einweisungen an den Sperrvorbereitungen für die Offz und Uffz der für den Einsatz in Hamburg vorgesehenen Truppenteile durchgeführt.

Wie eng die niederländisch-deutsche Zusammenarbeit war, macht ein gemeinsames Sprengen auf dem Sprengplatz der Erprobungsstelle Meppen deutlich. Die einzelnen Sprengvorbereitungen wurden zwischen der 101 Geniegevechtsgroep, dem BVVK und der PiDstGrp 10 abgestimmt. Der PiDstGrp kam es bei diesem Sprengen darauf an, die Wirksamkeit der Sprengvorbereitung eines Konstruktionsteils der Eisenbahnbrücke über die Süderelbe zu überprüfen. Dieses Teil war nachgebaut, geladen und dann erfolgreich gesprengt worden. Das zweite Vorhaben betraf die Überprüfung der Sicherheitsabstände für Fernmeldeleitungen bei der Anlage von Straßensprengschächten. Die Sprengvorhaben der Niederländer waren zwar für die PiDstGrp von Interesse, berührten die PiDstGrp aber nicht unmittelbar. Sollte zunächst ein rein niederländischer Sperrverband in Hamburg eingesetzt werden, war später ein aus deutschen Geräteeinheiten zusammengesetzter Sperrverband vorgesehen. Im Gegensatz zu Bremen war aber das Üben von Pionieren nicht vorgesehen, wohl aber auch bei den Hamburgischen Behörden nicht durchsetzbar. Generell ist festzustellen, dass die später umbenannte Spezialstabsabteilung in jeder Hinsicht von den Hamburger Behörden unterstützt wurde.

Da es in Hamburg nördlich der Elbe nur wenige Sperrvorbereitungen gab, war die Verbindung zum PiFhr 6.PzGrenDiv zunächst auf wenige Begegnungen beschränkt. Das änderte sich dann, als die Unterstellung von weiteren vier WmTrp im besonderen Aufgabenbereich durch TK SH verfügt wurde. Grot unterstanden damit sechs WmTrp. Der Einsatzbereich wurde dabei auf das Gebiet zwischen Lauenburg-Lübeck-Elmshorn erweitert. Das änderte sich aber später, als sich der Kommandeur des in Bad Segeberg stationierte VKK beim TK SH beschwerte und auf seiner uneingeschränkten Führungsverantwortung bestand. Infolgedessen unterstand Grot am Ende seiner Dienstzeit nur noch ein WmTrp.

Nach der erwähnten Bestandsaufnahme wurden alle Sperrvorbereitungen an oder in den Elbbrücken den bestehenden Vorschriften angepasst. Die Sprenglücken in den Brücken wurden von 110 Metern auf 45 Meter begrenzt, um eine Zerstörung der Brücken zu unterbinden. Mehrere nicht mehr einsatzbereite bewegliche Arbeitsbühnen wurden durch fest eingebaute ersetzt, Ladungshalter umgesetzt bzw. erneuert und permanente Zündleitungen modernisiert. Auch für den Neuen Elbtunnel konnte im Zusammenwirken mit dem Amt für Brücken- und Flughafenbau eine Lösung gefunden und durchgesetzt werden.

*Ölschadenslehrgang an der Pionierschule in München*

ENTEC Commander / Staff Officer Course
06. Apr - 10. Apr 1987 Pionierschule München

*Sprengausbildung mit Wallmeistern*

*Pionierstabsoffizierslehrgang*

*Polizeidirektor Breuer, Ltr. des Hamburger Katastrophenschutzstabes mit Grot während eines THW - Bierabends*

*Besichtigung der Sperrvorbereitungen im Hamburger Hafen durch den dänischen Viersterne-general Ahmed am 5. Juli 1991 ComBaltap (4. von links Ahmed, ganz rechts Grot)*

Der Wallmeisterkalender

Schon früh nach Aufnahme seiner Tätigkeit sah sich die Abteilung Pionierwesen von der Seite der hamburgischen Behörden und Pionieren der NATO voll unterstützt. Diese Unterstützung galt es zu erhalten und zu stärken. Die dienstlich verfügbaren Mittel dazu waren gering. Es wurde deshalb nach Möglichkeiten gesucht, den Dank für die Unterstützung sichtbar zum Ausdruck zu bringen. Dazu wurde dann der Wallmeisterkalender erfunden. Dieser wurde von der Abt. Pionierwesen entworfen und in der FüAkBw gedruckt. Er erschien in DIN A4 Größe und enthielt seltene militärhistorische Bilder besonders aus der Geschichte der Pionierwaffe in einer Auflage von 20 Stück. Auch die Geschichte der hamburgischen Pioniere wurde berücksichtigt. Zu Ehren der Niederländer wurde eine Jahresausgabe mit Graphiken von Hendrick Goltzius bestückt. Bei der Suche nach Abbildungen konnte Grot auf sein Archiv zurückgreifen. Die Kalender fanden allseits Anerkennung und wurde erwartet.

Zu seinem letzten Dienstjahr (1991) erschien der Kalender in DIN A 3 Größe mit Plänen zu hamburgischen Festungsanlagen.

Grots Bemühungen um die Erinnerungen zur Hamburger Geschichte blieben nicht folgenlos. Kurz nach seinem Ausscheiden wurde die Brücke über den Wallgraben in der Nähe des Stephanplatzes auf den Namen VALCKEN-BURG-Brücke getauft.

Vom zweiten großen Aufgabengebiet der Pioniere des Territorialheeres, den Pioniertechnischen Führungshilfen, sind keine großen Fortschritte zu erwarten gewesen, da die Grundfrage der Zuständigkeit, ob Militär- oder Zivilverwaltung, auf höchster Ebene nicht geklärt werden konnte. Zwar wurden die WmTrp bei ihren Fahrten angehalten, ihre Beobachtungen über zivile Hilfsquellen zu dokumentieren. Dies geschah aber im Grunde an den Grenzen der Legalität. Das Gleiche galt aber auch bei der Erkundung von feldmäßigen Sperren durch die Wallmeister.

Lediglich die Erkundung der Gewässerfolien konnte mit Tatkraft angegangen und auch abgeschlossen werden. Die dem VBK zur Bearbeitung zugewiesenen Kartenblätter gingen dabei weit über die Grenzen Hamburgs hinaus. Das traf besonders für den Elbverlauf und deren nördliche Nebenflüsse zu. Positiv wirkte es sich dabei aus, dass das VBK auf eine gute technische Ausstattung zurückgreifen konnte.

PIONIERE  IN  HAMBURG

gezeichnet  nach

ZEITGENÖSSISCHEN  VORBILDERN

aus  dem  19.  Jahrhundert

12. Blatt

gezeichnet  von  Oberstleutnant  Klaus  Grot

1988

*Titelseite der Wallmeisterkalender 1988*

# NOVEMBER

| | |
|---|---|
| Mittwoch | 1 |
| Donnerstag | 2 |
| Freitag | 3 |
| Samstag | 4 |
| Sonntag | 5 |
| Montag | 6 |
| Dienstag | 7 |
| Mittwoch | 8 |
| Donnerstag | 9 |
| Freitag | 10 |
| Samstag | 11 |
| Sonntag | 12 |
| Montag | 13 |
| Dienstag | 14 |
| Mittwoch | 15 |
| Donnerstag | 16 |
| Freitag | 17 |
| Samstag | 18 |
| Sonntag | 19 |
| Montag | 20 |
| Dienstag | 21 |
| Mittwoch | 22 |
| Donnerstag | 23 |
| Freitag | 24 |
| Samstag | 25 |
| Sonntag | 26 |
| Montag | 27 |
| Dienstag | 28 |
| Mittwoch | 29 |
| Donnerstag | 30 |

Sappeur 1848

*Kalenderblatt Monat November 1988*

Eine besondere Aufgabe für Grot bestand darin, dass er als Verbindungsoffizier des VBK bei Übungen oder bei Hochwassergefahr zum Katastrophenstab der Hamburger Innenbehörde abgeordnet wurde, um den Einsatz der Bw im Raum Hamburg zu unterstützen bzw. sicherzustellen. Bis ca. 1991 standen dazu zahlreiche Verbände und Einheiten der Bw nördlich und südlich der Elbe zur Verfügung. Dabei musste Grot häufig den Versuchen der Deichschutzverantwortlichen der Stadt widerstehen, die zur Verfügung stehenden Soldaten auf den Deichlinien gleichmäßig zu verteilen. Dies hätte später einen Einsatz an Gefahrenschwerpunkten erschwert oder gar unmöglich gemacht. Glücklicherweise kam es während der Dienstzeit Grots im VBK zu keinen schweren Hochwasserkatastrophen. Nach den Ereignissen der Sturmflut in Hamburg 1962, die Grot ja selbst erlebt hatte, war der Katastrophenschutzstab der Innenbehörde Hamburgs gut organisiert und ausgestattet worden.

## Schachtbau Nord / Rendsburg

Der Einbau von Sperrvorbereitungen in die bestehende Verkehrsinfrastruktur war aus mancherlei Gründen nicht ganz unproblematisch. Der Einbau dieser Vorbereitungen durfte nicht durch die Bundeswehr selbst erfolgen, sondern erfolgte stets durch eine vom Baulastträger beauftragte Firma. Dabei ergaben sich aber zahlreiche Kontakte zwischen Bw und Baufirma, z.B. bei der Bauaufsicht und Bauabnahme. Die Planungen erfolgten zwar durch die Bw, aber bis zur Auftragsvergabe hatten sich die Vertreter der Bw herauszuhalten und durften keine Kontakte zu möglichen Baufirmen aufnehmen. Dennoch versuchten Baufirmen immer wieder, Kontakte zu den VBK oder WBK aufzunehmen, um die gut bezahlten Aufträge zu erhalten. Für die Bw war eine strikte Zurückhaltung geboten.

Ein schlechtes Beispiel gab z.B. OTL Gottheiß vom WBK I ab, der das Doppelte der erbrachten Leistungen auf einer Rechnung für eine permanente Zündleitung abzeichnete und dafür von der Firma Philips Elektrogeräte erhielt. Er wurde vor Gericht gestellt, verurteilt und von der Bw unter Fortfall seiner erworbenen Versorgungsrechte entlassen.

Als Grot nach Hamburg versetzt wurde, kam er in den Befehlsbereich TKNORD/SCHLESWIG HOLSTEIN und wurde in seinem besonderen Aufgabenbereich unter die Befehlsgewalt des Sperrdezernenten OTL Koch gestellt. Da Grot ebenfalls sechseinhalb Jahre Sperrdezernent war, ergaben sich eine Reihe von Auffassungsunterschieden. Während Grot z.B. der Auffassung war, Brücken durch den Einbau von Sperrvorbereitungen zu unterbrechen, plante Koch den Einbau von Straßensprengschächten in den Zu- und Abfahrten. Zwar wurde in diesen Fällen die Brücken erhalten, aber der Nachteil war die Hinnahme einer geringeren Sperrwirkung. Dies war jedoch bei entscheidenden Gewässerhindernissen wie bei dem Elbe-Lübeck-Kanal von großer Bedeutung.

Nun gab es in Schleswig-Holstein eine Baufirma mit dem Namen „Schachtbau Nord" mit einem Herrn Windelen als Bauleiter, die nach dem Eindruck der Pionierdienstgruppe Hamburg das Monopol zum Einbau von Straßensprengschächten in den Straßen Schleswig-Holsteins zu haben schien. Jetzt wurden aber im Zuständigkeitsbereich der PiDienstGrp kaum noch Sperren mit Straßensprengschächten geplant. Nur in einem Fall gelang es, beim Baulastträger das Einholen von mehreren Angeboten durchzusetzen. Der Auftrag wurde auf Grund des preiswerteren Angebotes an eine Firma aus Husum vergeben. Bei der Überprüfung von Rechnungen der Firma Schachtbau Nord wurde festgestellt, dass sich diese Firma die Lieferungen von Schachtabdeckungen Buderus 2424 mit einem guten Aufschlag auf die Fabrikpreise bezahlen ließ. Nachfragen bei der Firma Buderus in Hamburg ergaben erheblich günstigere Lieferpreise. Zudem war Buderus bereit, überall kostenfrei die Schachtabdeckungen nach SH zu liefern. Das wurde von der PiDienstGrp aufgegriffen und in den Infrastrukturforderungen aufgeführt. Aus Kiel kam zur beabsichtigten Verfahrensänderung keine Reaktion. Zum beabsichtigten nächsten Sperreinbau konnte die Baustellenanlieferung noch nicht erfolgen. Grot war in Nöten. Er wusste einen Ausweg, denn er lieh sich vom VBK Lüneburg neun Schachtabdeckungen aus, die allerdings mit Bw-Fahrzeugen zeitgerecht antransportiert wurden. Herr Windelen konnte sich nicht zurückhalten und beklagte laut, dass nunmehr der Sperreinbau enttarnt sei. Nachteiliges in dieser Hinsicht war aber nicht zu vermelden. Einige Zeit später wurde bekannt, dass Schachtbau Nord doch wieder Schachtabdeckungen liefern konnte. OTL Koch hatte sich gegenüber dem Heeresamt durchgesetzt, so dass an Stelle des Buderusmodells auch Schachtabdeckungen einer anderen Firma in SH in Straßensprengschächten verwendet werden konnten. Gründe wurden nie genannt. Ein Geschmäckle haftete diesem Verfahren an. Die Zustimmung der Heeresamt blieb unverständlich.

Übrigens, die Frage, wie die Sperrvorbereitungen am Elbe-Lübeck-Kanal vorgenommen werden sollte, wurde geklärt. Grot setzte sich mit dem zuständigen Divisionspionierführer zusammen und trug den Sachverhalt vor. Dieser, OTL Bross, entschied sich für das Sprengen der Brücken im Verteidigungsfall. Die Änderungen der Sperrvorbereitungen wurden in einer Militärischen Bedarfsforderung zusammengefasst und vom Heeresamt genehmigt. Anzumerken ist, der Sprengstoffbedarf lag bei der Sprengstofflösung bei 1.500 kg pro Objekt, die Brückentrennschnittlösung dagegen auf durchschnittlich 100 kg Sprengstoff.

## Sperrvorbereitungen im Neuen Elbtunnel – eine lange Geschichte.

Als Grot 1968 in das KTV versetzt wurde, begannen nahezu gleichzeitig die Bauarbeiten für den Neuen Elbtunnel. Das war die Zeit, als man im KTV mit der Entwicklung neuer Sperrarten – Trägerstrecksperre und Fallkörper – begann, um eine Alternative zu den sogenannten Sprengsperren zu haben. Es begann ein Wettlauf mit der Zeit. Im KTV war man bestrebt, noch während des Elbtunnelbaus die geforderten Sperreinbauten mit einzubauen. Leiter der Abt. Pionierwesen VBK 10 und StOK Hamburg war zu dieser Zeit OTL Ohm. Ihm gelangen die rechtzeitigen Einbauten nicht. Über die Gründe kann spekuliert werden. Sicher spielten politische Gründe eine Rolle, obgleich die Stadt Hamburg den Duldungsvertrag für Sperreinbauten bereits unterschrieben hatte. Auch könnten die Bauarbeiten zur Zeit des Eingangs der militärischen Forderungen schon so weit fortgeschritten gewesen sein, dass eine Änderung der Bauplanung nicht mehr möglich war. Jedenfalls wurde der Tunnel bis 1975 ohne Sperreinbauten fertig gestellt und dem Verkehr übergeben.

Zur Einsparung von Stellen wurde die Abt. Pionierwesen 1972 gestrichen und deren Aufgabe in das TKdo SH verlagert. Das muß für das Territoriale Pionierwesen als ein schwerer Rückschlag angesehen werden, da damit die kurzen und direkten Einflussmöglichkeiten zur Stadt Hamburg gekappt worden waren. Infolgedessen trat ein Stillstand ein. Die vorherige Auflösung KTV trug ein Übriges dazu bei. Es dauerte immerhin zehn Jahre, ehe man im BMVg den Fehler einsah und ihn 1982 durch Wiederaufstellung der Abteilung Pionierwesen korrigierte. PiStOffz in Hamburg wurde OTL Grot, der die vielen Versäumnisse der vergangenen zehn Jahre aufzuarbeiten hatte.

*Der „Herr Landespionierführer Hamburg" beim  Überprüfen eines Schachtdeckelgerätes ca. 1985)*

196

Um dem Drängen des I. (NL) Korps nach Sperrvorbereitungen im Elbtunnel entgegenzukommen, hatte man zwischenzeitlich die Zugangsbrücken zum Elbtunnel im Bereich des Rugensberger Hafens mit Sperreinbauten versehen. Diese reichten den Niederländern jedoch nicht aus. Bei einer der regelmäßig stattfindenden WINTEX-Übungen hatten die Niederländer den Elbtunnel zum Ärger der Hamburger Behördenspitzen gesprengt. Zwischenzeitlich versuchte Grot, durch intensive Verbindungsaufnahme, insbesondere zum Leiter des Amtes für Brücken- und Flughafenbau, dem Ltd. Baudirektor Benecke, den Einbau von Sperrvorbereitungen im Elbtunnel voranzutreiben. So nahmen beide z.B. in München gemeinsam an einem Lehrgang für schweren Kriegsbrückenbau teil. Unter Hinweis auf die Probleme gelang es Grot schließlich, den Ltd. Baudirektor von der Notwendigkeit eines Sperreinbaus im Elbtunnel zu überzeugen und für die Unterstützung des Vorhabens zu gewinnen. Sie suchten gemeinsam die mögliche Sperrstelle auf und kamen zu der Erkenntnis, dass durch den waagerechten Einbau über Fahrbahn und Lüfterstrecke die Sperrung des südlichen Tunneleinganges durch Fallkörper möglich wäre. Nach Vorschriftenlage war eine solche Lösung nicht vorgesehen. Nach Lage der Dinge musste Grot auch mit Widerständen vorgesetzter Kommandobehörden rechnen. Grot reichte daher zunächst einen Verbesserungsvorschlag beim Prüfungs- und Bewertungsausschuss für das Vorschlagswesen beim BMVg ein. Sein Verbesserungsvorschlag wurde mit einer Prämie von 160,- DM positiv bewertet. Daher war für Grot klar, dass das Heeresamt einen waagerechten Einbau von Fallkörpern im Elbtunnel genehmigen würde.

Anschließend galt es, die Einwilligung des I. (NL) Korps einzuholen. Dazu begab sich Grot nach Wezep zur 101 (NL) Gefechtsgroep und stellte seine Planung vor. Kommandeur war damals der Oberst de Groot, der dann die Militärische Forderung über den Einbau der Fallkörper für das I. (NL) Korps unterschrieb.

Ergänzend muss angemerkt werden, dass der Pionierdienstgruppe ausdrücklich die Verbindungsaufnahme zum I. (NL) Korps zugestanden worden war, was der PiDstGrp das Vorgehen erheblich erleichterte. Vorher wurde eine Lähmung der Tunnellüfteranlagen geprüft. Dabei kam ein Zufall zur Hilfe. Nachts marschierte ein Panzerbataillon durch den Tunnel. Der dabei gemessene Schadstoffanfall bei geringer Entlüftungsleistung war zu schwach, um durch Sauerstoffmangel Kampffahrzeuge an einer Tunneldurchfahrt zu hindern. Ein kontrolliertes Fluten war ebenfalls keine Lösung, da das Wasser alle Elektroanlagen des Tunnels so geschädigt hätte, dass dieses zu seiner totalen Zerstörung geführt hätte. Der Einbau einer Fallkörperanlage in dem Neuen Hamburger Elbtunnel war also der einzig gangbare Weg zur Sperrung bei Erhalt der Anlage. Der vorschriftsgemäße Einbau einer Steckschachtanlage oder einer Fallkörperanlage verbot sich von selbst. Das wäre ohne tiefgreifende Eingriffe in den Tunnelbaukörper mit langwierigen Verkehrssperrungen des damals schon stark frequentierten Elbtunnels nicht möglich gewesen. Der Zeitpunkt hierfür wäre der Neubau des Tunnels gewesen.

Während seines Aufenthaltes in Wezep 1985 wurde Grot große Aufmerksamkeit zuteil. Abends wurde ein Stabsoffizier zu seiner Betreuung abgestellt, der mit Grot einen kleinen Ausflug in die Umgebung Wezeps unternahm, besonders nach Kampen. Am nächsten Tag wurde Grot ein PKW samt Fahrer zur Verfügung gestellt. Grot hatte eigentlich vor, mit der Bahn zu reisen, um die Festungsstadt Naarden zu besichtigen, so dass der NL Korps PiKdr damit Grot zuvor kam. So konnte Grot nicht nur die Festungsstadt besuchen, sondern auch die Landgewinnungsmaßnahmen der Niederländer in der Zuider See. Beides machte auf Grot einen großen Eindruck. Aber aufgrund seiner Erlebnisse bei der Hamburger Flut hätte er sich niemals entschlossen, auf dem neugewonnenen Grund der Zuider See zu siedeln.

Nachdem die PiDstGrp 10 von einer Zustimmung der Hamburger Behörde zum Einbau einer Fallkörperanlage im südlichen Einfahrtsbau der Neuen Hamburger Tunnel ausgehen konnte und auch der Verbesserungsvorschlag Grots über den waagerechten Einbau von Fallkörpern anerkannt worden war, begannen die Schwierigkeiten der Verwirklichung dieses Vorhabens. Ein Fallkörper von den notwendigen Dimensionen war nach Kenntnis der PiDstGr 10 noch nie geplant und errichtet worden. Vorschriften für einen solchen Fall waren nicht vorhanden. Auf die Unterstützung höherer Kdo- und Infrastrukturstäbe oder gar auf die Fachhochschule für Bautechnik in München konnte nicht gerechnet werden. Das Gewicht der Fallkörper wurde mit je 102 Tonnen berechnet. Die Belastbarkeit der Elbtunneleinfahrt wurde durch das Ingenieurbüro Donath geprüft und ergab, dass die Wände des Einfahrbauwerkes in der Lage seien, die Fallkörper zu tragen. Jedoch waren die Fahrbahnen beiderseits des Tunnels nicht tragfähig genug für den Einsatz von Schwerlastkränen, um die Fallkörper im Trogbauwerk der Einfahrt einzuhängen. Die PiDGr entschloss sich daher, die Fallkörper segmentweise erstellen zu lassen. Zur Herstellung der Fallkörper in einem Stück hatte sich Grot durch den Dipl.Ing. Hornborstel von der Baufirma Hochtief beraten lassen. Die Segmente der Fallkörper wurden so konstruiert, dass sie leicht zusammenzufügen waren. Im

Kern befand sich ein großes Rohr mit Innenflanschen zum Zusammenschrauben. Um dieses Rohr wurde ein Baustahlkorb gelegt. Zum Schütten des Betons hatte die Baufirma Aug. Prien eine zerlegbare Form aus Stahl gefertigt, so dass die Segmente eine einheitliche Form besaßen.

Insgesamt wurden 24 Segmente in 24 Wochen gefertigt. Während dieser Zeit wurden 6 Stahlträger zur Aufnahme der Fallkörper im Tunneleingang eingebaut. Die Montage der Fallkörper verlief problemlos. Nur zum Bau des Fallkörpers über der Mittelfahrbahn musste der Verkehr minutenweise je Segment angehalten werden. Während der Montage wurde in der Mitte der Fallkörper in der vollen Länge noch ein Stahlkorb montiert. Anschließend wurden die Rohre mit Beton verfüllt. Dadurch wurden die Segmente zusätzlich verbunden, damit der Fallkörper bei der Auslösung nicht auseinanderbrechen konnte, um eine größtmögliche Sperrwirkung zu erzielen. Durch die abseitige Lage der Baustelle konnte der Sperreinbau so erfolgen, dass er von der Öffentlichkeit unbemerkt blieb. Jedoch unterrichtete einer der Betonfahrzeugfahrer die Bild-Zeitung, die es nicht lassen konnte, über den Sperreinbau zu berichten.

*Bericht der Bild-Zeitung vom Einbau der Fallkörpersperre in den Neuen Elbtunnel*

## Sperreinbauten nördlich der Elbe

Mit Aufstellung der Abt. Pionierwesen wurden ihr gleichzeitig die beiden in Hamburg stationierten WmTrp 100/1 und 100/2 im besonderen Aufgabenbereich unterstellt. WmTrp 100/1 waren alle Sperrvorbereitungen auf dem Hamburger Gebiet zugewiesen, die der Elbe-Linie und wenige Objekte in den Vierlanden, im Osten der Stadt. WmTrp 100/2 hatte die Sperren der Krückau-Linie und einige Objekte im Raum Trittau zu betreuen. Kurze Zeit nach der Aufstellung wurde in den Vierlanden eine Steckschachtanlage und drei Sprengschachtanlagen errichtet. Nach der Umgliederung der Abt. Pionierwesen in die PiDstGrp 10 wurden dieser die WmTrp 113/1, /2, /3 und /5 im besonderen Aufgabenbereich unterstellt. Dadurch wurde der räumliche Zuständigkeitsbereich erheblich erweitert und umfasste den Raum Lauenburg – Innerdeutsche Grenze – Lübeck bis nach Elmshorn im Westen. Eine Überprüfung der Sperrvorbereitungen in diesem Raum ergab an zahlreichen Objekten bauliche Mängel, aber auch zahlreiche Lücken im System der Sperren.

In diesem Raum war der DivPiFhr der 6. PzGrenDiv verantwortlich für den Sperreinsatz im V-Fall. Alle Sperrmaßnahmen im Zuständigkeitsbereich der PiDstGrp konnten daher nur in enger Abstimmung mit dem DivPiFhr getroffen werden. Das hatte Folgen für die Vorbereitungen im Bereich Elbe-Lübeck-Kanal. Hier hatte vorher TKSH DBVAFNORTH begonnen, die Brückenunterbrechungen durch die Anlage von Sprengschächten zu ersetzen. Wenn auch die ostwärtigen Brückenzufahrten unterbrochen worden wären, so wären dem Feind die Brücken unzerstört in die Hände gefallen. In Anbetracht des großen Hinderniswertes des Kanals musste dies auf jeden Fall verhindert werden. Versuche, den Kanal mit Schwimm- oder tiefwatfähigen Gefechtsfahrzeugen zu überwinden, scheiterten und bestätigten Grot in seiner Auffassung. Nach der Genehmigung durch das Heeresamt wurden alle Vorbereitungen umgerüstet, alle Brücken zum Sprengen vorbereitet. Im Raum Lübeck dagegen wurden vor den Brücken im Stadtbereich Steckschachtanlagen angelegt und die Hubbrücke am Kanalende zum Lähmen vorbereitet.

Im rückwärtigen DivEinsatzraum wurde die Sperrlinie Sachsenwald – Lütjensee konsequent ausgebaut, alle durchlaufenden Straßen zur Unterbrechung vorbereitet. Fast alle diese Vorbereitungen sind jetzt – zwanzig Jahre nach der Wende – zurückgebaut.

Für den Sperreinsatz im Einsatzraum der 6. PzGrenDiv waren ca. 400 Tonnen Kampfmittel eingelagert. War zunächst die Division für die Einlagerung zuständig, so ging Mitte der achtziger Jahre dies in die Zuständigkeit der Dienststellen des TerrH. Mit der Leitung der Übergabe dieser Munition wurde Grot beauftragt, der diese schwierige Aufgabe ohne Beanstandungen löste. Mit der Zuständigkeit der PiDstGrp 10 (Hamburg) im Süden des Verteidigungskreises 113 war dessen Kommandeur nicht einverstanden und verlangte eine Änderung der Zuständigkeiten. 1986 wurde die Unterstellung der 4 WmTrp aufgehoben. 1989 folgte dann auch noch der Wechsel der Zuständigkeit für den WmTrp 100/2. Zum Schluss seiner Laufbahn wurde Grots Zuständigkeit auf das Hamburgische Staatsgebiet beschränkt.

## Die Friedenswerkstatt Börnsen und andere Friedensfreunde

Etwa 1987 lud die Friedenswerkstatt Börnsen an einem Samstag zu einem Workshop mit dem Thema „Das Problem der Sperren" in die Waldschule Börnsen ein. Dieses Thema zog Grot interessiert an, beinhaltete es doch sein Aufgabengebiet und vermutlich auch seinen Einsatzraum. Zudem lag Börnsen nicht weit entfernt von seinem Wohnort. Das bei diesem Besuch Erlebte übertraf weit seine Erwartungen. Der Workshop war gut organisiert und vorbereitet. Das Interesse der Bevölkerung hielt sich allerdings in Grenzen. Zunächst gab es Kaffee aus Ecuador und Kuchen. Im anschließenden Vortrag wurde eingehend über die Sperrvorbereitungen im Südkreis Herzogtum Lauenburg berichtet. Nach Grots Erinnerungen hatte man fast alle Sprengschächte ausfindig gemacht und mit Lichtbildern vorgeführt. Zum Schluss der Vorführung wurde eine Broschüre zum Thema für 2,- DM angeboten. Grot erwarb ein Exemplar und lieferte es am nächsten Montag seiner Dienststelle aus. Außerdem erstattete er Meldung über das Erlebte. Der Vorfall wurde dem TKSHDBV AFNORTH gemeldet und beschäftigte auch die MAD Gruppe Hamburg. Dabei stellte sich heraus, dass der MAD zwei Mitarbeiter nach Börnsen entsandt hatte, diese sich jedoch nicht in das Veranstaltungsgebäude hineingetraut hatten. Zugegebenermaßen lag das Gebäude in einer engen unübersichtlichen Schlucht, aber zu Ängsten gab es keinen Anlass.

TKSHDBV AFNORTH erstattete Anzeige und die zuständige Staatsanwaltschaft griff den Fall auf. Ermittelt wurde gegen den Verfasser der Broschüre, einem Bürger aus Ratzeburg, und dem Veranstalter des Workshops. Grot wurde mitgeteilt, dass er mit voller Namens- und Anschriftennennung als Zeuge in einem Gerichtsverfahren benannt werden würde. Bei den damals obwaltenden Umständen sah Grot dies damals als Bedrohung für seine Familie an. Zur Anklageerhebung benötigte die Staatsanwaltschaft jedoch die Zustimmung des BMVg. Dieses sah sich – wie in ähnlich gelagerten Fällen – jedoch dazu nicht in der Lage, weil man befürchtete, dadurch alle Sperrvorbereitungen in der Republik zu enttarnen. Grot betrachtete das mit großem Unverständnis, weil in diesem Fall ein besonders großer Fall von Landesverrat vorlag. Besagte Broschüre hatte nämlich einen kompletten Sperrplan zum Inhalt. Aber es gab in der Republik noch mehr Friedensfreunde. So erschien in der Zeitschrift „Konkret" Nr. 5/87 ein umfangreicher Artikel mit der Überschrift „Das NATO-Kriegsszenario für den Landkreis Herzogtum Lauenburg", der sich in stark übertriebener Weise mit verschiedenen Aspekten der militärischen Landesverteidigung beschäftigte, um vermutlich in der Bevölkerung Angst und Unruhe zu schüren. So wurden z.B. die Straßensprengschächte zur Aufnahme von Atomminen vorgestellt, und Fahrradwege im Kreis wurden zu Militärstraßen. Als einige Sperreinbauten im ostwärtigen Teil der Vierlande fertig gestellt worden waren, meldeten sich auch hier die Gegner solcher Anlagen zu Wort, indem sie die Vorbereitungen mit Farbe beschmierten und kleinere Sabotageakte verübten. Ein Teil der Hamburger Presse stand diesen Leuten bei und berichtete in übertriebener Aufmachung. Ein besonderer Fall sind die Vorbereitungen im Neuen Hamburger Elbtunnel. Hier trat ein Fahrer eines Betonfahrzeuges, der Beton für die Baustelle zu liefern hatte, als Informant der BILD-Zeitung auf. Dieses sonst sich staatstragend gebende Blatt hatte nichts Eiligeres zu tun, als von den neuen Sperrvorbereitungen zu berichten. Wegen der abseitigen Lage des südlichen Tunneleinfahrtbauwerkes und der Lage der Fallkörper über der Rasterstrecke im Schacht wären diese sonst der Öffentlichkeit kaum aufgefallen. Im Grunde genommen war auch diese Veröffentlichung ein Fall von Landesverrat.

Nach der Wende, kurz vor seiner Versetzung in den Ruhestand, wurde Grot im VBK Schwerin eine NVA-Einsatzkarte gezeigt, die auch den südlichen Teil des Elbe-Lübeck-Kanals abdeckte. In dieser Karte waren zahlreiche Angaben zur Vorbereitung eines Angriffes auf deren Feindgebiet eingedruckt, wie Sperren, Übergangsstellen, Fernmeldeanlagen usw. Solche Eindrücke fehlten ostwärts der Grenze. Dazu wurde Grot aber mitgeteilt, dass hier stattdessen Artilleriestellungen mit Fernmeldeleitungen vorhanden gewesen seien. Was die Informationen über die Angaben auf dem Boden der Bundesrepublik betrifft, kann wohl sicher davon ausgegangen werden, dass die Friedensfreunde im Westen hierzu einen nicht unerheblichen Beitrag geliefert hatten. Aber wer ist im Nachhinein an einer solchen Aufklärung interessiert?

Ein „Fürstliches Wort"

Mitte der achtziger Jahre bestand für den Einsatzraum der PiDstGrp 10 ostwärts Hamburg ein großer Bedarf von Einlagerungsmöglichkeiten für Pionierkampfmittel für die Vorbereiteten Sperren. Die hierfür vorgesehenen zwei Munitionshäuser pro StOMunNdlG deckten den Bedarf (ca. 400 Tonnen) nicht ab. Zwar gab es noch einzelne PiSPMunH, aber auch diese reichten nicht.

## Stirbt der Sachsenwald durch Insekten?

Aumühle (do.) — »Insektenkalamität« lautete das Alarmzeichen, das Forstamtsleiter Ruprecht von Hagen sowie den Besitzer des Sachsenwaldes, Ferdinand von Bismarck, veranlaßte, Gemeindevertreter und Bürgermeister der anliegenden Orte sowie die Presse zu einem Waldbegehung einzuladen u. d. prekäre Situation zu erklären. Die »Kalamität« besteht aufgrund der Freßsucht von Fichten-Blattwespen und — erst seit einigen Jahren — Fichtengespinst-Blattwespen. Diese eigentlich sonst nur in Mittelgebirgen heimischen Insekten vernichten in einträchtiger »Arbeit« sowohl die alten Nadeljahrgänge als auch die Neutriebe.

Besonders auffällig ist diese Bedrohung im südöstlichen Teil des Waldgebietes, davon konnten sich rund 30 Personen während dieser Begehung überzeugen. Fachleute, darunter Vertreter der Landwirtschaftskammer, des Holzwirtschaftlichen Institutes und der Niedersächsischen Versuchsanstalt, demonstrierten eindeutig, mit welcher Intensität die Insekten vorgehen.

Doch was dagegen tun? Da sind sich auch die Fachleute nicht einig. Dr. Lutz Fähser, Vorgänger Ruprecht von Hagens und seit 35 Jahren heimisch in diesem Wald, vertrat als Vertreter des Bundes für Umwelt und Naturschutz (B.U.N.D) gänzlich andere Ansichten als von Hagen und Hausherr Ferdinand von Bismarck. Den Einsatz von Chemikalien lehnte Fähser total ab. Die andere Seite war der Meinung, man müßte es mit einer Mischung aus natürlichen bzw. biologischen

und chemischen Mitteln versuchen, dem Problem abzuhelfen. So setze man unter anderem auf die Ansiedlung von Ameisen und habe auch verstärkt Nistkästen für Vögel angebracht, da Vögel sich in erster Linie von Insekten ernähren. Dr. Hans

Fortsetzung auf Seite 2

Grot

Während der Begehung des Sachsenwaldes konnten sich die Teilnehmer, unter ihnen auch Ferdinand Graf von Bismarck (Mitte), über das Ausmaß der Schädigungen an Ort und Stelle informieren.

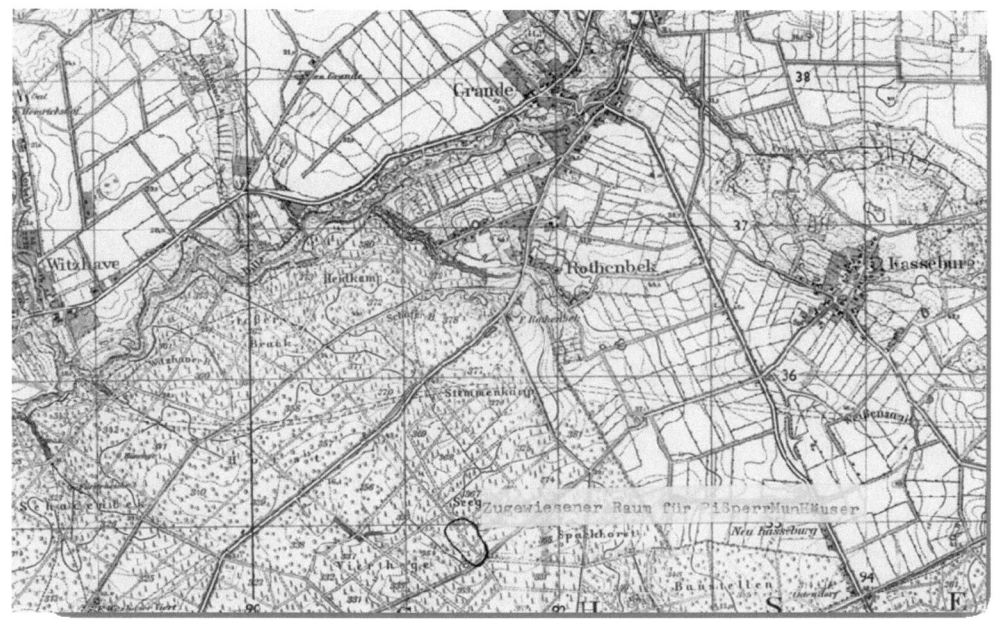

*Ein zugewiesener Raum für die Einlagerung der Pionierkampfmittel*
*in der Region östlich von Hamburg*

Erweiterungsflächen waren wegen der hohen Sicherheitsauflagen nicht zu beschaffen. Zu dieser Zeit führte die Fürstlich Bismarcksche Forstverwaltung im Sachsenwald einen Ortstermin über Waldschäden durch, an der auch der Fürst Bismarck teilnahm. Der auch anwesende OTL Grot erkannte die Gelegenheit und trug dem Fürsten die genannten Probleme vor. Dieser hörte aufmerksam zu und erklärte auf die Frage, ob der Bau von PiSperrMunH im Sachsenwald denkbar wäre: „Für die Landesverteidigung tue er alles". Daraufhin schlug die PiDstGrp 10 der Fürstlichen Verwaltung als Bauplatz für die MunH ein taktisch günstig gelegenes Gelände am Ostrand des Sachsenwaldes vor.

Als Gegenvorschlag dazu wies die Forstverwaltung ein Gelände am Rande Rohmmoores im nördlichen Teil des Sachsenwaldes an. Die PiDstGrp war einverstanden und begann mit der Detailplanung für den Bau von 10 PiSpMunH.

Nach Abschluss der Planungen wurde eine große Besprechung aller Beteiligten einberufen. Daran nahmen teil: Fürstliche Forstverwaltung, WBV I, TKSH, Kreisverwaltung Herzogtum Lauenburg und PiDstGrp 10. Zur Überraschung aller Beteiligten nahm die Fürstliche Forstverwaltung ihre Zustimmung zu diesen Vorhaben zurück. Hintergrund für diese überraschende Wende waren wohl Schwierigkeiten mit der Kreisverwaltung in Ratzeburg. Ungelöst blieben dabei aber die Schwierigkeiten der Bundeswehr bei der Einlagerung von PiKpfMitteln für den Sperreinsatz. Die Brüskierung der Bundeswehr war unübersehbar. Sie war jedoch der falsche Adressat.

## Gedanken zum Sperreinsatz in Hamburg

Beim Lesen der Berichte über das Ende des II. Weltkrieges in Hamburg 1945 fällt auf, dass sich die damals politisch Verantwortlichen bei dem Gedanken, die Elbbrücken könnten gesprengt werden, große Sorgen gemacht hatten. In der Tat wäre das damals für Hamburg ein großer Verlust gewesen und hätte den Wiederaufbau Hamburgs erheblich verzögert und erschwert.

Nach dem Aufflammen des Ost-West-Konfliktes begannen die Alliierten auf dem Boden der Bundesrepublik mit dem Einbau von Sperreinbauten in Brücken und anderen Verkehrseinrichtungen. Teilweise konnten sie dabei auf Sperreinbauten der Wehrmacht zurückgreifen, die im II. WK nicht ausgelöst wurden. Aufbauend auf diese Anlagen stellte sich nach der Wiederaufrüstung der Bundesrepublik Deutschlands die Frage nach dem Bau weiterer Anlagen unter Berücksichtigung der Verfassung des neuen Staates und des föderalen Aufbaus. Dabei wurde der Grundsatz entwickelt, dass zum Einbau von Sperreinbauten die Einwilligung des Baulastträgers vorliegen müsse, die Kosten aber für Einbau und Unterhaltung von der BRD zu tragen sei. Dazu seien mit jedem betroffenen Baulastträger Duldungsverträge abzuschließen. Schnell stellte sich heraus, dass auf Grund der Erfahrungen des letzten Weltkrieges einzelne Baulastträger nicht bereit waren, einen Duldungsvertrag abzuschließen.

Die Stadt Mannheim weigerte sich zu einem solchen Schritt beharrlich. Betroffen waren hier besonders die Rheinbrücken. Hätte man dieser Stadt nachgegeben, wäre in der Sperrlinie Rhein eine erhebliche Sperrlücke entstanden. Um das zu verhindern, wurde durch das Verteidigungsministerium der Rechtsweg beschritten. Dabei erwies es sich als nötig, den Rechtsweg bis zur letzten Instanz zu beschreiten. Herausgekommen ist dazu das sogenannte „Mannheimer Urteil", das die Stadt zur Zwangsduldung verpflichtete. Nach diesem Urteil war es dann leichter und einfacher, die Baulastträger von der Notwendigkeit und Rechtmäßigkeit von Sperreinbauten zu überzeugen. In Einzelfällen gab es danach Verzögerungen, um Sperrvorbereitungen besonders in Brücken zu verhindern, eine Verweigerung war jedoch nicht statthaft. Dem Verfasser ist nur eine Brücke in Bremen bekannt, die ohne Sperreinbauten blieb. Die höheren territorialen Stäbe des Heeres erwiesen sich in diesem Fall als wenig flexibel, um auf die Wünsche der Stadt einzugehen. Generell hat Grot aber die Erfahrung gemacht, dass nur die Verweisung auf die Rechtslage den Erfolg von Sperreinbauten sicherte. Es musste der Eindruck beim Baulastträger hergestellt werden, dass auch in den schwierigen Kriegslagen deren Belange gesichert werden und dass Schwerwiegenderes durch den Einbau vereitelt wird. Der Weg zu solcher Vertrauensgewinnung kann oftmals sehr schwierig und langwierig sein.

Was nun den Einsatz des Verfassers in Hamburg betrifft, muss festgestellt werden, dass die Freie und Hansestadt Hamburg den Duldungsvertrag für die in ihrer Baulast stehenden Bauwerke der Verkehrsinfrastruktur unterschrieben hat, so dass formal alle Bedingungen erfüllt waren. Aber erst durch die Verstärkung des VBK 10 und StoK Hamburg durch eine Spezialstabsabteilung Pionierwesen konnte die zivil-militärische Zusammenarbeit bei der Sperrbearbeitung wirksam erfolgen und die notwendige Vertrauensbasis geschaffen werden. Das Problem der Hamburger Brücken konnte jedoch nicht ausgeräumt werden. Die Unterbrechung der Süderelbeübergänge war durch die strategische Lage Hamburgs unausweichlich, um eine Gefährdung der linken Flanke der NORTHAG zu verhindern. Aber alle Sperreinbauten in Hamburg wurden auf das militärisch unbedingt notwendige Maß beschränkt. Um bei dem Ausfall aller Elbübergänge mindestens einen Übergang verfügbar zu haben, war eine Sprengung der Hubbrücke über die Süderelbe nicht vorgesehen. Stattdessen sollte die Brücke hochgefahren und gelähmt werden. Durch diese Maßnahme hätte diese Brücke schnell für den Verkehr wiederhergestellt werden können.

Es ist dem Verfasser nicht bekannt, welche Gedanken die Hamburger Politiker bei der Unterschreibung des Duldungsvertrages bewegt haben, jedoch hat die Stadt Hamburg die spätere Pionierdienstgruppe bei allen Tätigkeiten voll unterstützt. Auf Grund der militärischen Lage in und um Hamburg hat es keinen Zweifel an der Richtigkeit und Rechtmäßigkeit des Handelns gegeben.

# 17. Eine Verabschiedung nach 36 Dienstjahren - Ausklang

Der dänische Kamerad, der Major im Generalstab Liljefalk, meldete sich anlässlich seiner Pensionierung bei seiner Königin ab. Er reiste von Norre Sundgy über Schweden nach Kopenhagen und schickte seinen Säbel per Post voraus, um Schwedens Neutralität nicht zu brechen.

Grot erhielt seine Urkunde aus Anlass der Versetzung in den Ruhestand auf dem Postwege zugesandt und lieferte diese seinem Kommandeur aus, der sie beim Abschiedsappell dann Grot „feierlich" übergab.

Diese kurze Schilderung verdeutlicht den Umgang der Republik mit ihren Soldaten, die geschworen hatten, "die Freiheit und das Recht des deutschen Volkes tapfer zu verteidigen".

Aus Anlass seiner Beförderung zum Leutnant war ein vollständiger Offizierslehrgang angetreten. Warum ist ein Solches nicht auch zum Abschluss möglich? Neun Jahre hat Grot im Bereich TKSH DVB AFNORTH gedient. Eine Verabschiedung durch den Befehlshaber war offensichtlich nicht möglich. Immerhin wurde Grot aus dem Kreis der Wallmeister Schleswig-Holsteins während eines Wallmeisterabends feierlich entlassen.

Vor seiner Versetzung in den Ruhestand konnte Grot eine letzte Dienstreise zu seinen Pionierkameraden in den Niederlanden unternehmen. Nach zwölfjähriger enger Zusammenarbeit hatte sich ein gutes kameradschaftliches Vertrauensverhältnis herausgebildet. Ein umfangreiches Besichtigungsprogramm Niederländischer Festungswerke rundete den Besuch ab. Mit Wehmut nahm Grot Abschied von seinen Kameraden.

Beurteilungsvordruck A

| 01 Truppenteil/Dienststelle | 02 Personenkennziffer |
|---|---|
| Verteidigungsbezirkskommando 10 und Standortkommandantur Hamburg | 3C0334-G-10412 |

## Beurteilung

1. Ausfertigung
2. Ausfertigung

**Personelle Angaben**

| 03 Name | 04 Vorname | 05 Dienstgrad | seit |
|---|---|---|---|
| GROT | Klaus | Oberstlt | 20.12.72 |

| 06 Familienstand | 07 Familienwohnort | seit | 08 Alter und Ausbildungsstand der Kinder |
|---|---|---|---|
| verh | 2055 Dassendorf | 07.78 | 17 Sch, 19 Azubi, 21 St |

| 09 Schul-, Fachschul- u. Hochschul-Ausb | 10 Erlernter Zivilberuf | 11 Ausgeübter Zivilberuf |
|---|---|---|
| 30 | Maschinenschlosser | Beamter im BGS |

| 12 Diensteintritt Bw | 13 Ernennung z. Offz/PWLOAX – Dienstverh | | 14 Sicherheitsstufe |
|---|---|---|---|
| 01.07.56 | 28.02.57 | B | II |

| 15 TSK/Waffengattung/Fachrichtung | 16 Dienststellung | seit | 17 Unterstellt seit |
|---|---|---|---|
| H/Pi | PiStOffz | 01.04.82 | 01.10.83 |

| 18 Fremdspr | 19 Befähigungsnachw | 20 Lehrgänge | 21 Bekleidete Dienststellungen |
|---|---|---|---|
| Englisch / Bw-Führerschein | | a) Fach- und Verwendungslehrgänge ABC-AbwOffzLehrg SchießLehrer KpFhrLehrg schw.Behelfsbrückenbau Ölschadensbekämpfung b) Laufbahnlehrgänge | ZgFhr PiBtl ZgFhr PzPiZg KpChef AmphKp KpChef PzPiKp VerbOffz H bei Lw PrüfOffz Annahmestelle S3 Org DivStab PiOffz KTV Dezernent WBK PiStOffz VBK |

Englisch:

| A | B | I | II | III | S | A | B | C | D | E | F1 | F2 | F3 | F4 |
|---|---|---|---|---|---|---|---|---|---|---|---|---|---|---|
| x | | | | | | x | x | x | | | | | | |

Französisch:

| A | B | I | II | III | S |
|---|---|---|---|---|---|
| | | | | | |

Sonstige Nachweise: Steuermann-Schein f. M-Boot, Sportabz. Bronze, Sturm-flutmedaille

| A | B | I | II | S |
|---|---|---|---|---|
| | | | | |

**Verwendungswünsche des Beurteilten**

| 22 Zeitraum | Dienststellung | Örtlicher Bereich |
|---|---|---|
| a) in nächster Zeit | PiStOffz VBK 10 | Hamburg |
| b) auf weitere Sicht | GrpLtr G3/PiABC-Abw im WBK | Kiel/Hannover |

**Angaben zur Beurteilung**

| 23 Beurteilungsanlaß | Planmäßige Beurteilung | X Sonderbeurteilung |
|---|---|---|
| | 30.09.1985 | |

| 24 Hauptsächliche Beurteilungsgrundlage | Persönliche Kontakte | | | Arbeitsergebnisse | Beiträge Dritter |
|---|---|---|---|---|---|
| | tägliche | häufige | gelegentliche | | |
| | | | x | | |

| 25 zu berücksichtigende besondere Umstände | Bisher nur geringe Kenntnis | Einarbeitung | Bes. Belastungen | Fehlende Ausbildung |
|---|---|---|---|---|
| | | | | |

| 26 Fachbeurteilung *) des | ist beigefügt |
|---|---|

27 ... Anlageblätter *) sind beigefügt

*) Nichtzutreffendes streichen.

Dieser Vordruck ist nur auf dem Nachschubwege zu beziehen

Personll/Bw/0055/72/V

VersNr 7530-12-155-7779

**Persönlichkeitsbild**

**I. Charakterliche Merkmale**

**1. Einzelbetrachtung**

| | 1 | 2 | 3 | 4 | 5 | 6 | 7 | 8 | 9 | nb | St |
|---|---|---|---|---|---|---|---|---|---|---|---|
| a. Wille/Entschlußkraft | | X | | | | | | | | | |
| b. Psychische Belastbarkeit | | | X | | | | | | | | |
| c. Verantwortungsbewußtsein | | X | | | | | | | | | |
| d. Kameradschaft | | X | | | | | | | | | |
| e. Auftreten | | | | | X | | | | | | |

**II. Geistige Merkmale**

**1. Einzelbetrachtung**

| | 1 | 2 | 3 | 4 | 5 | 6 | 7 | 8 | 9 | nb | St |
|---|---|---|---|---|---|---|---|---|---|---|---|
| a. Auffassungsgabe | | X | | | | | | | | | |
| b. Denk- u. Urteilsvermögen | | X | | | | | | | | | |
| c. Mündlicher Ausdruck | | | X | | | | | | | | |
| d. Schriftlicher Ausdruck | | X | | | | | | | | | |

**III. Körperliche Merkmale**

**1. Einzelbetrachtung**

| | 1 | 2 | 3 | 4 | 5 | 6 | 7 | 8 | 9 | nb | St |
|---|---|---|---|---|---|---|---|---|---|---|---|
| a. Körperliche Belastbarkeit | | X | | | | | | | | | |
| b. Sportl. Leistungsfähigkeit | | | | | X | | | | | | |

**Dienstliche Eignung und Leistung**

**IV. Eignungs- und Leistungsmerkmale**

**1. Einzelbetrachtung**

| | 1 | 2 | 3 | 4 | 5 | 6 | 7 | 8 | 9 | nb | St |
|---|---|---|---|---|---|---|---|---|---|---|---|
| a. Einsatzbereitschaft | | X | | | | | | | | | |
| b. Zuverlässigkeit | | X | | | | | | | | | |
| c. Durchsetzungsvermögen | | X | | | | | | | | | |
| d. Zusammenarbeit | | | X | | | | | | | | |
| e. Fachkenntnisse | | X | | | | | | | | | |
| f. Vorschriftenbeherrschung | | X | | | | | | | | | |
| g. Technisches Verständnis | | X | | | | | | | | | |
| h. Praktisches Können | | X | | | | | | | | | |
| i. Planungsvermögen | | | X | | | | | | | | |
| k. Organisationsgabe | | | X | | | | | | | | |
| l. Lehrbefähigung | | X | | | | | | | | | |
| m. Diskussionsvermögen | | | X | | | | | | | | |
| n. Eign zur Menschenführung | | | | X | | | | | | | |
| o. Dienstaufsicht | | | X | | | | | | | | |
| p. Beurteilungsvermögen | | X | | | | | | | | | |
| q. Fürsorge für Untergebene | | X | | | | | | | | | |

. **Hinweise zur Steigerung der dienstlichen Leistungsfähigkeit**

I. Vorschläge, Stärken zu fördern

Seine große Erfahrung aus der Praxis des Pionierwesens im Territorialheer sollte in verantwortlichen Stabsstellungen genutzt werden.

II. Vorschläge, Schwächen zu beheben

keine

. **Zusammenfassende Beurteilung**

I. Bewährung in der derzeitigen Dienststellung

| | 1 | 2 | 3 | 4 | 5 | 6 | 7 | 8 | 9 | St |
|---|---|---|---|---|---|---|---|---|---|---|
| | | X | | | | | | | | |

II. Bewertung der Gesamteignung des Beurteilten

| | A | B | C | D | E | F | G | H | St |
|---|---|---|---|---|---|---|---|---|---|
| | | | X | | | | | | |

210

2. Ergänzende Kennzeichnung – Hauptwesenszug, Gefühl/Gemüt, vorherrschende Stimmungslage, Temperament, Antriebe, Persönlichkeitsreife

Aufrechterhaltung der Beurteilung vom 12.8.1983

2. Ergänzende Kennzeichnung – Bildungsfähigkeit und Bildungsbemühungen, allg. Bildungsstand, Schwerpunkte der geistigen Interessen, besondere geistige Fähigkeiten, Fähigkeit zum schöpferischen Denken (Kreativität)

Aufrechterhaltung der Beurteilung vom 12.8.83

2. Ergänzende Kennzeichnung – Körperliche Verfassung und Eignungseinschränkungen, äußeres Erscheinungsbild, Bemühungen um die Erhaltung der körperlichen Leistungsfähigkeit, besonders sportliche Fähigkeiten

Mittelgroße, kräftige Gestalt. Körperlich ausdauernd und voll den
dienstlichen Anforderungen gewachsen.

2. Ergänzende Kennzeichnung – Hauptaufgaben im Beurteilungszeitraum und die Art ihrer Ausführung –

G. ist Leiter der Pionierdienstgruppe Hamburg, der zwei Wallmeistertrupps unterstellt sind.
Die Sperraufgaben in seinem Verantwortungsbereich haben eine besondere, überregionale Bedeutung. G. hält engen Kontakt zu allen zuständigen alliierten und deutschen militärischen Dienststellen und
zivilen Behörden. Seine gründlichen Fachkenntnisse, seine Praxis-
nähe und sein Verhandlungsgeschick gewährleisten auf seinem Fach-
gebiet eine reibungslose Zusammenarbeit. Ihm wurde daher zeitweise
zusätzlich die Fachaufsicht über Nachbarbereiche übertragen,
als dort vorübergehend Ausbildungslücken bestanden. Auch dieser er-
weiterten Verantwortung hat er sich mit Engagement und Erfolg
gestellt.

E. Eröffnung

Die Abschnitte A-D dieser Beurteilung, die beigefügte Fachbeurteilung*) und ___Anlageblätter*) sind mir heute eröffnet worden:

Hamburg , den 22.Juli 1985
(Ort)                      (Datum)

(Unterschrift des Beurteilten)

*) Nichtzutreffendes ist zu streichen

211

E. Verwendungsvorschläge des Beurteilenden aufgrund des Gesamteindrucks des Beurteilten

I. Verwendung in nächster Zeit

Pionierstabsoffizier VBK 10 u. StOK Hmb

II. Verwendung auf weitere Sicht

Pionierstabsoffizier und Gruppenleiter G 3
im TerrKdo S-H oder WBK II

III. Eignungsnummern

| 1 | 2 | 3 | 4 | 5 | 6 |
|---|---|---|---|---|---|
|   |   |   |   |   |   |

Hamburg                , den 17. Juli 1985
(Ort)                            (Datum)

(Name, Diensigrad und Dienstsellung des beurteilenden Vorgesetzten)
Kaiser, Kapitän zur See
Kommandeur im Verteidigungsbezirk 10
und Standortkommandant Hamburg

3. Stellungnahme der höheren Vorgesetzten

I

| zum Maßstab des Beurteilenden | | | | |
|---|---|---|---|---|
| A | B | C | D | E |
|   |   |   |   |   |

_____ , den _____
(Ort)                            (Datum)

(Name, Diensigrad und Dienststellung des stellungnehmenden Vorgesetzten)

II.

_____ , den _____
(Ort)                            (Datum)

(Name, Diensigrad und Dienststellung des stellungnehmenden Vorgesetzten)

H. Eröffnung abweichender Stellungnahmen

Die abweichende Stellungnahme des

_____
(Dienststellung des Vorgesetzten)

ist mir heute eröffnet worden

_____ , den _____
(Ort)                            (Datum)

_____
(Unterschrift des Beurteilten)

*Beurteilung Oberstleutnant Grot 1985*

212

Heeresamt
Abt X 2 (3)

Köln, im März 1991

Herrn

Oberstleutnant Klaus Groot
V B K 10
Sophienterrasse 14
2000 Hamburg 13

Lieber Herr Groot,

nach einer recht langen erfolgreichen
militärischen Laufbahn melden Sie sich Ende März
aus dem "aktiven Funkkreis" ab.

Im Namen aller Territorialpioniere darf ich
mich an dieser Stelle noch einmal für Ihre
fundierten Ratschläge und echte Pionier-Kamerad-
schaft bedanken.

Lieber Herr Groot, das Dezenat X 2 (3) wünscht
Ihnen für Ihren neuen Lebensabschnitt alles Gute
und vor allem Gesundheit,
mit kameradschaftlichen Grüßen,
Ihr Uwe Koschoy

Im Namen der

## Bundesrepublik Deutschland

versetze ich

den Oberstleutnant

## Klaus Grot

nach Überschreiten der besonderen Altersgrenze seines Dienstgrades
mit Ablauf des 31. März 1991 in den Ruhestand.

Für die dem Deutschen Volke geleisteten treuen Dienste
spreche ich ihm Dank und Anerkennung aus.

Bonn, den 1o. Oktober 199o

Der Bundesminister der Verteidigung
In Vertretung

*Versetzungsurkunde in den Ruhestand*

Verteidigungsbezirkskommando 10
und Standortkommandantur Hamburg
- PiDstGrp -

2000 Hamburg 13, 28.03.91
Bw 111
Sophienterrasse 14
App. 492

## Übergabeverhandlung

1. Bei der Übergabe der Dienstgeschäfte

   von OTL GROT
   an OTL WENDT

   wurde am 25. März 1991 eine Überprüfung nach VWH 4 durchgeführt.

2. Das Gerät der Pionierdienstgruppe wurde durch Hptm Samuelsen
   und OFR Scharnetzki übernommen.
   eine Überprüfung gemäß Bestandslisten fand am 07.01.91 bzw.
   20.02.91 mit dem Ergebnis der Übereinstimmung statt.

3. Eine stichprobenartige Prüfung am 25.03.91 ergab keine
   Beanstandungen.


übergebender:

Grot
Oberstleuntnant

gesehen:

Kähler
Kapitän zur See

übernehmender:

Wendt
Oberstleutnant

*Übergabeprotokoll der Dienstgeschäfte*

Verteidigungsbezirkskommando 10
und Standortkommandantur Hamburg

2000 Hamburg 13, 04. Februar 1991
Sophienterrasse 14
Fsp (040) 4150 - 310

**D i e n s t z e u g n i s**

Herr Oberstleutnant Klaus Grot, geboren am 30.03.1934 in Hamburg, leistet
in der Bundeswehr Wehrdienst am 01.07.1956 bis zum 31.03.1991.
Er ist zur Zeit (seit 19.04.1982) als Pionierstabsoffizier eingesetzt.

1. **Ausbildungsgang, Lehrgänge, besondere Qualifikation/Berechtigungen/**
   **Befähigungsnachweise**

   - Fähnrichslehrgang
   - Lehrgang für ABC-AbwehrOffz a. Trp
   - Kompanieführer-Lehrgang
   - Kompaniechef-Lehrgang
   - Lehrgang für Maschinenbootfahrer
   - Lehrgang Schießlehrer leichte Infanteriewaffen
   - Lehrgang für Wirkungsberater Pioniersondermunition
   - Lehrgang für Behelfsbrückenbau
   - Stabsoffizierlehrgang
   - Lehrgang für Pionierstabsoffiziere VBK
   - Lehrgang für Ölschadensbekämpfung
   - Lehrgang für Festbrückenbau

   - Sturmflutgedenkmedaille
   - Tätigkeitsabzeichen für Personal im allgem. Heeresdienst in Bronze
   - Tätigkeitsabzeichen für Personal im Rohrwaffendienst in Gold
   - Deutsches Sportabzeichen in Bronze
   - DLRG-Grundschein
   - Bw-Führerscheine A, B, C
     (entspr. Motorradführerschein, Klasse III u. II)
   - Steuermannschein für Motorboote

   ...

*Dienstzeugnis, Blatt 1*

216

2. **Ausgeübte Tätigkeiten/Berufspraxis**

   - Gruppenführer
   - Zugführer
   - Ordonanzoffizier
   - Ausbildungsoffizier
   - Kompaniechef
   - Verbindungsoffizier Heer bei der Luftwaffe
   - Prüfoffizier
   - S3-Offizier im Bereich Organisation/Mobilmachung
   - Pionieroffizier
   - Pionierstabsoffizier und Dezernent

3. **Bewertung von Führung und Leistung**

   Seine Führung war sehr gut.
   In seiner Tätigkeit hat er sehr gute Leistungen gezeigt.

Kähler
Kapitän zur See
Kommandeur im Verteidigungsbezirk 10
und Standortkommandant Hamburg

*Dienstzeugnis, Blatt 2*

# EINLADUNG

Ort : Dassendorf
     Am Nienhegen 9
Zeit : 27. März   1991
     1700 Uhr

Ende März 1991 werde ich in
den Ruhestand versetzt.
Zur Verabschiedung, als Dank
für die gute Zusammenarbeit
lade ich Sie in mein Haus ein.

*Selbstgestaltete Einladung*

## Schlußbetrachtungen

Der Verfasser hat sich bemüht, in den vorangegangenen Zeilen aus seiner Erinnerung heraus aufzuzeigen, was er in den 36 Dienstjahren im Bundesgrenzschutz und in der Bundeswehr erlebt, gehört und getan hat. Zwar standen ihm einige Schrift- und Erinnerungsstücke zur Verfügung, maßgeblich musste er sich jedoch auf sein Gedächtnis verlassen. Herausgekommen ist dabei ein Protokoll dessen, was ihm bedeutend oder wichtig erschien. Allerdings spielte dabei auch ein Rolle, was für die Nachwelt wissenswert oder gar wichtig sein könnte.

Seit seiner Entlassung aus der Bundeswehr sind über 20 Jahre vergangen, in denen sich viele Dinge geändert haben oder schlichtweg vergessen sind. In den Archiven haben sich große Aktenbestände aus der Geschichte der Bundeswehr angesammelt, es wird aber großer Mühe bedürfen, Fakten und Zusammenhänge zu erkennen, die von Bedeutung sind.

So ist der Verfasser letzter Überlebender der Spezialstabsabteilung Pionierwesen des schon lange aufgelösten Kommandos der Territorialen Verteidigung, das damals die Aufgabe hatte, das Territorialheer zu führen. Diese Abteilung hatte den Auftrag, die Grundlagen für den Einsatz der Pioniere des Territorialheeres zu schaffen. Die dazu erforderlichen Befugnisse und Grundlagen waren außerordentlich umfangreich und weitreichend. Obgleich dort Grundlegendes für die Baulichen Anlagen der Territorialen Landesverteidigung geschaffen wurde, taucht diese Abteilung auch in der Fachliteratur kaum auf. In der Wiedergabe der Erinnerungen hat sich der Verfasser auf das Militärische beschränkt, obgleich die Politik oftmals weit in die Bundeswehr hinein wirkte. Der Autor denkt dabei z.B. an das Illerunglück oder an die große Rede des Herrn Bundespräsidenten Heuss zu der Frage der Tradition der Streitkräfte vor den Absolventen der Führungsakademie der Bundeswehr, oder aber auch an die Geschehnisse vor und während der öffentlichen Rekrutenvereidigung in einem Fußballstadion in Bremen. Die Zahl solcher Beispiele ließen sich problemlos erweitern. Die Einbeziehung solcher Ereignisse in der vorliegenden Publikation würde diese erheblich erweitern und den Verfasser zu großem, nicht leistbarem Aufwand zwingen. Es ist auch nicht die Absicht des Verfassers, ein militärisches Geschichtsbuch zu schreiben.

Die Bedrohung aus dem Osten durch die Truppen des Warschauer Paktes bildeten für die Bundeswehr während des Kalten Krieges das beherrschende Thema, dem sich alles unterzuordnen hatte. Jedoch wurden wenige

Truppenteile des Heeres in Bereitschaft gehalten. Besonderer Schwachpunkt waren die Entlassungstermine für die Wehrpflichtigen und die Neueinberufungen. Um diese Schwächephasen zu begrenzen, war es üblich, während der Grundausbildung ein Teil der Pionierspezialausbildung vorzuziehen. Dadurch sollten die Pioniereinheiten schnell bedingt einsatzbereit gestellt werden. Eine andere Möglichkeit war, das schwere Pioniergerät wie z.B. das Brückengerät ständig zu verlasten. Bei anderen Truppenteilen wurden ähnliche Maßnahmen getroffen, so bei den PzAufklBtl in der Nähe der innerdeutschen Grenze, deren Panzer ständig aufmunitioniert abgestellt wurden.

Bei den vorbereiteten Sperren wurde ständig nach Verbesserungsmöglichkeiten und Vereinfachungen gesucht, um die Einsatzmöglichkeiten zu forcieren. Zur Einbetonierung von Sprengladungen an besonderen Sperrstellungen wie in der Schweiz konnte man sich aber nicht entschließen.

Häufiger Wohnortwechsel durch Versetzungen waren in der Bundeswehr allgemein nicht sehr beliebt. Der Zwang zum Umgewöhnen oder auch die teilweise prekäre Wohnungslage mögen die Gründe hierfür sein. Anders beim Verfasser und seiner Familie. Der häufige Wohnortwechsel wurde auch als Chance gesehen, die Bundesrepublik näher kennenzulernen. So führte das Schicksal den Verfasser samt Angehörige in durchaus interessante und lebenswerte Landschaften, die das Leben bereicherten. Auch die vielen Dienstreisen und Lehrgangsbesuche zählten dazu. An- und Abreisen führten oftmals zu Unterbrechungen, um besondere kulturelle Höhepunkte aufzusuchen, wie die große Stauferausstellung in Stuttgart, die Ausstellung chinesischer Tonfiguren in Hildesheim oder die Ausstellung Blauer König in Schleißheim. Die Londonbesuche nach den Fortbildungsveranstaltungen für britische Pioniere in Chatham hat der Verfasser bereits genannt. Der Verfasser sieht diese Möglichkeiten durchaus als Bereicherung seines Lebens und möchte diese nicht missen.

Die zahlreichen Erkundungen, die der Verfasser zur Durchführung seiner Pionieraufgaben durchzuführen hatte, gaben oftmals einen tiefen Einblick in besondere Landschaften oder technische Objekte. Talsperren in der Eifel, der Neue Elbtunnel in Hamburg, Hubbrücken in Lübeck oder Hamburg, Schleusen an verschiedenen Gewässern gaben oftmals tiefe Einblicke in die jeweiligen Konstruktionen und können hier als besondere Beispiele aufgeführt werden.

Häufige Wechsel führten auch zu Bekanntschaften mit interessanten Menschen, die oft zu einer Vertiefung der besonderen Interessen des Verfassers führte, hier besonders geschichtlicher Art. Dies alles hat zweifellos zu einer Bereicherung des Lebens des Verfassers geführt, was er nicht missen möchte.

Betrachtet man dies und die zahlreichen Möglichkeiten, die der Verfasser hatte, mit den dabei obwaltenden freien schöpferischen Tätigkeiten, die seinen Dienst begleiteten, kann man durchaus von einem erfüllten Berufsleben des Verfassers sprechen.

# Anlage 01

1. <u>Verbesserungsvorschläge</u>

Klaus GROT                                    2000 Hamburg 13,
Oberstleutnant                                Sophienterrasse 14
                                              Tel (040) 4150 - App 492

Prüfungs- und Bewertungsausschuß
für das Vorschlagswesen beim
Bundesminister der Verteidigung
Postfach 13 28

5300  Bonn

V e r b e s s e r u n g s v o r s c h l a g
für Fallkörper vor Tunnelein- und ausfahrten oder Tiefstraßen

1.  In der Bundesrepublik Deutschland zu errichtende Sperreinbauten
    sind in der HDv 286/110 VS-NfD - Vorbereitete Sperren - festge-
    legt.

    Diese Sperreinbauten lassen sich jedoch aus unterschiedlichsten
    Gründen nicht immer verwirklichen, wie z.B. fehlende Duldung
    durch die Baulastträger, technische Schwierigkeiten, hohe Kosten
    oder nicht zu verantwortende Störungen der Verkehrsabläufe.

    Ein besonderes Problem bilden Sperreinbauten in oder an Tunnel-
    anlagen besonders dann, wenn sie nachträglich eingebaut werden
    sollen.

    Die in der o.a. Vorschrift festgelegten Sperreinbauten lassen
    sich in vielen Fällen nicht verwirklichen.

    Dieser Vorschlag geht davon aus, Fallkörper in abgewandelter Form
    und Aufstellung als Sperreinbau einzusetzen. Die Eingriffe in die
    zivile Verkehrsinfrastruktur sind dabei gering.

                                                              ...

2. Beschreibung des Fallkörpers

Der Fallkörper soll aus Stahlbeton mit verstärkter Stahlbewährung in einem Block für die zu sperrende Breite mit dem Querschnitt eines gleichschenkeligen Dreiecks hergestellt werden (Maße und Einzelheiten siehe Anlage 1).

Da der Fallkörper aus größerer Höhe abgeworfen werden soll, muß sichergestellt werden, daß die Sperrhöhe immer erreicht wird. Dies kann zum Beispiel bei dem in der o.a. HDv aufgeführten Fallkörper nicht sichergestellt werden. Bei der Querschnittsform des gleichschenkeligen Dreiecks ist dies jedoch immer gegeben. Denkbar wäre auch eine quadratische Form, die aber wegen der angestrebten Sperrhöhe zu einem noch höheren Gewicht des Fallkörpers führen würde.

3. Aufstellung des Fallkörpers

Der Fallkörper kann im Frieden bereits über der Sperrstelle aufgestellt werden. Die Montage muß mit einem Schwerlastkran erfolgen.

Dabei gibt es zwei mögliche Aufstellungsarten:

a. auf einem vorbereiteten Fundament mit Sprengbalken;

b. auf zwei Stahlträgern, von denen einer mit Ladungskästen zum Einbringen von Sprengmunition zu versehen ist.

Einzelheiten siehe Anlage 2 und 3.

Das hohe Gewicht des Fallkörpers, z.B. bei 9 m Länge 161 t, macht eine besondere Gründung der Auflager erforderlich, ist jedoch technisch zu realisieren.

4. Auslösen der Fallkörpersperre

a. Fundament mit Sprengbalken

Der Sprengbalken wird in ganzer Länge mit Sprengrohr geladen. Beim Sprengen der Sprengrohre wird der Sprengbalken zerstört, so daß der Fallkörper abkippt und in die Tiefe stürzt. Dabei

...

wird die Fahrbahn voll blockiert (siehe Anlage 3b).

b. Lagerung auf zwei Stahlträgern

Die Ladungskästen des einen Stahlträgers werden mit Sprengmunition geladen. Nach der Sprengung des Stahlträgers fällt der Fallkörper ebenfalls auf die Fahrbahn.

5. Zusammenfassung und Schlußbetrachtungen

Durch die waagerechte Aufstellung und neue Form können die Fallkörper bereits im Frieden aufgestellt werden.

In Einschnitten und zum Teil durch Rasterstrecken verdeckt, werden die Fallkörper oftmals der unmittelbaren Sicht entzogen. Die Fallkörper in abgewandelter Form können nicht überfahren werden. Die Beseitigung mit Truppenmitteln erfordert erheblichen Aufwand.

Die Auslösung der Fallkörpersperre kann mit geringen Kräften, Mitteln und in kürzester Zeit erfolgen.

Eine Beschädigung der Verkehrsanlagen bei Auslösung der Sperre verhält sich in mäßigen Grenzen.

Die Aufstellung der Fallkörper auf Fundamenten, wie in den Zeichnungen Nr. 3 dargestellt, ist wegen der einfachen, wartungsfreien Konstruktion anzustreben. Jedoch können besondere konstruktive Bedingungen, wie z.B. ein verengtes Lichtraumprofil über der Tunneleinfahrt dazu zwingen, um die gesamte Sperrbreite zu erfassen, die Aufstellung auf Stahlträgern wie in den Zeichnungen Nr. 2 dargestellt vorzunehmen.

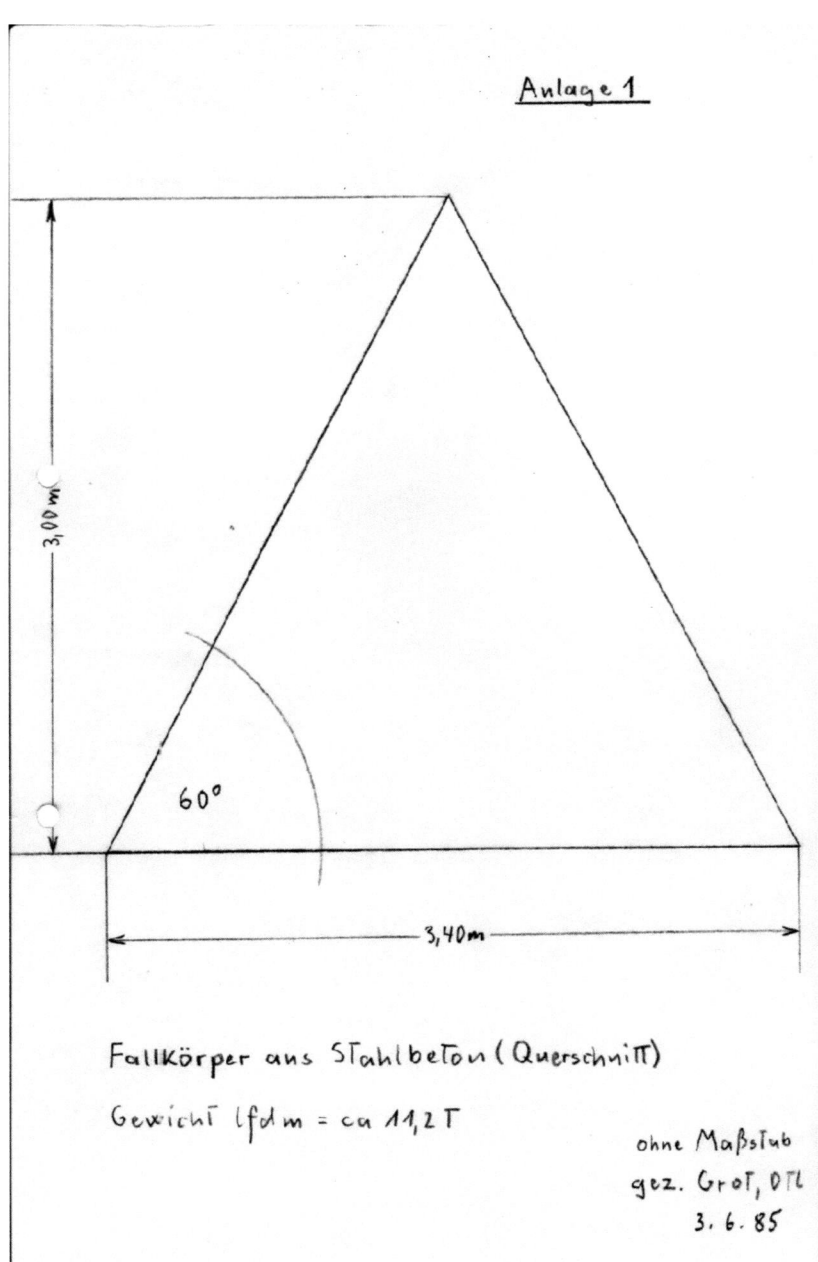

3,00 m

60°

3,40 m

Fallkörper aus Stahlbeton (Querschnitt)

Gewicht lfd m = ca 11,2 T

ohne Maßstub

gez. Grot, OTL

3. 6. 85

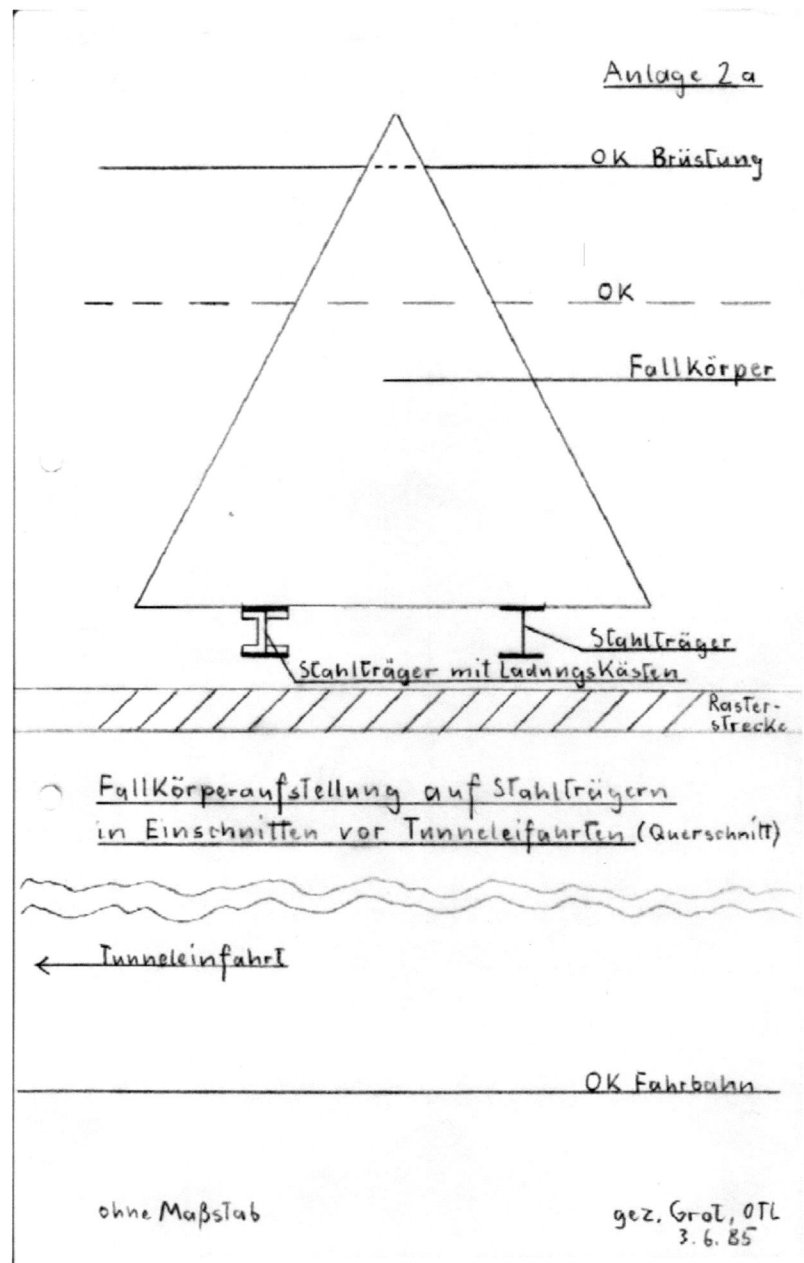

Anlage 2a

OK Brüstung

OK

Fallkörper

Stahlträger

Stahlträger mit Ladungskästen

Rasterstrecke

Fallkörperaufstellung auf Stahlträgern
in Einschnitten vor Tunneleifahrten (Querschnitt)

← Tunneleinfahrt

OK Fahrbahn

ohne Maßstab

gez. Grot, OTL
3. 6. 85

226

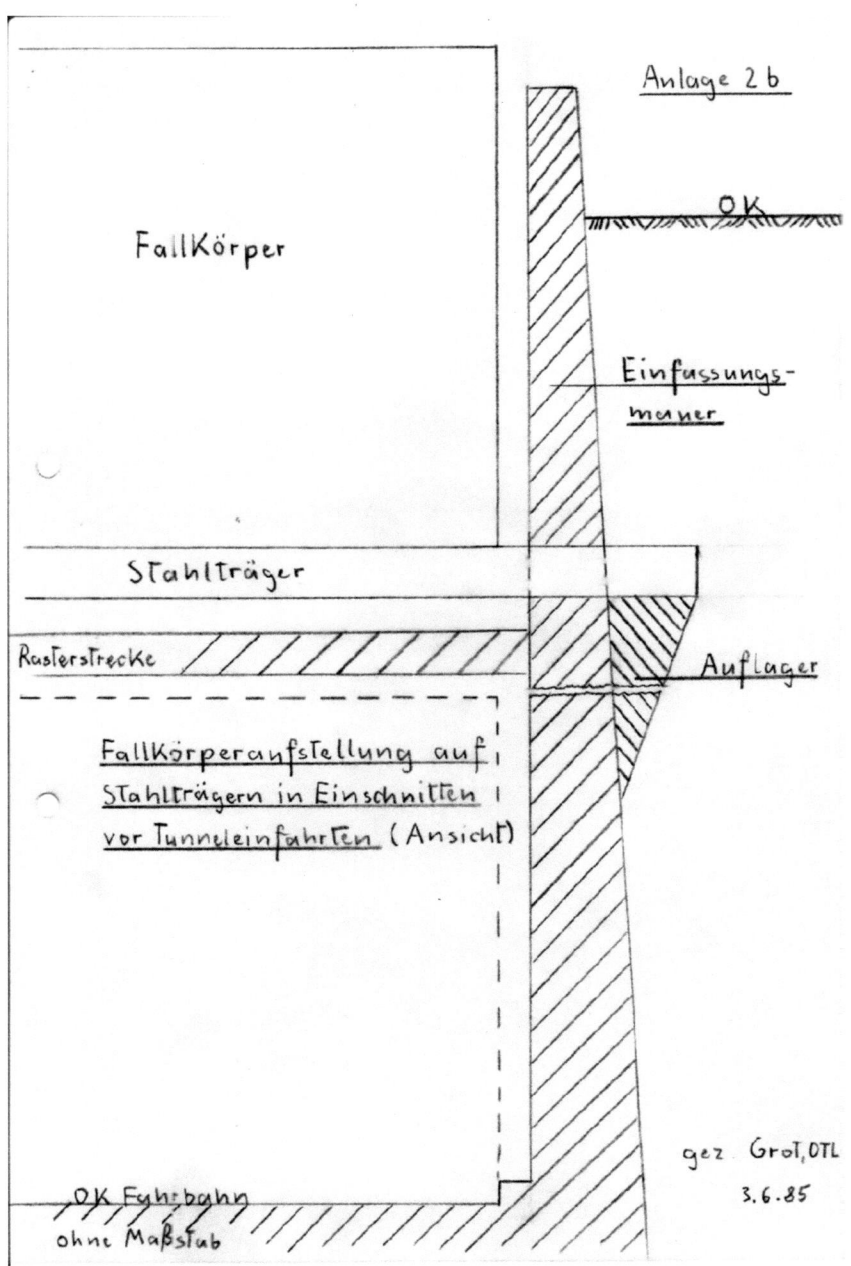

Anlage 2 b

FallKörper

OK

Einfassungs-
mauer

Stahlträger

Rasterstrecke

Auflager

FallKörperaufstellung auf
Stahlträgern in Einschnitten
vor Tunneleinfahrten (Ansicht)

gez Grot, OTL
3.6.85

OK Fahrbahn
ohne Maßstab

227

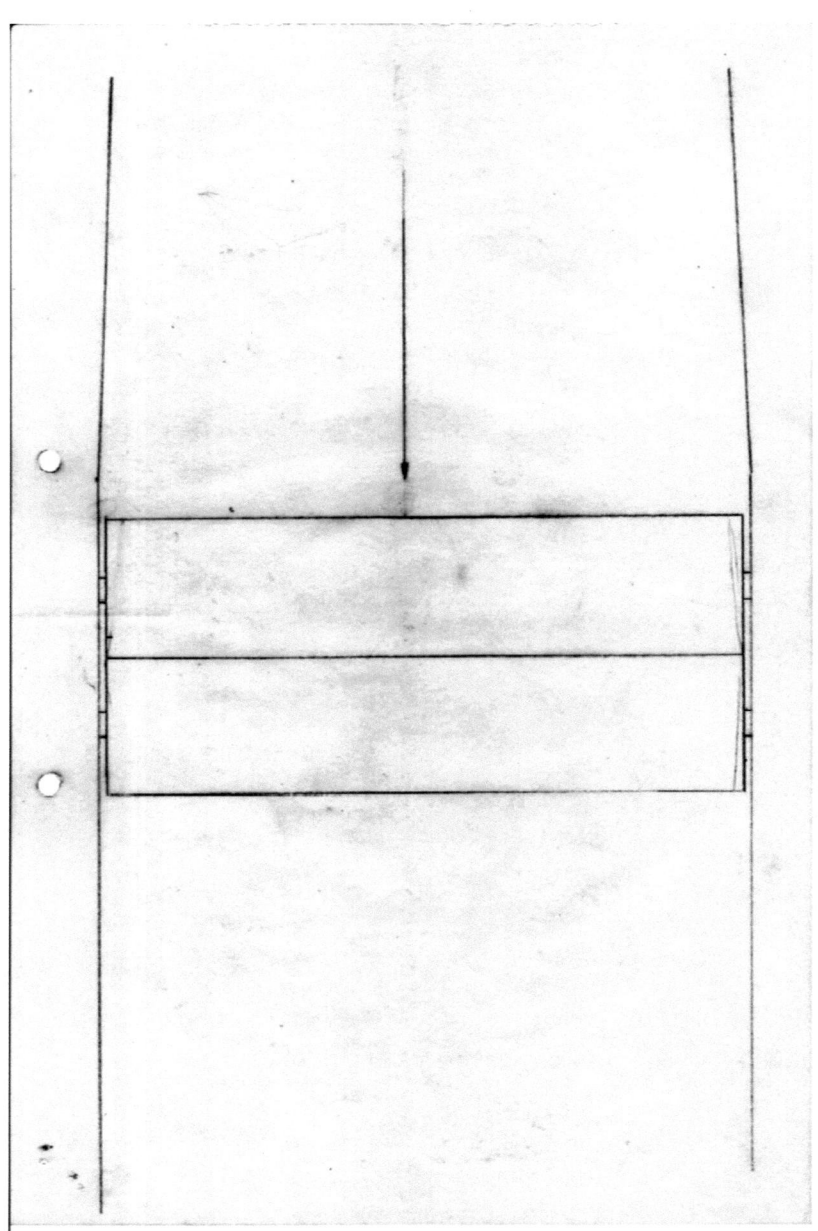

228

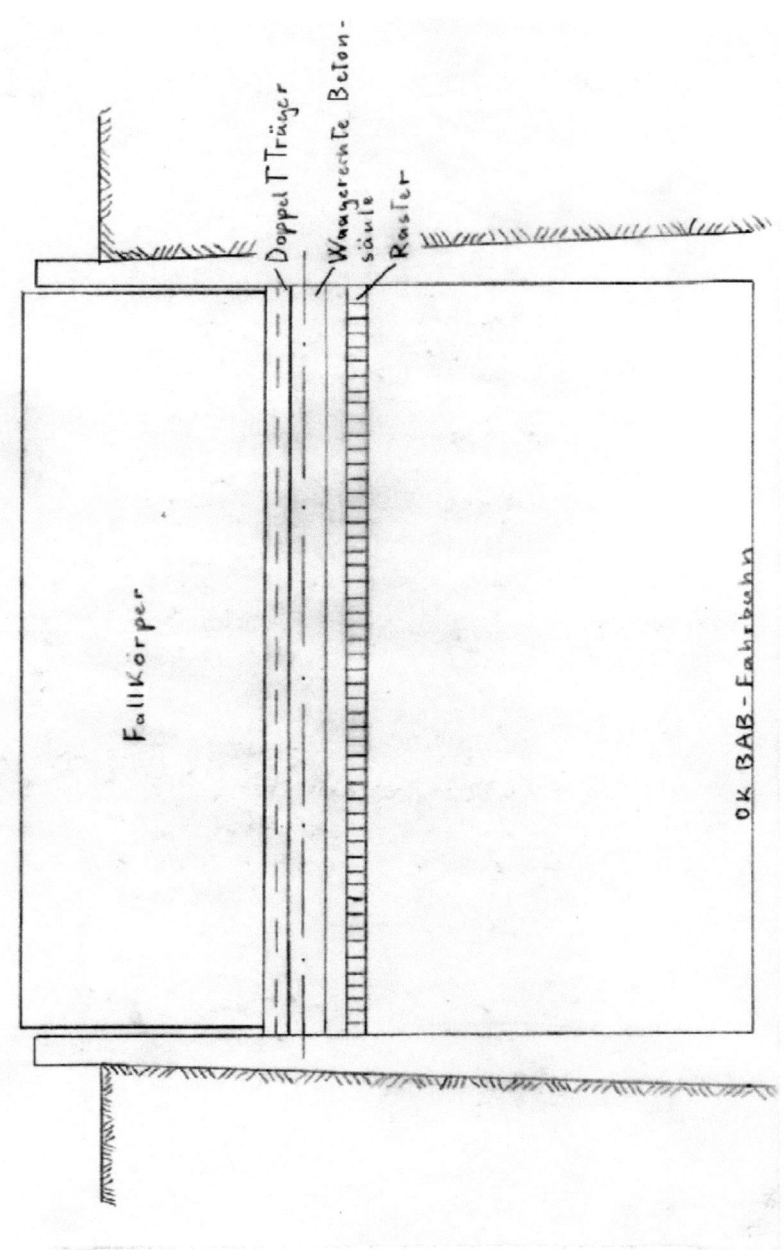

Doppel T Träger

Waagerechte Beton-
säule

Raster

Fallkörper

OK. BAB - Fahrbahn

229

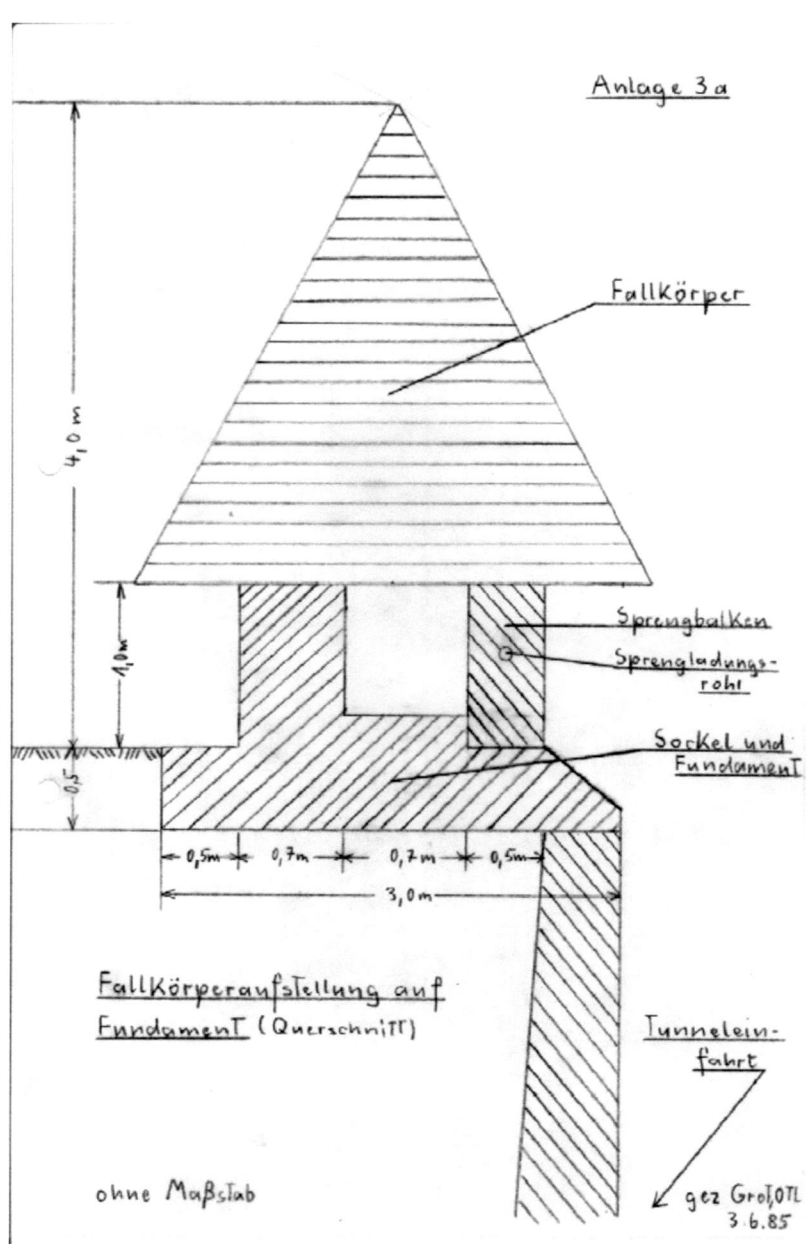

Fallkörper

4,0 m

1,0 m

Sprengbalken

Sprengladungs-
rohr

Sockel und
Fundament

0,5m — 0,7m — 0,7m — 0,5m

3,0 m

Tunnelein-
fahrt

Fallkörperaufstellung auf
Fundament (Querschnitt)

ohne Maßstab

gez Grof, OTL
3.6.85

230

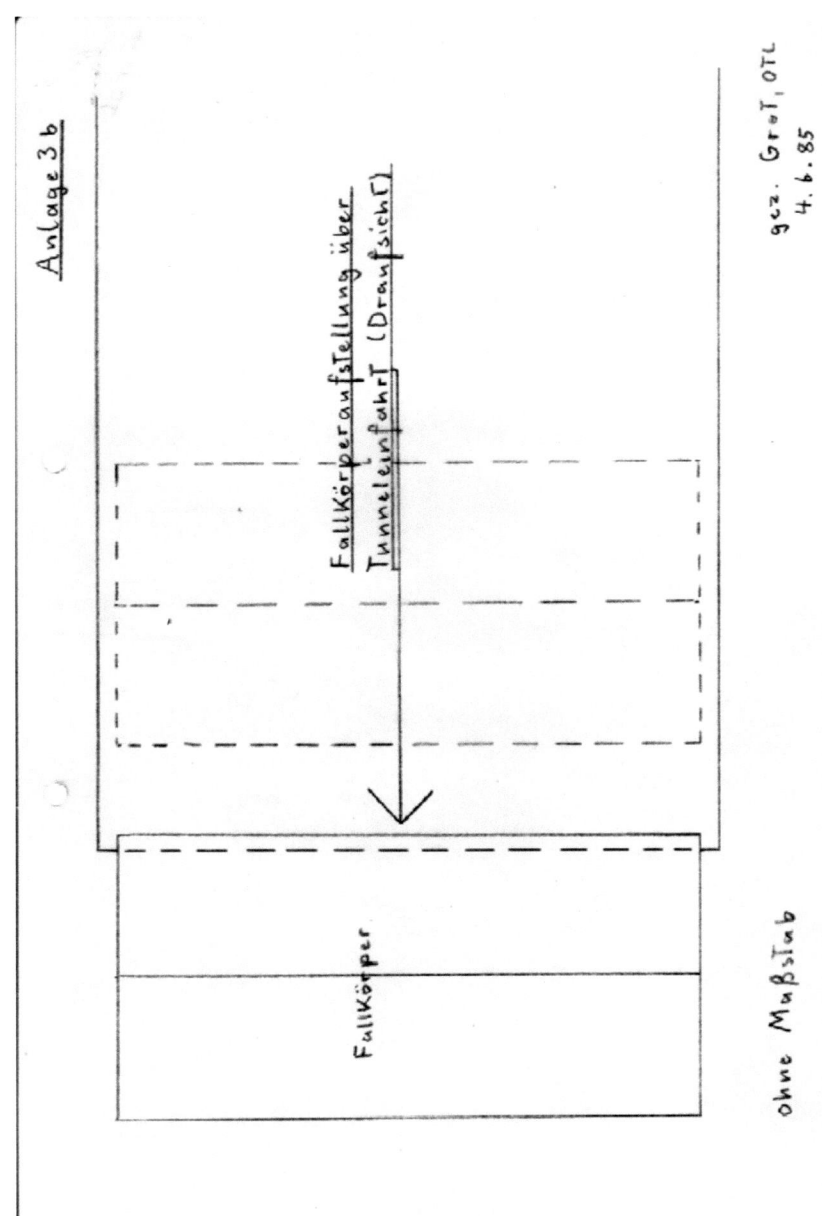

Anlage 3 b

Fallkörperaufstellung über Tunneleinfahrt (Draufsicht)

Fallkörper

ohne Maßstab

gez. Graf, OTL
4. 9. 85

231

Prüfungs- und Bewertungsausschuß
für das Vorschlagwesen beim
Bundesministerium der Verteidigung

Nr.:        811/85

Bonn, 24. OKT 1985

☎ (02 28) 12-24 70 / 28 06 / 28 08

Prüfungs- und Bewertungsausschuß für das Vorschlagwesen beim
Bundesministerium der Verteidigung, Postfach 13 28, 5300 Bonn 1

Herrn
Oberstleutnant Klaus Grot
Verteidigungsbezirkskommando 10
- Pionierdienstgruppe -
Sophienterrasse 14

2000 Hamburg 13

Betr.: Vorschlagwesen;
       Verbesserungsvorschlag "Fallkörper vor Tunnelein- und
       ausfahrten oder Tiefstraßen"

Anlg.: Stellungnahme der Fachstelle

Sehr geehrter Herr Grot!

Anliegend erhalten Sie die Stellungnahme der Fachstelle zu
Ihrem Verbesserungsvorschlag mit der Bitte um Kenntnisnahme.

Mit freundlichen Grüßen

Fritscher
Vorsitzender

Postanschrift: Postfach 13 28      Telefon         Telex         Telefax          Paketanschrift: Paketausgabe
              5300 Bonn 1          Vermittlung     0886575       (02 28) 12-5357                 5300 Bonn 1
                                   (02 28) 12-1

BMVg-Crg 4/02.85

232

**Stellungnahme der Fachstelle zum Verbesserungsvorschlag Nr** _811 / 85_

1. Eine Verbesserung gegenüber der Fallkörpersperre ist nicht erkennbar.

2. Der Aufwand für das Erstellen der vorgeschlagenen Sperren ist keineswegs geringer, weder finanziell, noch von der Baumaßnahme her.

3. Für einen Sonderfall (Tunnelsperre), die keinen anderen Sperreinbau zuläßt, wurde diese Sonderregelung im Einvernehmen mit dem Eigentümer/Baulastträger zur Verwirklichung festgelegt. Eine Militärische Bedarfsforderung zur Verwirklichung des Sperreinbaus ist in Arbeit.

Dienstgrad/Amts-/Dienstbezeichnung (bei Angestellten VergGr, bei Arbeitern LohnGr)

Oberstleutnant Klaus GROT
Arbeitsbereich

Pionierstabsoffizier VBK 10 u. StOK Hmb

Prüfungs- und Bewertungsausschuß
für das Vorschlagwesen beim
Bundesministerium der Verteidigung
Postfach 13 28

5300 Bonn 1

**Verbesserungsvorschlag nach den Richtlinien für das Vorschlagwesen der Bundeswehr**
(VMBl 1972, S 258; 1976, S 269)

| Bezeichnung des Verbesserungsvorschlages | Verbesserungsvorschlag betrifft | |
|---|---|---|
| Schaumsperrcontainer, absetzbar, objektbezogen | eigenen Arbeits- bereich  [x] | fremden Arbeits- bereich |

Anzahl und Art der Anlagen (Zeichnungen, Skizzen, Fotos, Muster und dergleichen)

3 Skizzen, 1 Ablichtung

1. Darstellung des derzeitigen Zustandes / Verfahrens mit Mängelbeschreibung

2. Ausführliche Beschreibung des Vorschlages und Darlegung des (ggf finanziellen) Nutzens

siehe Beschreibung Verbesserungsvorschlag

BMVg-Org 4-07/83

234

Klaus GROT
Oberstleutnant


Prüfungs- und Bewertungs-
ausschuß für das Vorschlagswesen
beim Bundesminister der Verteidigung
Postfach 1328

5300   B o n n


**V e r b e s s e r u n g s v o r s c h l a g**
**für die Anlage von Schaumsperren**


1.  Schaumsperren können besonders in Straßentunneln mit Hilfe von
    Leichtschaumgeneratoren angelegt werden. Zur Anlage einer Schaum-
    sperre in einem Tunnel ist es erforderlich eine Trennwand einzu-
    bauen, hinter die der Schaum gedrückt werden kann.
    Der Schaum baut sich dann hinter der Trennwand zu einer Sperre auf,
    die nicht durchfahren werden kann.


2.  Die Schwierigkeit zur Vorbereitung einer Schaumsperre im Frieden
    besteht darin, daß Einbauten für Schaumsperren in Tunnelanlagen
    nicht geschaffen werden können, da sie den Verkehrsablauf stören.
    Müssen Trennwände z.B. feldmäßig errichtet werden, ergibt sich
    ein hoher Zeitbedarf, der den Einsatzwert einer Schaumsperre min-
    dert und der dazu führen kann, daß die Truppe mit anderen Mitteln
    ihren Sp    auftrag zu erfüllen sucht.


3.  Der Verbesserungsvorschlag besteht darin, daß alle für die Anlage
    erforderlichen Mittel in einem Container zusammengefaßt werden.


                                                              ...

Dieser Container enthält

- einen Leichtschaumgenerator
- die notwendigen Schaummittel
- Betriebsstoffe
- Schläuche für Wasserzuführung
- Leitern und sonstige Hilfsmittel

in vorbereiteten Halterungen oder Behältern.

Außen am Container sind Klappen aus Leichtmetall angebracht, die
aufgestellt oder abgeklappt und arretiert den Tunnelquerschnitt
abdecken und so eine Schaumsperrwand bilden. Dies ist durch eine
Maßaufnahme am jeweiligen Tunnelprofil für das gesamte Sperrobjekt
vorzubereiten und bei der Fertigung sicherzustellen.
Gleichzeitig wird die an der Stirnseite des Containers befindliche
Schaumöffnung freigegeben, so daß der Leichtschaumgenerator vorge-
schoben und den Schaum durch die Öffnung in den Tunnel nach dem
Wasseranschluß produzieren kann.

DedrContainer kann im Frieden in einer Kaserne oder auf einem Bau-
hof abgestellt werden. Im Einsatzfall kann der Container von einem
Lkw aufgenommen und zum Einsatzort gebracht werden. In der Tunnel-
mitte abgestellt, kann die  Einsatzbereitschaft in kürzester Zeit
sichergestellt werden.

Um ein schnelles Aufnehmen und Abstellen des Containers sicherzustellen, wird vorgeschlagen die Aufstelltechnik des Großcontainers
HTg 7 zu übernehmen.
Natürlich sind auch andere Systeme denkbar. Auch der Container könnte,
allerdings ohne die zahlreichen Seitentüren, Verwendung finden. Ob
ein kleinerer, speziell gefertigter Container zum Einsatz kommen kann,
muß ein Preisvergleich ergeben.

# Schaumsperrcontainer, absetzbar, objektbezogen

## Längsschnitt

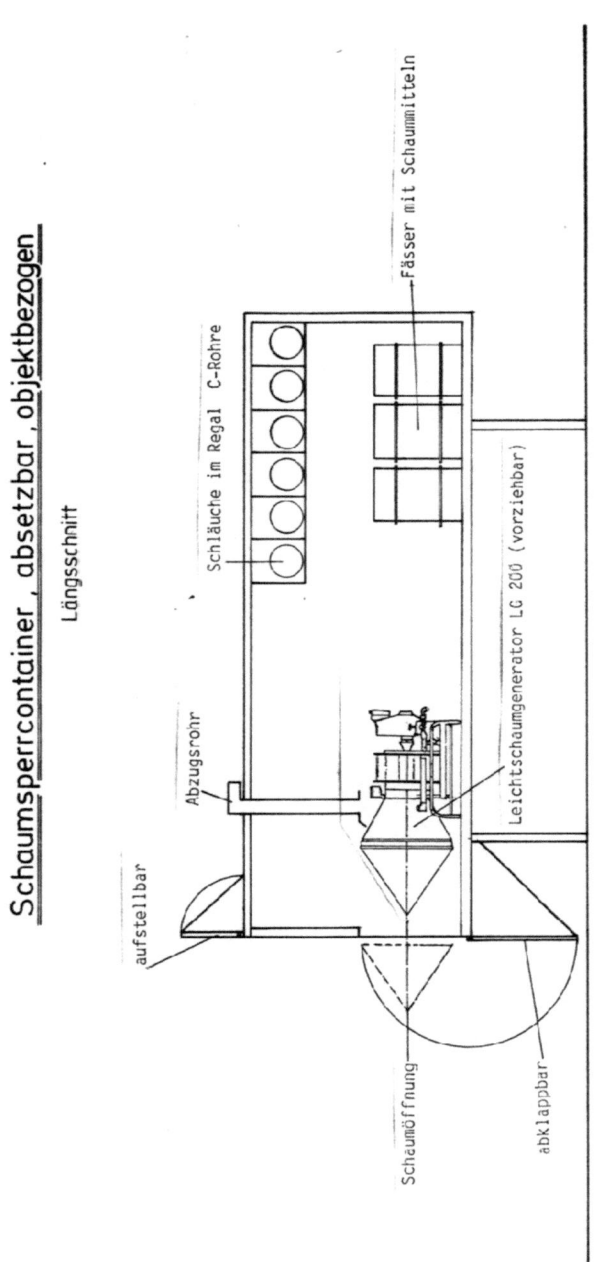

aufstellbar

Abzugsrohr

Schläuche im Regal   C-Rohre

Fässer mit Schaummitteln

Leichtschaumgenerator LG 200 (vorziehbar)

Schäumöffnung

abklappbar

Entwurf
OTL 1.1.1

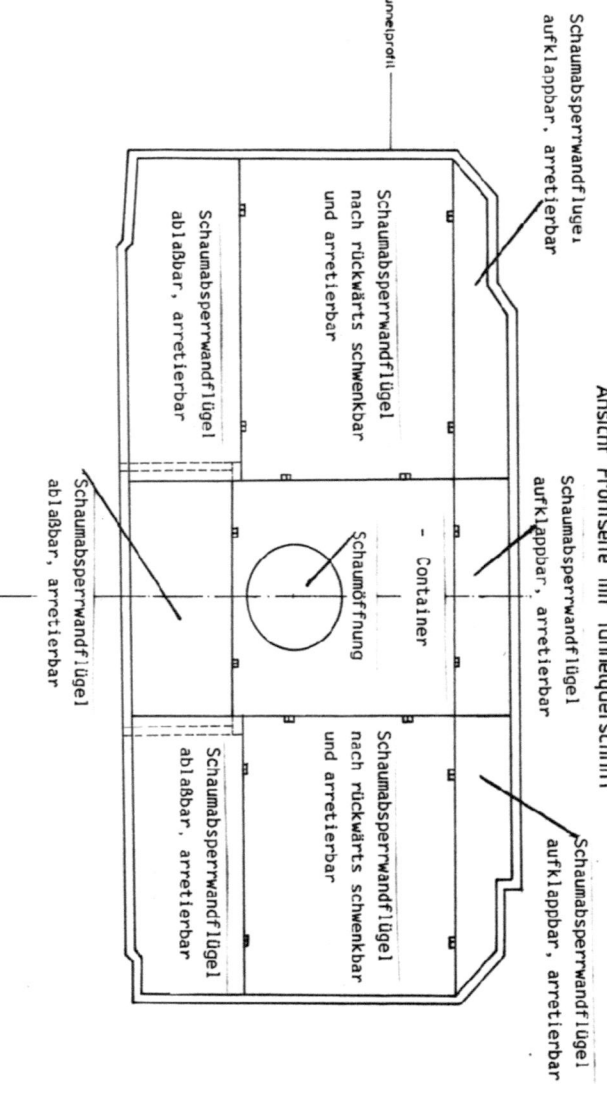

Schaumsperrcontainer, absetzbar, objektbezogen

Ansicht Frontseite mit Tunnelquerschnitt

Schaumabsperrwandflügel
aufklappbar, arretierbar

Tunnelprofil

Schaumabsperrwandflügel
nach rückwärts schwenkbar
und arretierbar

Schaumabsperrwandflügel
ablaßbar, arretierbar

Schaumabsperrwandflügel
aufklappbar, arretierbar

– Container

Schaumöffnung

Schaumabsperrwandflügel
ablaßbar, arretierbar

Schaumabsperrwandflügel
nach rückwärts schwenkbar
und arretierbar

Schaumabsperrwandflügel
aufklappbar, arretierbar

Schaumabsperrwandflügel
ablaßbar, arretierbar

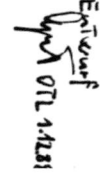

# Schaumsperrcontainer, absetzbar, objektbezogen

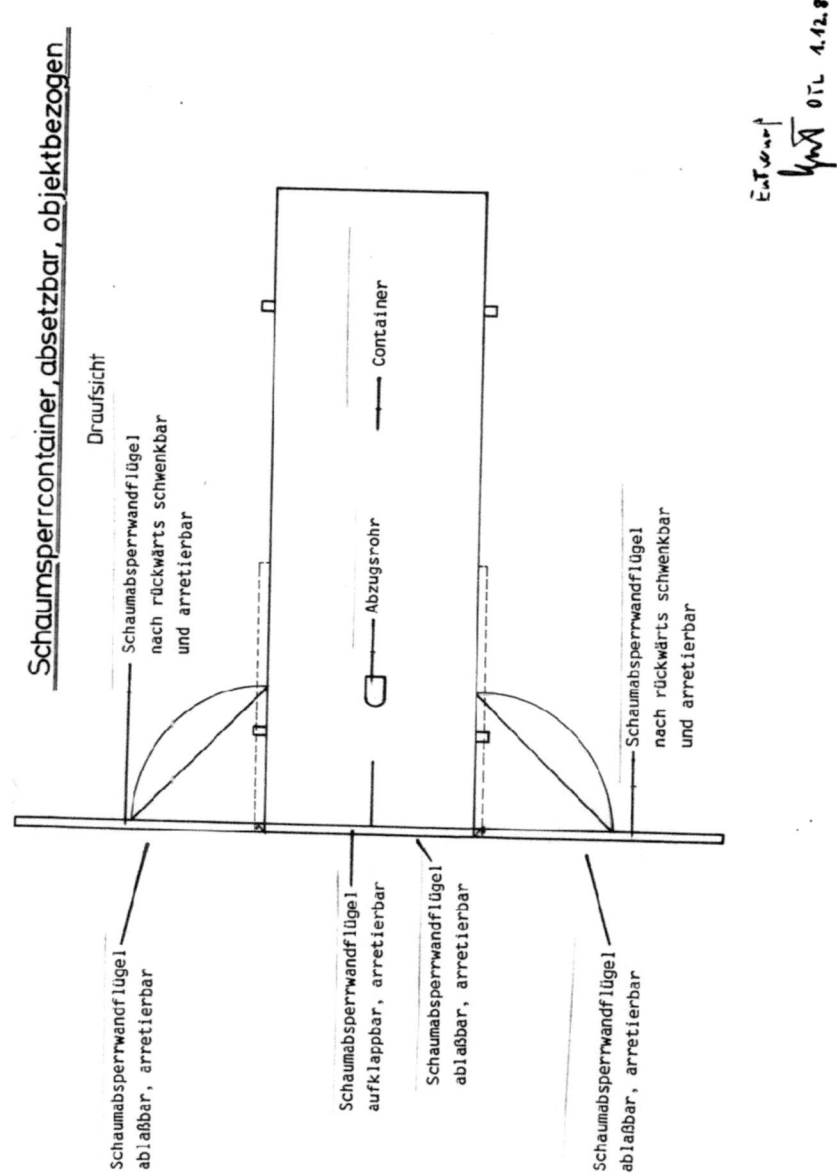

Draufsicht

Schaumabsperrwandflügel
nach rückwärts schwenkbar
und arretierbar

Container

Abzugsrohr

Schaumabsperrwandflügel
nach rückwärts schwenkbar
und arretierbar

Schaumabsperrwandflügel
ablaßbar, arretierbar

Schaumabsperrwandflügel
aufklappbar, arretierbar

Schaumabsperrwandflügel
ablaßbar, arretierbar

Schaumabsperrwandflügel
ablaßbar, arretierbar

Einverst.
OTL  1.12.88

239

# TRANSFRACHT

**Deutsche Transportgesellschaft mbH**

Mit zehn Prototypen eines neuen Containers — Länge 7,15 Meter, Breite 2,50 Meter, ausklappbare Stützfüße — kommt die Deutsche Bundesbahn dem Wunsch der Verlader nach einem Transportgefäß für großräumige und leichtgewichtige Güter entgegen. Dieser Container der Bauart Htg 7.277 ist für die Beförderung palettierter Güter sowie von Halbzeugen und Fertigprodukten mit Zuschnitt von 6 Meter geeignet.

Neuer Groß-container Htg 7

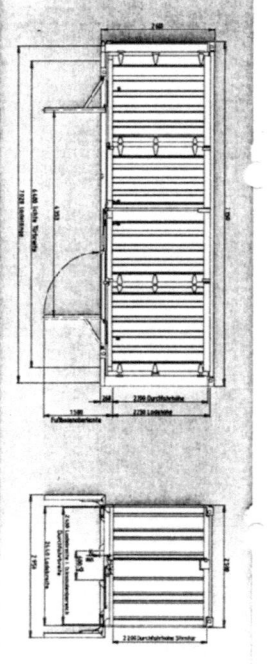

Faltseitenwände und eine zweiflügelige Hubschwenktür in einer Stirnwand ermöglichen der schnelle Be- und Entladung. Damit der Container mit bordeigenen Einrichtungen der Straßenzustellfahrzeuge vom Boden aufgenommen und auf dem Boden abgesetzt werden kann, ist er mit Stützfüßen ausgestattet. Die Zurringe im Boden- und Dachbereich sowie Verzurrelemente in den Seitenwänden erleichtern die Festlegung des Ladegutes.

Postfach 11 19 31
Gutleutstraße 160—164
6000 Frankfurt am Main 1
Fernsprecher (0611) 2389-0
Fernschreiber 4 14 545

Prüfungs- und Bewertungsausschuß
für das Vorschlagwesen beim
Bundesministerium der Verteidigung

Nr.: 2358/83

03. JULI 90

5300 Bonn 1,
Postfach 1328
(0228) 12-24 70/21 27

Herrn
Oberstleutnant
Klaus Grot
Verteidigungsbezirkskommando 10
u. Standortkommendatur Hamburg
Sophienstraße 14

2000 Hamburg 13


Betr.: Verbesserungsvorschlag
Schaumspercontainer, absetzbar, objektbezogen

Anlg.: Stellungnahme(n) der Fachstelle(n)


Sehr geehrter Herr Grot!

Anbei erhalten Sie die Stellungnahme(n) der Fachstelle(n) zu Ihrem
Verbesserungsvorschlag mit der Bitte um Kenntnisnahme.


Mit freundlichen Grüßen
Im Auftrag


Kreuser

241

**Stellungnahme der Fachstelle zum Verbesserungsvorschlag Nr** 2358/88

Der Verbesserungsvorschlag bringt bei Großobjekten erhebliche Vorteile durch
Zeit- und Personalersparnis für die Vorbereitung der Sperrmaßnahme. Weitere
Vorteile ergeben sich daraus, daß der Container gleichermaßen für die Lagerung,
den Transport, die Tunnelabschottung und als Geräteträger verwendet wird.
Diesen Vorteilen steht der Nachteil des höheren finanziellen Aufwandes gegen-
über.
Daraus ergibt sich insofern eine Einschränkung der Anwendung, als diese Mehr-
kosten nur für besondere Objekte vertretbar erscheinen.
Bei diesen Objekten allerdings werden die Mehrkosten durch die damit verbundenen Vorteile mehr als aufgewogen.

## Durch Grot eingereichte Verbesserungsvorschläge

| | | |
|---|---|---|
| 1. | Unterbrechung von Start- und Landebahnen | Nicht prämiert |
| 2. | Verwendung von deutschen Halteschienen für britische und deutsche Schneidladungen bei Sperrvorbereitungen an Brücken | 200,- Prämie |
| 3. | Verwendung von Containern zur Lagerung von Steckträgern und anderen Objekt-/Sperr-zubehör für Steckschachtanlagen in Straßen | 150,- Prämie |
| 4. | Formänderung an Abschlusskästen für waagerechten Einbau an Straßensprengschächten | 300,- Prämie |
| 5. | Tunnelsperre | 150,- Prämie |
| 6. | Schaumsperrcontainer, absetzbar, objektbezogen | 1.200,- Prämie |
| 7. | Hilfen zum Laden von Straßensprengschächten (Scheiterte an Sicherheitsbedenken BWB) | Nicht prämiert |

# Anlage 02

2.  Die Pionierdienstgruppe VBK 10 und StOKdo Hamburg 1982 - 1991
    Kurze Darstellung

Die Pionierdienstgruppe

VBK 10 und StOKdo Hmb

1982 bis 1991

Kurze Darstellung

Zusammenstellung

OTL a.D. K.Grot

# Inhaltsverzeichnis

## Vorbemerkungen

Diese Schrift soll kurzgefaßt Auskunft über die Pionierdienstgruppe 10 Hamburg und deren Tätigkeit in einer Zeit
geben,die durch den kalten Krieg geprägt war.

Unter dem Eindruck einer übergroßen Bedrohung durch die
Kräfte des Warschauer Ppaktes wurden im Großraum Hamburg
umfangreiche Sperrvorbereitungen getroffen,durch die ein
schnelles Vordringen feindlicher Kräfte in Richtung Jüt-
land und über die Elbe nach Südwesten verhindert werden
sollte.

Grundlage dieser Tätigkeiten waren die Operationsbefehle
der Nato, die Führungsweisung Nr.5 der Bw(Vorbereitete
Sperren) und Pioniervorschriften.

Einige Sperrvorbereitungen gehen bis in die Zeit 1949/51
zurück. Mit Aufstellung der Bundeswehr wurde der Bau von
Sperrvorbereitungen in Hamburg -oft gegen erhebliche politische Widerstände - vorangetrieben.So konnte der Einbau
von Sperrvorbereitungen im Neuen Elbtunnel erst nach 20
Jahren durchgeführt werden.

Nach Aufstellung der Pi Dst Grp 10 1982 wurden die Sperrvorbereitungen im Großraum Hamburg mit großem finanziellen
Aufwand umgebaut und modernisiert, um den Einsatz der Pioniere der Nato Truppen zu erleichtern,den Grad der Unterbrechungen an Brücken herabzusetzen,den Munitionseinsatz zu
verringern und um die Schäden an den Bauwerken und deren Umgebung zu minimieren.

Die Elbbrücken standen dabei im Vordergrund der Bemühungen.
Sie waren für den Einsatz des I.NL Korps deshalb von großer
Bedeutung, weil bei Erhalt eine Umfassung von dessen linker
Flanke befürchtet wurde.

Der Verfasser dieser Zeilen bewertet es als einen Glücks-
fall der Geschichte,daß die von ihm gplanten und ausgeführ-
ten Sperrvorbereitungen im Großraum Hamburg nicht ausgelöst
werden mußten.

Den Ernst der Lage möge aber verdeutlichen,daß die Artilleriestellungen jenseits der innerdeutschen Grenze schon vorbereitet waren und das westlich gelegene Gelände um den Elbe-Lübeck-Kanal - also das Angriffsgelände - eingehend erkundet
und auch kartographiert worden war.Unter den Eintragungen befanden sich auch vom Verfasser angelegte Sperrobjekte.

Alle Angaben sind aus dem Gedächtnis heraus niedergeschrieben
worden.Nur für das Kapitel Aufstellung und Organisation standen Unterlagen zur Vefügung.

Dassendorf,im März 1999

Darstellung einer frühen Einsatzplanung im Süden Hamburgs nach 1945

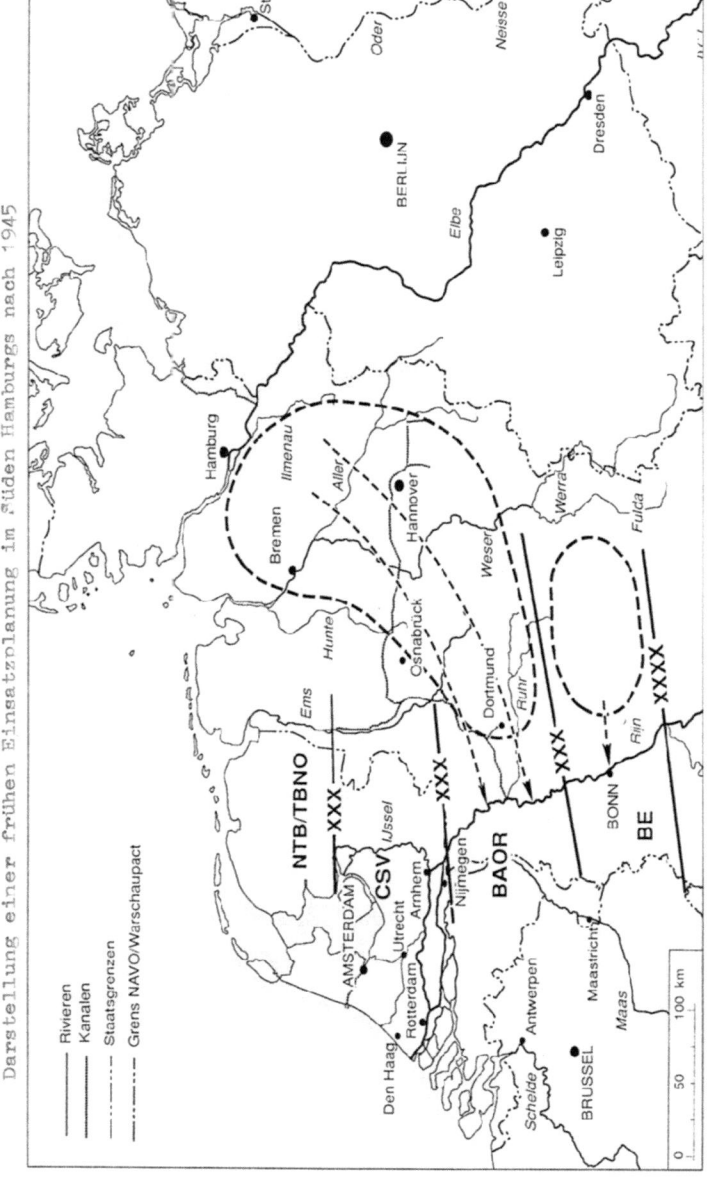

De Rijn-IJssel verdediging in 1949-'51; de vakken der Nederlandse (CSV), Britse (BAOR) en Belgische (BE) troepen (tek. D.C. Loogwater)

249

<u>Aufstellung und Organisation der Spezialstabsabteilung</u>
<u>Pionierwesen und der Wallmeister in Hamburg zwischen</u>
<u>1957 und 1992</u> (Kurzer Abriß)

Die Aufstellung des Verteidigungsbezirkskommando 10 und
Standortkommandantur Hamburg geht im Grunde genommen auf
ein Schreiben des BMVg vom 11.3.1957 zurück, in dem die
Absicht fest gelegt ist die TerrOrg der Bw in Schleswig-
Holstein und Hamburg unter dem WBK I durch Schaffung von
Bezirks und Kreiskommandanturen zu erweitern.

In beiden Kommandos sind als Bausteine Spezialstabsabtei-
lungen vorgesehen, mit den Unterabteilungen/Sachgebieten
Pioniertechnische Führungshilfen und Vorbereitete Sperren.
Schon im Dezember 1957 ist in Hamburg unterhalb dieser
Führungsebene die Wallmeistergruppe 114 mit den Wallmeister-
trupps 138 und 114 unter dem Kdo WBKI vorhanden.

In SH werden am 1.5. 1958 die beiden TV-Stäbe in Flensburg
und Neumünster aufgestellt.Die WmGrp 114 wird dem Kdo Neumünster unterstellt.In Hamburg mit den dort zahlreich stationierten Truppenteilen ist bereits eine Standortkommandantur vorhanden.

Durch Befehl des Kommandos der Territorialen Verteidigung
(KTV) vom 27.12.1960 wird die Wm Grp 114 aufgelöst und als
Teileinheit Pi/WmGrp in das StOKdoHbg eingegliedert.Nur der
WmTrp 138 wird dem StOKdoHbg unterstellt.Erster PiStOffz in
Hamburg ist OTL Hinzmann.

Durch Befehl WBK I vom 20.10.1966 werden dem StOKdo Hbg die
Wm Grp 115 und die Wm Trp 135,136,137 zusätzlich unterstellt.
Mitte der sechziger Jahre wird OTL Ohm PiStOffz in Hamburg.

Durch Umgliederung des StOKdo Hbg am 28.4.1972
entfällt die SpezStAbt Piwes und der PiStOffz.Nur der Wm
Trp 138 verbleibt in Hamburg.Dieser wird am 1.10.1973 in
Wm Trp 100/1 umbenannt und dem VBK 10 u.StoKdo Hbg direkt
unterstellt.Im besonderen Afgabenbereich Pionierwesen unter-
steht er dem TK SH.
Am 1.4.1982 wird im VBK 10 u.StoKdo Hbg eine Spez.St.Abt.
PiWes mit einem Pi StOffz,2PiOffz und 1 T.Zeichner aufgestellt.
Wm Trp 100/1 und der neu in Hamburg aufgestellte WmTrp 100/2
werden der Spez.St .Abt.PiWes. im besonderen Aufgabenbereich
unterstellt.
Am 1.10.1982 wird die Pionierdienstgruppe im VBK 10 u.StOkdo
Hbg aufgestellt.Fast gleichzeitig werden der PiDstGrp die
WmTrp 113/1 u.2 Lübeck,113/5 Bad Oldesloe und 113/3 Elmen-
horst im besonderen Aufgabenbereich unterstellt.
Diese Aufstellung wird 1986 aufgehoben.
1989 erfolgt der Unterstellungswechsel WmTrp 100/2 unter
VKK Bad Segeberg um die regionale Zuständigkeit in Überein-
stimmung zu bringen.
Von 1982 bis 1991 ist OTL Grot PiStOffz in Hamburg.

Auszug aus einem Schreiben des BMVg vom 11.3. 1957
Entwurf über Planung von Bezirks - und Kreiskommandanturen


A.a).........
  b)Aufgabenkatalog:
    Die Planung für Schleswig-Holstein(je eine Bez.- Kdtr
    in Flensburg und Hamburg) ist zu gering.Das Gebiet
    Hamburg ist wegen seiner Größe und der Besonderheit
    seiner Lage (Welthafen) schon allein geeignet, eine
    Bez.-Kdtr voll auszulasten.Es wird daher vorgeschlagen,
    von Anfang an eine dritte Bez.-Kdtr für Neumünster vor-
    zusehen.

Aufgaben der PiDstGrp 10 Hamburg

Die Aufgaben der PiDstGrp erstreckten sich auf folgende Tätig-
keitsbereiche

-Vorbereitete Sperren

und

-Pioniertechnische Führungshilfen

In einzelnen zählte dazu

A Vorbereitete Sperren

  -Erkundung,Planung und Unterhaltung von Sperreinbauten

   und

  -Erkundung und Planung von feldmäßigen Sperren

Bis zur Wende 1989 wurden im Großraum Hamburg folgende Sperrlinien auf Forderungen der NATO-Truppen verstärkt und modernisiert

  - ELBE von LAUENBURG bis zur MÜNDUNG

  - ELBE-LÜBECK-KANAL (zeitweise)

  -SACHSENWALD-LÜTJENSEE

  -KRÜCKAU

Alle Übergänge über die ALSTER von der Quelle bis zur AUSZEN-
ALSTER waren als feldmäßige Sperren erfaßt.

B Pioniertechnische Führungshilfen

  -Erkundung und Herstellung von Gewässerfolien für folgende

   Gewässer

   - ELBE von LAUENBURG bis zur MÜNDUNG

   - BILLE einschließlich SCHWARZE AUE

   -ALSTER

   -KRÜCKAU

  -Dokumentation von Hilfsquellen für den Pioniereinsatz

   für die Einsatzräume der Wallmeistertrupps 100/1 und 100/2

Zur Durchführung der geschilderten Aufgaben hatte die
PiDstGrp mit folgenden militärischen und zivilen Dienststellen zusammen zu arbeiten:

-Militärischer Bereich

  -101 NL Geniegevechtsgroep

  -NL Bureau Voorbereiding Voorzieningen aan Kunstwerken

  -20NL VersKdo

-Sperrverband HAMBURG

-Panzergrenadierbrigade 16

   -Pionierbataillon 6 zugleich DivPiFhr

   -   -- " --     61

- Ziviler Bereich

  -Innenbehörde HAMBURG

  - Amt für Strom- und Hafenbau

  - Amt für Brücken-und Flughafenbau

  - Bundesbahndirektion HAMBURG

  - Straßenneubauamt Ost EUTIN

  - Kreis Herzogtum LAUENBURG-Kreisverwaltung

  - Landespolizeidirektion HAMBURG

einschließlich unterstellter Dienststellen

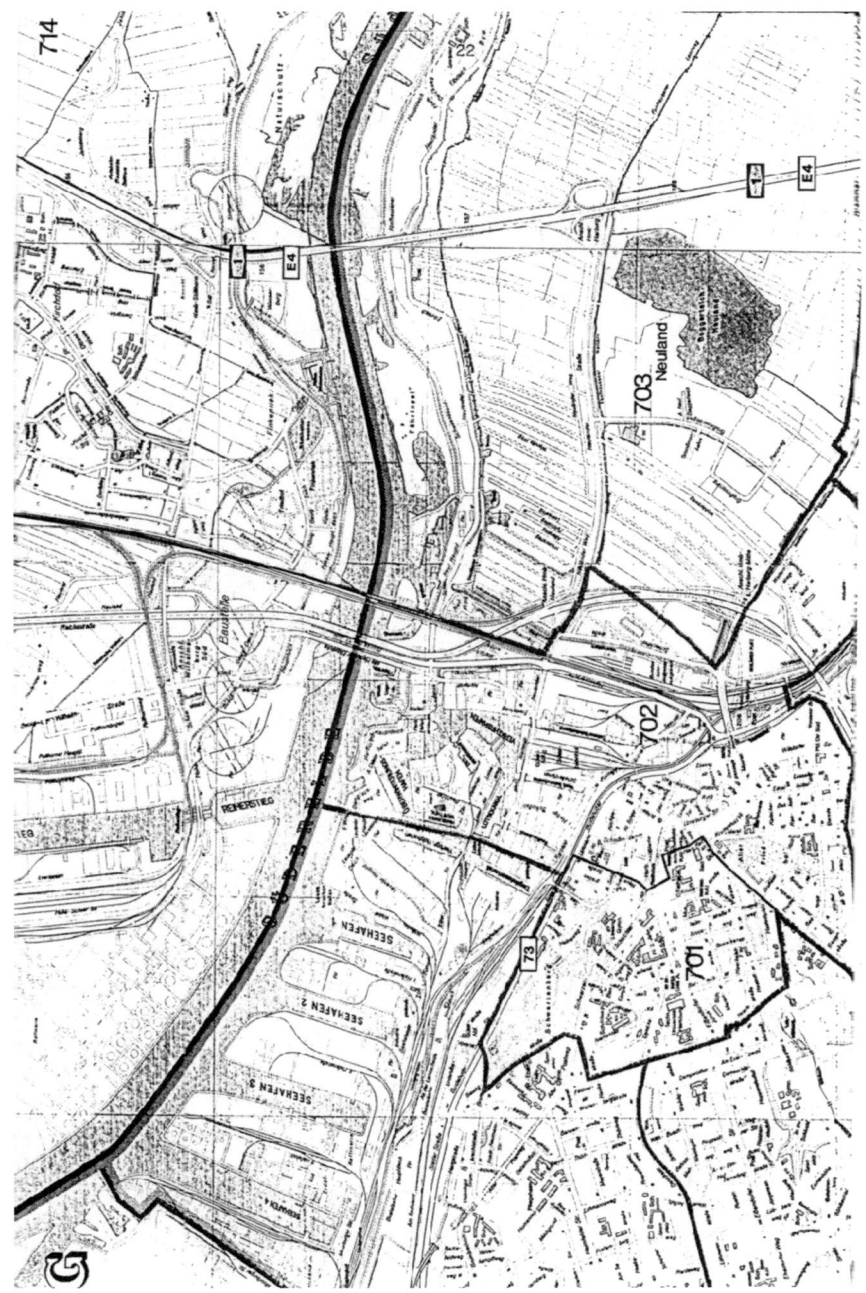

255

AUTOBAHNBRÜCKE ÜBER DIE ELBE (HH 3)

Die Brücke wurde 1982 mit 2 Trennschnitten und geplanten Sprenglücken
von 102 m übernommen. Zwei Arbeitsbühnen aus Holz lagen im alten
Teil der Brücke unter den Trennschnitten. Die Trennschnitte waren nur
mit den in der Brücke vorhandenen Brückenwagen zu erreichen. Zwei
Brückenwagen waren handgetrieben, einer maschinengetrieben, der erst
in einem Tage betriebsklar gemacht werden müßte.
Bei Auslösung der Sperrvorbereitungen wäre die Brücke total zerstört
worden.
Nachdem der TÜV beide handgetriebenen Wagen für sicherheitsgefährdet
erklärt hatte, wurden diese ausgebaut.
Die Neuplanung und der Bau der Sperrvorbereitungen war unumgänglich.
Beide Trennschnitte wurden in ein Brückenfeld gelegt, mit einem Abstand
von 45 m.
Die vom BVVK erstellten Ladungsvorbereitungen wurden wiederverwen-
det. Das BVVK mußte aber wegen ungleicher Deckenkonstruktion einen
Teil der Ladungen neu erstellen.
Unter beiden Trennschnitten wurden Arbeitsbühnen fest eingebaut,
einschließlich der Auskragungen.
Die Permanente Zündleitung wurde am Südufer, ca. 100 m von der Brücke
entfernt mit einem Zündbunker versehen.
Die Zündung der Brücke konnte nach einer Umschaltung von jeweils
nördlichem oder südlichem Ufer erfolgen.
Bedarf an Sprengmunition 1377 kg.

## Querschnitt BAB-Brücke über die ELBE

### im Zuge BAB 1 / E 4

In der Brücke waren 2 Trennschnitte vorhanden mit

- Ladungshaltern für gesamten Brückenquerschnitt
- Ladebühnen quer unter der Brückenfahrbahn
- Ladeleitern im alten Brückenteil
- Durchstiegsluken in den Längsträgern der neuen Brücke
- permanent Zündleitung mit fester Zündstelle am Südufer

## EISENBAHNBRÜCKE ÜBER DIE ELBE

Südlich der neu errichteten Eisenbahnbrücke waren in der Eisen-
bahnstrecke 9 SS 6,5 m tief durch TK SH eingebaut. Munitionsbedarf 6,5 t.
Trotz dieser Vorbereitungen und des Aufwandes wäre die Brücke
unzerstört in Feindeshand gefallen.
Daher wurden ein Trennschnitt, ca. 60 m vom Südufer entfernt
und eine permanente Zündleitung in die Brücke eingebaut.
Der Munitionsbedarf wurde auf 650 kg verringert. Dadurch sollte
auch die Umgebung der Brücke vor Zerstörungen bewahrt bleiben.
Die Sperrvorbereitungen konnten unter der Vorflutbrücke, nachdem Zugangsleitern eingebaut worden waren, ohne Störung des Zug-
verkehrs durch die Truppe geladen werden.

## STRASSENBRÜCKE IM ZUGE DER WILHELMSBURGER REICHSSTRASSE ÜBER
## DIE ELBE  (HH 5)

Bei Aufstellung der PiDstGrp waren in dieser Brücke bereits 2 Trennschnitte mit Arbeitsbühnen und Leitern vorhanden. Die Trennschnitte
lagen jedoch in 2 verschiedenen Brückenstrecken mit ca. 100 m Abstand von einander. Ebenfalls war eine permanente Zündleitung vorhanden.
Eine Auslösung dieser Sperrmaßnahmen hätte ebenfalls zu einer Zerstörung der Brücke geführt.
Nach Fertigstellung HH 7 wurden auch die Sperrvorbereitungen HH 5
modernisiert und den Bestimmungen der FüWeis. Nr. 5 angepaßt.
Zwei Trennschnitte wurden auf Höhe der Trennschnitte der paralell
liegenden Brücke HH5 neu eingebaut. Gleichzeitig wurden die Zugangs-
stege und Leitern in den Trennschnitten neu konstruiert.
Durch den Einbau von Luken konnten die TS von der Brückenfahrbahn
erreicht werden.
Die permanente Zündleitung wurde ebenfalls modernisiert,
Munitionsbedarf 310 kg.

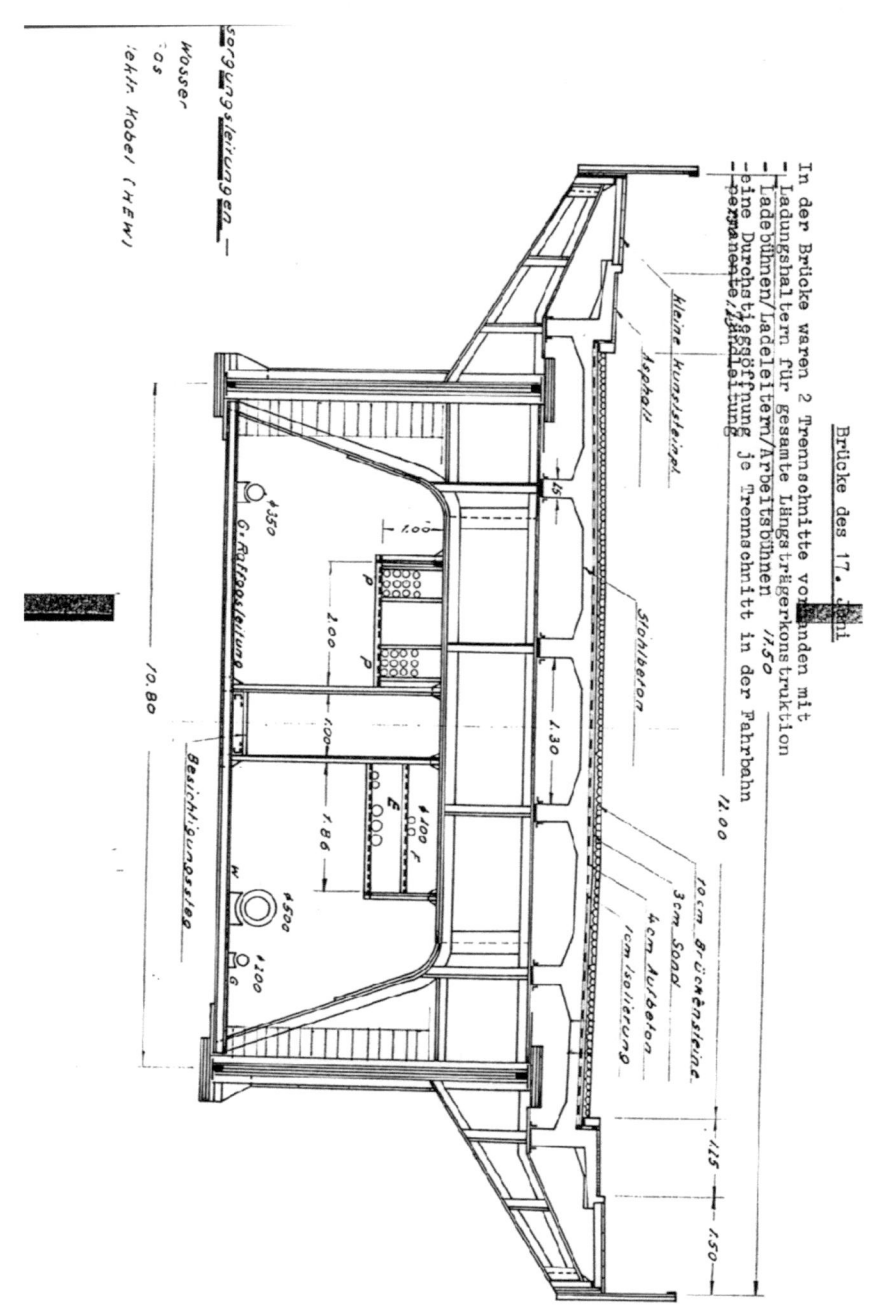

## NEUE AUTOBAHNBRÜCKE ÜBER DIE ELBE (HH 7)

Diese Brücke war bei Aufstellung der PiDstGrp im Bau. Die Planung
und der Einbau der Sperrvorbereitungen konnten so zeitgleich mit
dem Brückenbau erfolgen.
In der Brücke waren zwei Trennschnitte im Abstand von 45 m in der
nördlichen Stromstrecke angeordnet. Die Vorbereitungen bestanden
aus Schienen für Schneidladungen DM 19, je Trennschnitt einer Arbeitsbühne und einer permanenten Zündleitung.
Diese wurde zur zentralen Zündstelle Nordufer / Südufer geführt.
Von dort konnten auch die Sperrgebiete HH 5 und HH 6 gezündet werden.

## ALTE STRAßENBRÜCKE ÜBER DIE ELBE HH 6 (MUSEUMSBRÜCKE)

In dieser Brücke befanden sich die Sperrvorbereitungen im nördlichen Brückenfeld.
Sie bestanden aus Ladungshalterungen, Ladungsbühnen mit Leitern
und einer permanenten Zündleitung zur Zündstelle Nord und Süd.
Im Zuge der Renovierung der Brücke wurden sämtliche Sperrvorbereitungen erneuert.

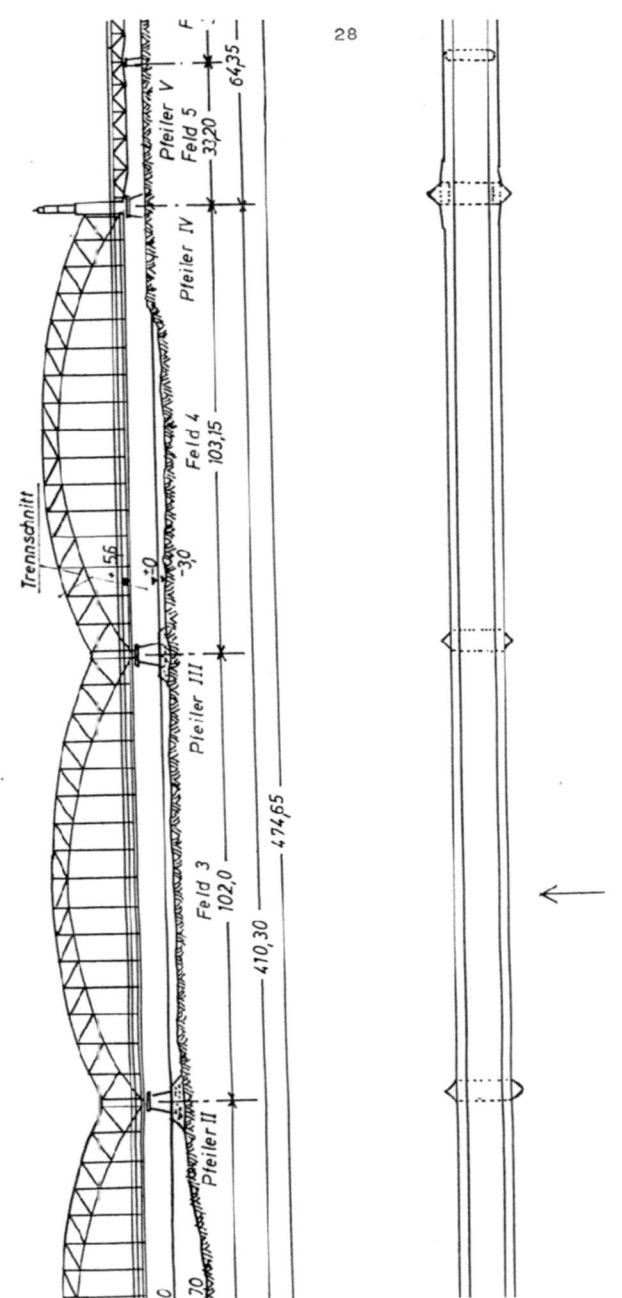

28

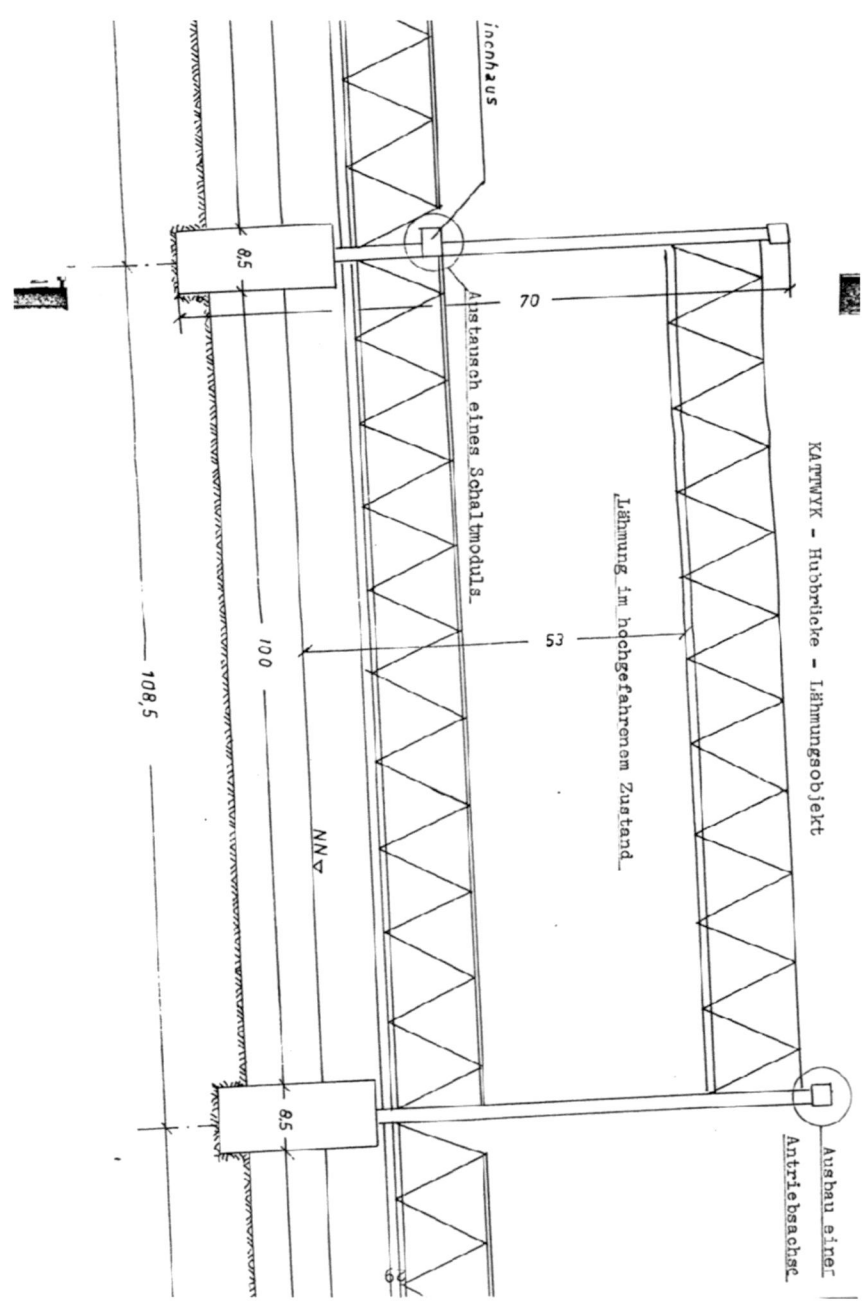

264

## HUBBRÜCKE ÜBER DEN KÖHLBRAND (HH 16)

Diese Brücke sollte nicht gesprengt, sondern nur gelähmt werden.
Dazu sollte die Brücke hochgefahren werden.
Danach sollte im westlichen oberen Maschinenhaus eine Antriebs-
achse ausgebaut und in der Elbe versenkt werden. Weiter sollte in
der Schalttafel ein Bedienungsmodul ersetzt werden.
Ein Absenken der Brücke war danach nicht mehr möglich.
Sämtliche Einzelheiten waren im Sperrheft für dieses Sperrobjekt
präzise vermerkt.
Eine Ersatzantriebsachse und ein Bedienungsmodul lagen in der
Unterkunft Sophienterasse bereit, so daß die Brücke relativ
schnell hätte wieder in Betrieb gehen können.

## KÖHLBRANDBRÜCKE (HH 15)

Bei der Planung von Sperrmaßnahmen in der Köhlbrandbrücke wurde auf
Sperrmaßnahmen in der Stahlbrücke verzichtet, da dies zu einer
Totalzerstörung dieser Brücke geführt hätte.
Statt dessen wurde ein Trennschnitt auf der Westseite der Zufahrts-
straßenbrücke unmittelbar hinter der Stahlbrücke angelegt. Eingebaut wurden Halteschienen für Schneidladungen.
Durch eine Bodenluke konnte die Sprengmunition mit einer Winde
(sowohl Handbetrieb wie auch elektrischer Antrieb) in die Brücke
gezogen werden.
Später wurde im Hohlkasten der Stahlbetonstrecke noch eine Arbeits-
brücke eingebaut. Die permanente Zündleitung wurde mit einer beto-
nierten Zündstelle in der Nähe der westlichen Brückenauffahrt
versehen.
Munitionsbedarf 664 kg.

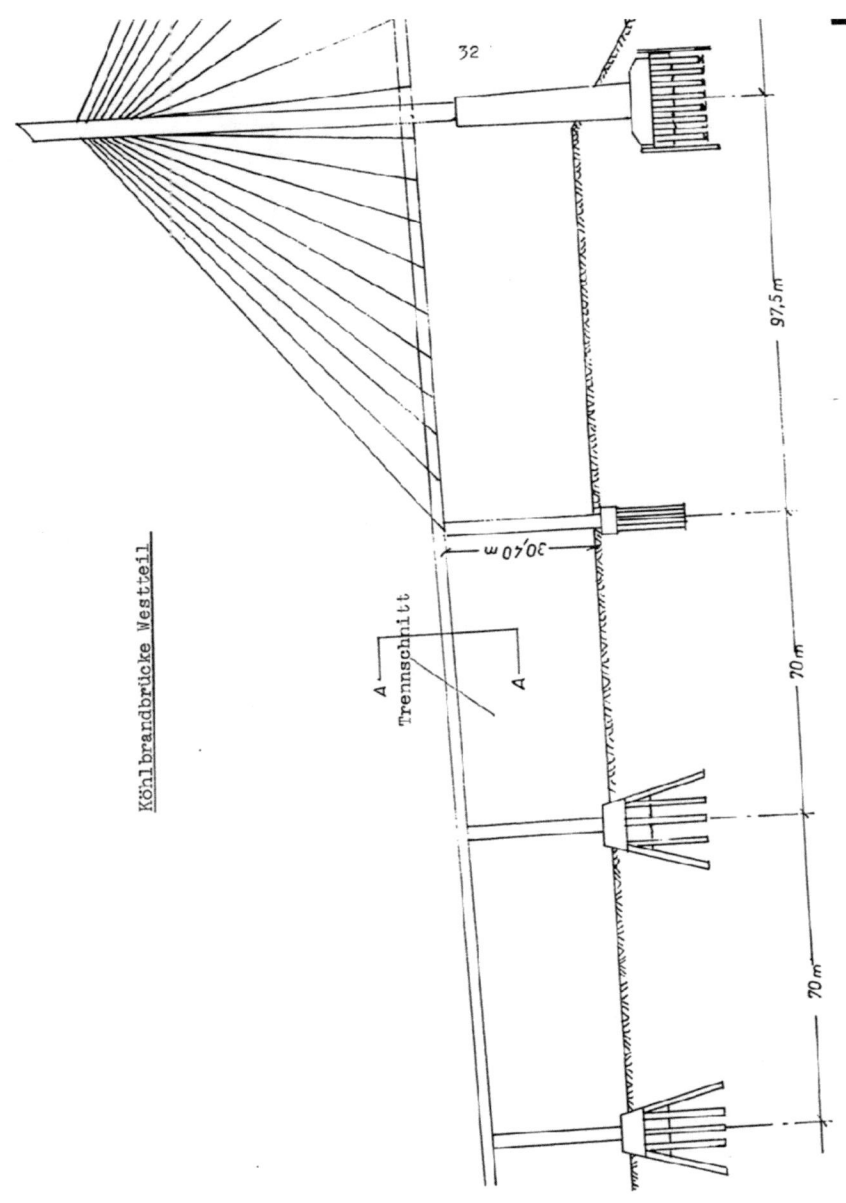

Köhlbrandbrücke Westteil

32

97,5 m

30,40 m

70 m

70 m

Trennschnitt

A

A

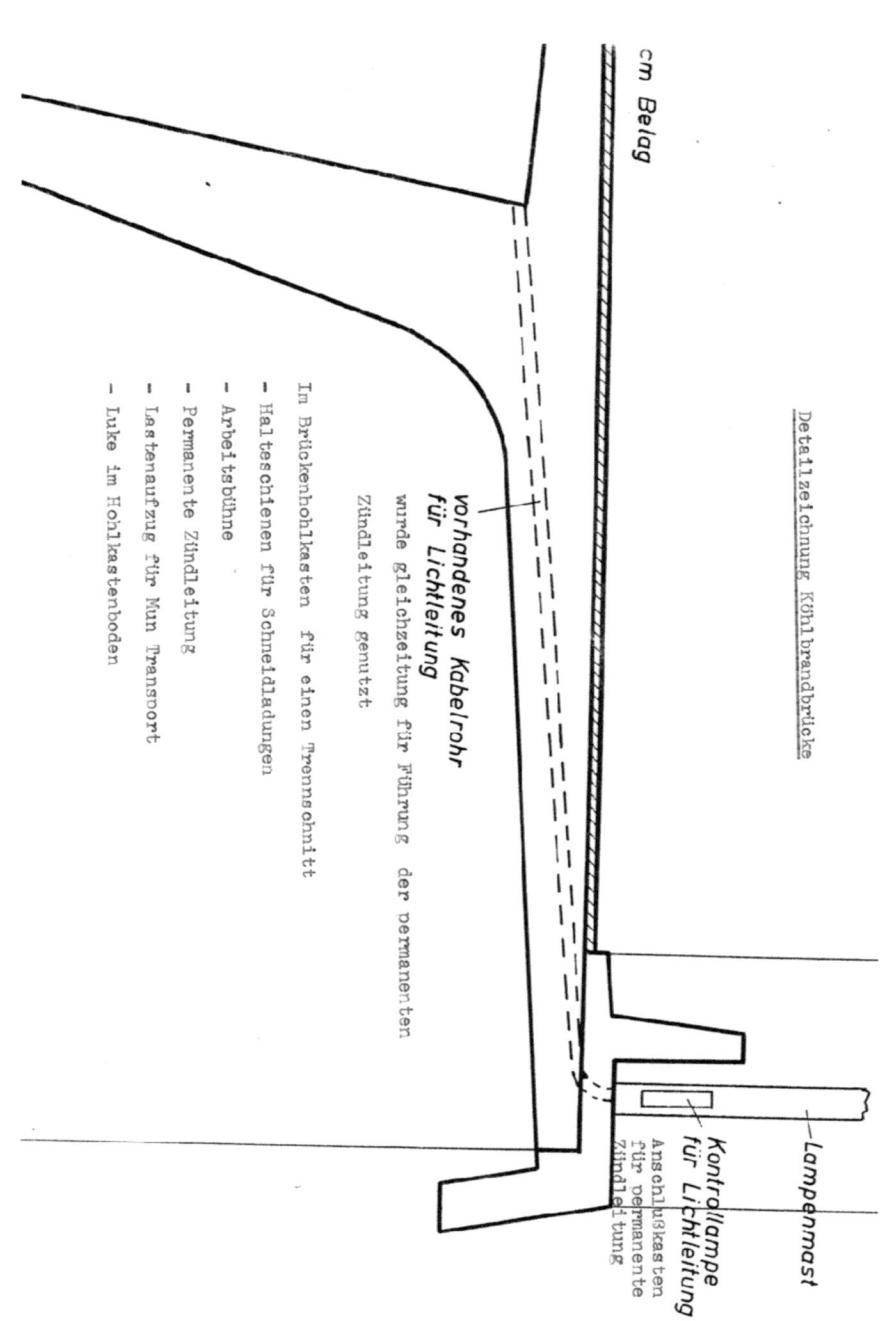

Detailzeichnung Kühlbrandbrücke

cm Belag

vorhandenes Kabelrohr
für Lichtleitung
wurde gleichzeitung für Führung der permanenten
Zündleitung genutzt

In Brückenhohlkasten für einen Trennschnitt

– Halteschienen für Schneidladungen

– Arbeitsbühne

– Permanente Zündleitung

– Lastenaufzug für Mun Transport

– Luke im Hohlkastenboden

Kontrollampe
für Lichtleitung

Anschlußkasten
für permanente
Zündleitung

Lampenmast

268

## SPERREN AM SÜDEINGANG DES NEUEN ELBTUNNELS

Als Ersatz für ausbleibende Sperrmaßnahmen im neuen Elbtunnel
ließ TK SH drei Sperreinbauten am südlichen Elbtunneleingang
errichten.

Es waren dies:
- 3 SS je 6,5 m tief im Bereich der Rugenberger Schleuse
- 1 Trennschnitt durch die Pfeiler der aufgeständerten
  BAB-Brücke über den Rugenberger Hafen
- 1 Trennschnitt durch alle Straßen- und Eisenbahnbrücken über
  den Verbindungskanal zum Rugenberger Hafen (Waltershofer
  Brücke)

Diese Sperrmaßnahmen wurden jedoch durch das I. (NL) Korps als
nicht ausreichend angesehen, welches weiterhin den Einbau von
Sperrmaßnahmen im Elbtunnel forderte.

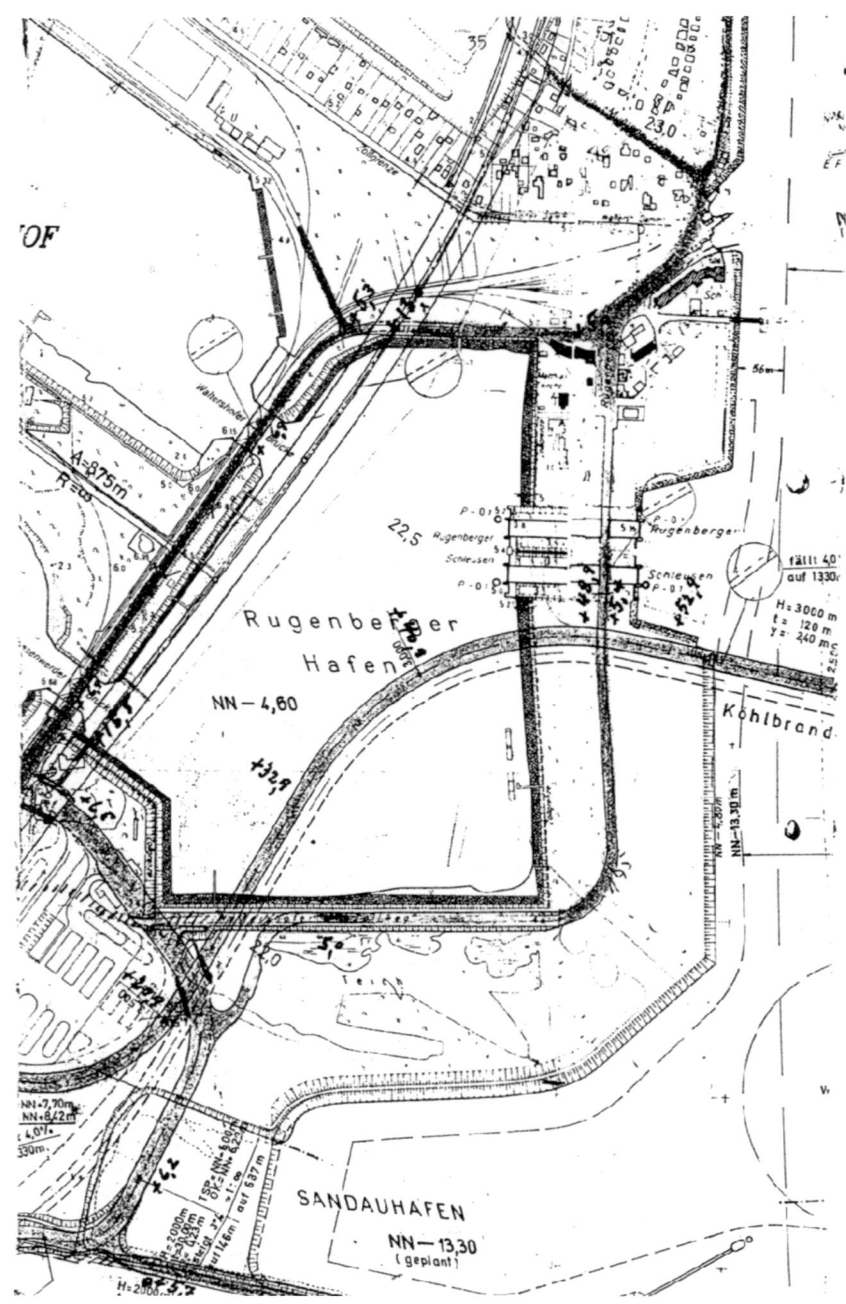

## NEUER ELBTUNNEL (HH 23)

Mit Beginn der Planungsarbeiten für den Bau des neuen Elbtunnels
wurde durch das KTV angestrebt, auch diesen mit Sperrvorbereitungen
zu versehen. Es sollte eine der neuentwickelten Sperrarten zur Anwendung kommen. Auch eine Überflutung wurde nicht ausgeschlossen.
Ziel war es in einem Kriegsfall eine Zerstörung des Bauwerkes zu
vermeiden.
Der Baulastträger war jedoch nicht zu bewegen dem Einbau von Sperr-
vorbereitungen zuzustimmen. Auch der Hinweis auf das sog. Mannheim-
Urteil brachte keine Änderung.
Nacheinander wurden trotzdem Pläne für den Einbau von Trägersteck-
sperren, Fallkörpersperren und Sperrzellen entwickelt, doch weder
VBK 10 und STOK Hamburg noch TK SH waren erfolgreich.
Eine Überflutung wurde geprüft, dabei wurde festgestellt, daß diese
Maßnahme einer Zerstörung des Bauwerkes gleichkäme. Unruhe erzeugte
bei den hamburger Behörden die Einlage bei einer WINTEX-Übung, der
Elbtunnel sei durch NL Pioniere gesprengt worden.
Nach Aufstellung der PiDstGrp 10 wurden die Überlegungen zum Ein-
bau von Sperrmaßnahmen wieder aufgenommen.
Eingehende Gespräche mit dem damaligen Leiter des Amtes für Brücken
und Flughafenbau - leitender Baudirektor Bennecke - und dem Führer
der PiDstGrp brachten den Durchbruch.
Vereinbart wurde der Bau einer Fallkörpersperre über der Rasterstrecke am südlichen Tunnelausgang.
Über den drei Fahrbahnen wurden auf jeweils 2 Eisenträgern drei
Fallkörper montiert. Durch segmentweisen Einbau konnten die Arbeiten
ohne Störung des Verkehrs und unbeachtet von der Öffentlichkeit
eingebaut werden. Durch einen Stahlbetonkern wurden die Fallkörper-
segmente fest miteinander verbunden.
Bei Auslösung der Sperre sollte jeweils ein Eisenträger und ein
waagerechter Stützpfeiler der Rasterstrecke gesprengt werden.
Die in Form eines gleichseitigen Dreiecks und ausgeformten Fallkörper wären dann aus ca. 6 m Höhe auf die Fahrbahn gestürzt und
hätten diese damit gesperrt.
Auch von Kettenfahrzeugen wäre der Fallkörper mit zu überfahren gewesen. Auch wäre das Abfeuern von gezielten Schüssen aus Panzerkanonen nicht möglich gewesen.
Die Baukosten betrugen ca. 670 000 DM.

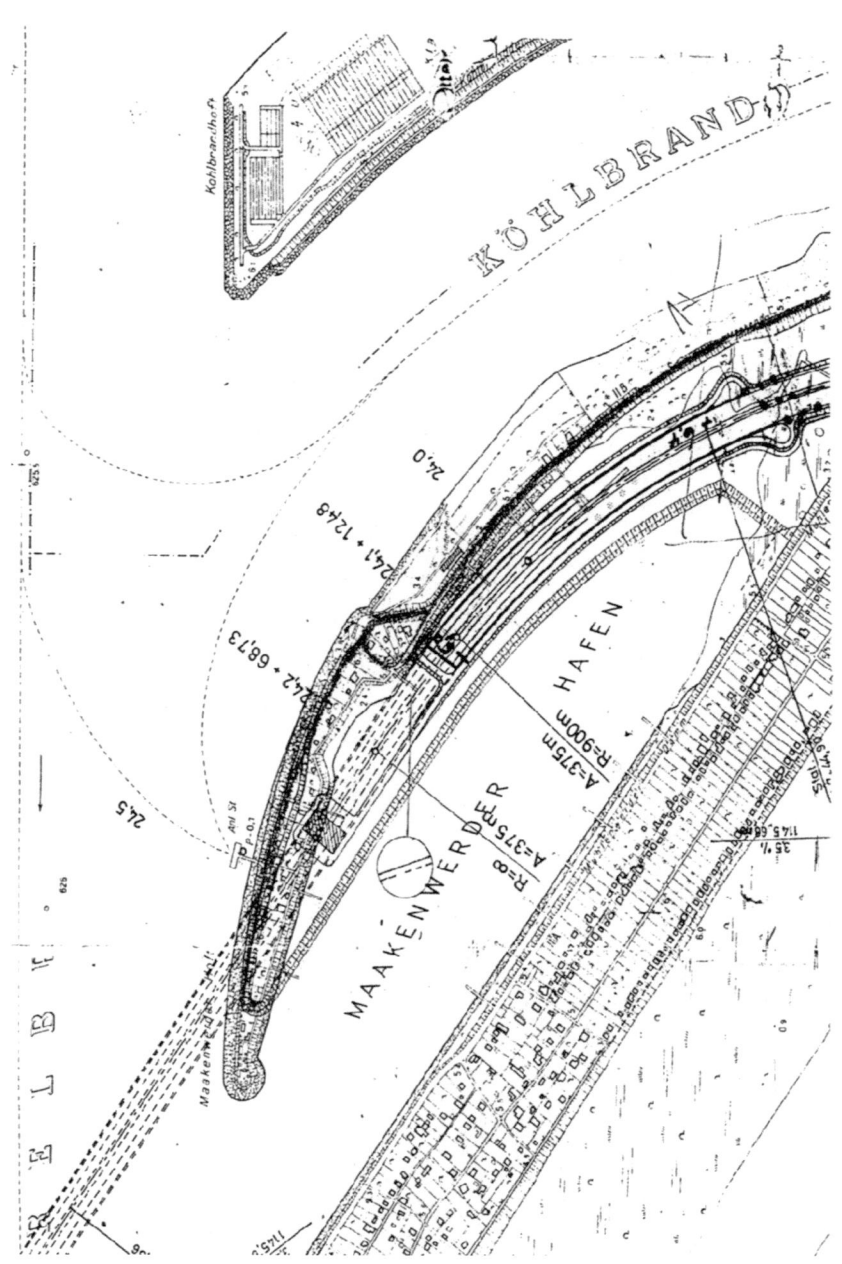

272

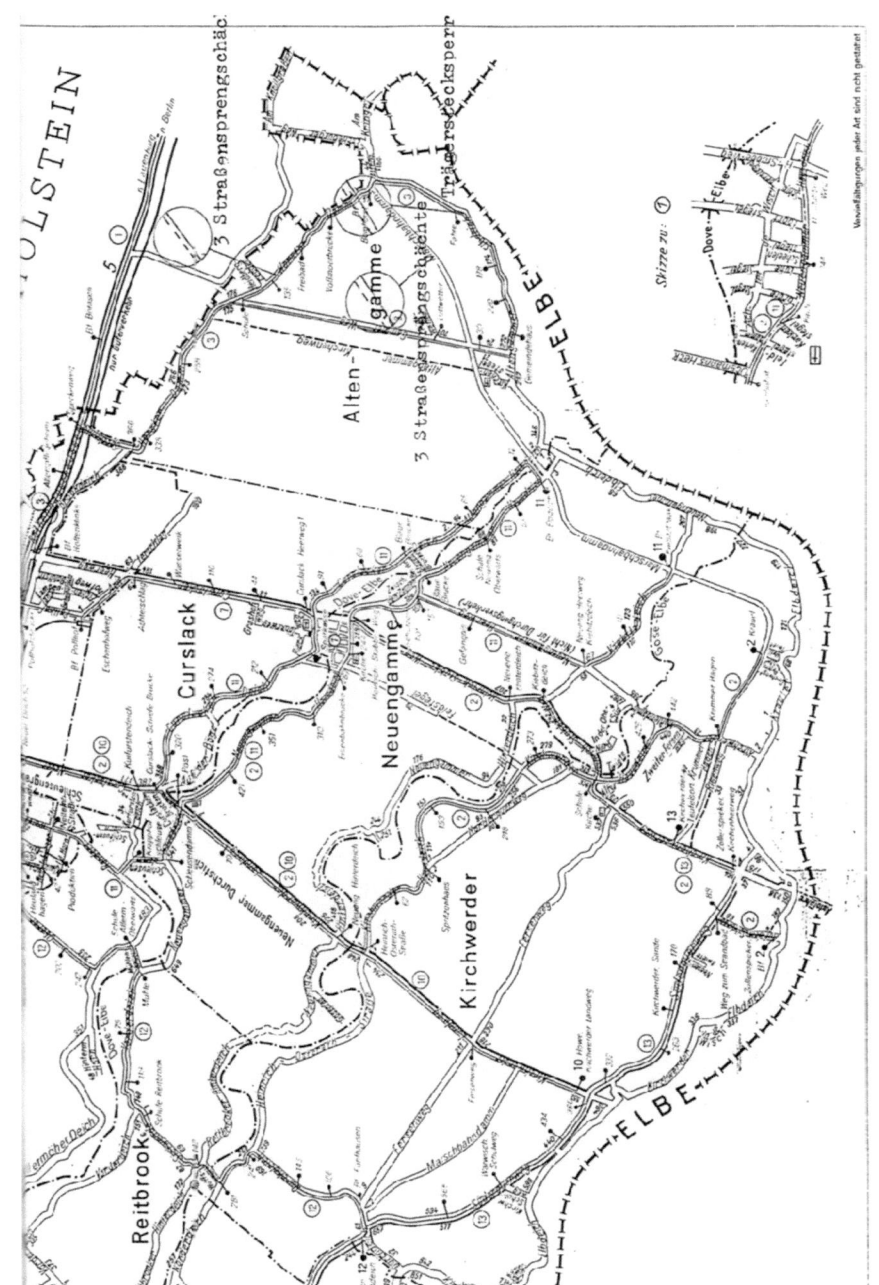

Eine weitere Vorbereitete Sperre befand sich südwestlich von Bergedorf hartwestlich der BAB-Brücke über die Bille.Dadurch sollte ein Vorrücken feindlicher Kräfte über die Autobahn in Richtung Westen verhindert werden Diese Sperre bestand aus neun Straßensprengschächten je 6,50 Meter tief. Dadurch wurde die gesamte BAB-Breite erfaßt.

Das Laden und Zündfertigmachen dieser Sperre hätte 5,4 T Sprengmunition erfordert.

Durch diese Sperrart sollte die Unterbrechung der BAB-Brücke verhindert werden.Durch den großen Munitionseinsatz hätte aber mit großen Schäden in der Umgebung der Brücke gerechnet werden müssen.

Diese Sperre wurde vor der Wiederaufstellung der Spezialstabsabteilung PiWes VBK 10 StoK Hbg geplant und angelegt.

# Panzersperren für das Alte Land

**Hamburg** – In Altengamme wird der Boden aufgerissen: Die Bundeswehr will 50 | Schächte bauen, die als Fundament für Panzersperren im Kriegsfall dienen sollen. Dar- | über erregen sich die Bürger in den Vier- und Marschlanden.

Seite 4

Pressedarstellung von Sperranlagen im Stadtstaat Hmb.

# Panzerschächte am Altengammer Deich

**Hamburg** – 50 kleine Schächte auf dem Altengammer Hauptdeich erregen die Gemüter der Bürger in den Vier- und Marschlanden. Im Auftrag der Bundeswehr hat das Bezirksamt Bergedorf hier Vorbereitungen für eine Panzersperre getroffen. Im Kriegsfall soll der Deich mit Stahlträgern verbarrikadiert werden.

Da werden die Russen aber staunen! Falls sie mit ihren Panzern eines Tages nach Hamburg vordringen wollen und sich dabei auf den Altengammer Hauptdeich verirren, wird ihre Invasion dort im „Keim erstickt. Das Bezirksamt Bergedorf hat im Auftrag der Bundeswehr eine Panzersperre vorbereitet, an der sich „der Iwan die Zähne ausbeißen" soll. Ein Mitarbeiter aus dem Bergedorfer Rathaus: „Das hält die Panzer genau eine Stunde auf. 59 Minuten lang lachen sich die Soldaten kaputt, eine Minute brauchen sie zum Wegräumen."

Was so albern klingt, hat einen ernsten Hintergrund. Der SPD-Bürgerschaftsabgeordnete Fritz Duden: „Mich riefen Anlieger an, erzählten vom Bau der Schächte. Bauarbeiter haben Stahlzylinder in die Deichstraße gebaut, Bundeswehrsoldaten haben die Arbeiten kontrolliert."

Erste Befürchtung Dudens und der Anlieger: Im Kriegsfall werden die Schächte mit Sprengstoff gefüllt, der Deich in die Luft gejagt, die Vierlande überflutet. Das streitet das Bezirksamt ab: „Im Gegenteil.

Gerade weil man den Deich nicht sprengen kann, soll mit den Fundamentröhren eine Stahlkonstruktion verankert werden, um die Panzer so zu stoppen."

Dazu Duden: „Ich werde dafür kämpfen, daß die Röhren wieder wegkommen. Selbst wenn eine Sprengung nicht geplant ist, kann man im Ernstfall nicht wissen, was wirklich passiert. Außerdem kann jeder die Deckel von den Rohren abnehmen und – aus welchen Gründen auch immer – selbst den Deich sprengen."

Die Idee für die Panzersperre, von der es zwischen Ostsee und Alpen viele geben soll, kommt aus Bonn: Der Sicherheitsrat (Vorsitzender: Kanzler Kohl) hat den Bau beschlossen.

Von den angeblichen Bemühungen des Bürgerschafts-abgeordneten ist nichts weiter bekanntgeworden. Bericht in einer "Staatstragenden " Zeitung

275

## *Gutes Spiel um böse Minen*

*Seit Mittwoch, elf Uhr nachts, ist die Sicherheit der Hansestadt Hamburg an der Ostflanke empfindlich gestört: In einer Nacht-und-Nebel-Aktion haben sechs engagierte Heimwerkerinnen und Heimwerker aus Bergedorf einige Atomminenschächte in Altengamme mit Farbe gekennzeichnet und die dazugehörigen Zündschächte mit Beton ausgegossen. Diese Schächte, die sich besonders in der Gegend um die Geesthachter Elbbrücke konzentrieren, sind Teil einer NATO-Verteidigungslinie. Im Ernstfall - so planen die Kriegsstrategen - werden hier Atomminen lagern. Durch ihre Zündung sollen Straßen zerstört werden, sobald die roten Panzer anrollen. Billigend in Kauf genommen werden dabei Verluste in der Zivilbevölkerung - wo gehobelt wird, fallen eben Späne. Die Aktion 'Schnelle Kelle' der Bergedorfer Bastlerinitiative hat nun ein kleines Loch in das Verteidigungssystem gerissen. Spaziergänger haben die Betonarbeiten schon bemerkt, die Verteidigungsorgane schlafen noch. Hiermit seien sie drauf hingewiesen. Damit ihr Preßlufthammer-B-B-B-Bernhard auch gleich mit dem richtigen Werkzeug anrückt: Der Beton hat die Güteklasse B 45 (DIN 1045) - zu deutsch: es handelt sich um eine recht harte Nuß.*

Dramatisierte Darstellung von Straßen-

sprengschächten auf hamburgischem

Staatsgebiet Mitte der achziger Jahre

276

## Der Sperrverband Hamburg

Zur Sicherung der Brücken über die Süderelbe in Hamburg
und zur Sicherstellung der Unterbrechung dieser Brücken
wurde in den siebziger Jahren der Sperrverband Hamburg
aufgestellt.Er unterstand bis zu seiner Auflösung nach
der Wende dem I.(NL)Korps.

Der Sperrverband bestand aus einem Inf.Btl. und einem Pi.
Btl. Zunächst wurden beide Verbände durch das I.(NL) Korps
gestellt.Es waren dies das 102(NL)InfBtl und das 11 Genie-
BTL . Jährlich wurden durch die PiDstGrp zwei Einweisungen
für die Offz und Uffz der o.a. Verbände durchgeführt.
Nachdem entsprechend den operativen Planungen des I.(NL)
korps,infolge zunehmender Bedrohung,die Kräfte des (NL)Korps
nicht mehr ausreichten,wurde der Sperrverband durch die
Bundeswehr gestellt. Zuerst wurde das 102(NL)Inf BTl durch
das JgBtl 722 (GerEinh) ersetzt.Mob-Standort dieses Btl war
die Kaserne in Bremen-Huckelriede.Neben zahlreichen Einweisungen wurde das Btl durch die Übung"Wehrhafter Roland"
im Raume Achim/Weser auf seine Aufgaben vorbereitet.Später
wurde das 11.(NL)GenieBtl durch das PiBtl 120 Barme ersetzt.
Die jährlichen Einweisungen wurden beibehalten.Die PiDstGrp
uterstützte das PiBtl 120 ferner durch die Erkundung eines
Verfügungsraumes in den Harburger Bergen und die Erstellung
für den Einsatz notwendiger Unterlagen.

Die Sperrmunition für die Sperrobjekte des Sperrverbandes
waren in der StOMunNdlg Wulmsstorf eingelagert.

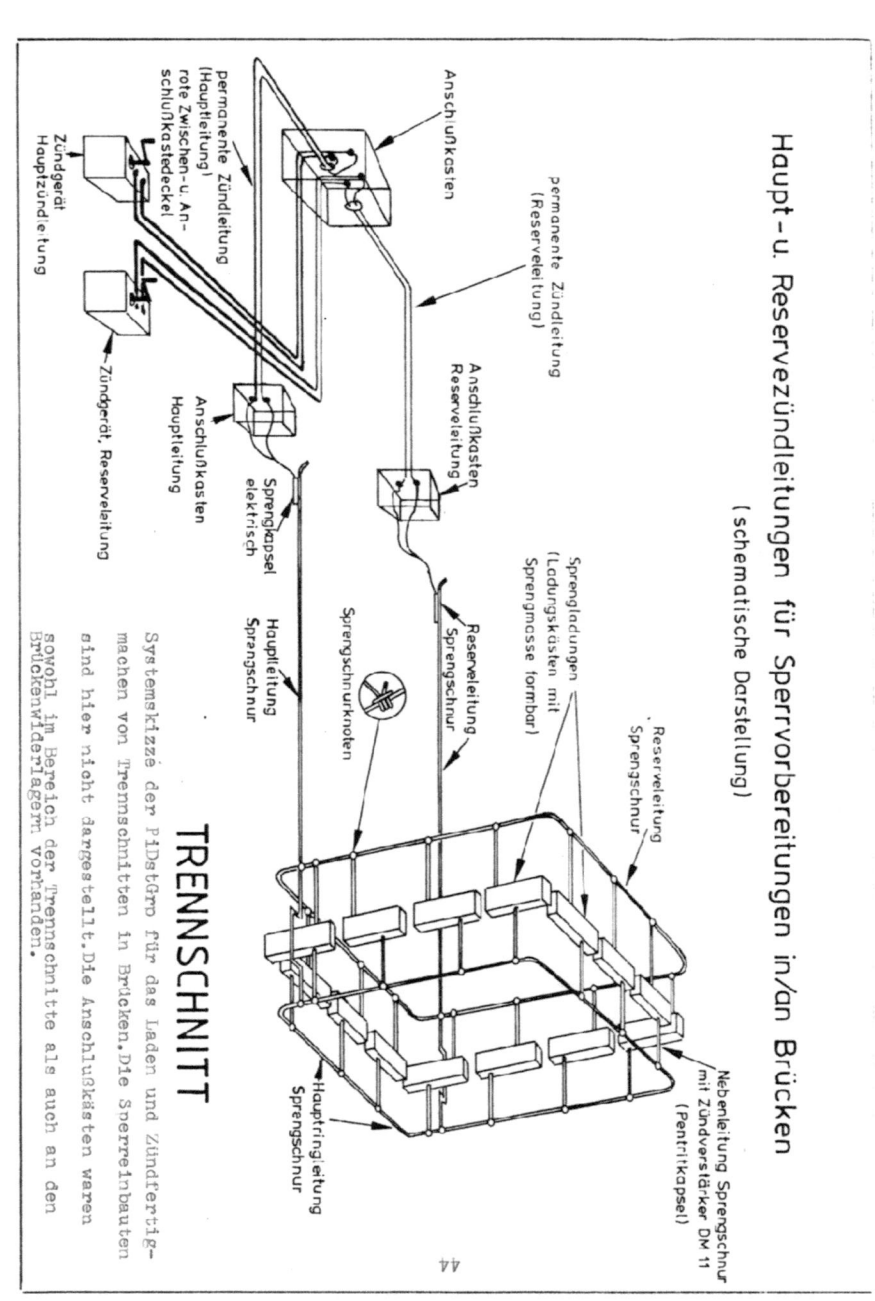

Haupt- u. Reservezündleitungen für Sperrvorbereitungen in/an Brücken
(schematische Darstellung)

Anschlußkasten

permanente Zündleitung
(Reserveleitung)

permanente Zündleitung
(Reserveleitung)

rote Zwischen- u. An-
schlußkastendeckel

Zündgerät
Hauptzündleitung

Zündgerät, Reserveleitung

Anschlußkasten
Hauptleitung

Anschlußkasten
Reserveleitung

Sprengkapsel
elektrisch

Sprengschnurknoten

Hauptleitung
Sprengschnur

Sprengladungen
(Ladungskasten mit
Sprengmasse formbar)

Reserveleitung
Sprengschnur

Reserveleitung
Sprengschnur

Nebenleitung Sprengschnur
mit Zündverstärker DM 11
(Pentritkapsel)

Hauptringleitung
Sprengschnur

Hauptleitung
Sprengschnur

## TRENNSCHNITT

Systemskizze der PiDstGrp für das Laden und Zündfertigmachen von Trennschnitten in Brücken. Die Sperreinbauten
sind hier nicht dargestellt. Die Anschlußkästen waren

sowohl im Bereich der Trennschnitte als auch an den
Brückenwiderlagern vorhanden.

44

Nachwort und Zusammenfassung

Auf der Umschlagseite ist das Wappen der Pionierdienstgruppe 10
Hamburg abgebildet.

Es stellt das Tor des Wappens der Freien und Hansestadt Hamburg
mit dem Wappen der Wallmeister der Bundeswehr dar.Durch ihre
Tätigkeit verwehren die Wallmeister dem Feinde den Zugang in die
Stadt.

Die PiDst Grp 10 wurde 1982 unter der Leitung von OTL Grot in
Hamburg aufgestellt.

Ihre Aufgaben waren

- Planung,Bau und Erhaltung der Einsatzbereitschaft von Anlagen
  der baulichen Landesverteidigung
  und
- Erkundung und Erstellung von Unterlagen für die pioniertechnischen Führungshilfen.

Zeitweise waren der PiDstGrp bis zu sechs Wallmeistertrupps im
besonderen Aufgabenbereich unterstellt.

Der Einsatzbereich erstreckte sich zeitweise über den Raum
Lauenburg - Lübeck - Pinneberg - Harburg .

Im Rahmen ihrer Tätigkeiten hatte die PiDstGrp mit zahlreichen
Stellen der Zivilverwaltungen im Einsatzbereich und Stäben und
Truppenteilen der NATO zusammenzuarbeiten .Dazu zählten besonders die Baubehörde Hamburgs,die 101(NL)Geniegevechtsgroep und
das Bureau Voorbereiding Voorzieningen aan Kunstwerken.

Bis zur Wende können zu den wichtigsten Aufgaben,welche die PiDst
Grp erfüllt hatte,gezählt werden:

1.Ausbau,Verstärkung und Modernisierung der Sperrlinien
  -Elbe- Lübeckkanal
  -Sachsenwald-Lütjensee
  -Elbe
  - Krückau
2.Erkundung pioniertechnischer Führungshilfen
  -Gewässerfolien Elbe,Bille,Alster und Krückau
  -Erfassung feldmäßiger Sperren im Einsatzraum
  -Dokumentation von Hilfsquellen für den Pioniereinsatz

# Carola Hartmann Miles-Verlag

## Politik, Gesellschaft, Militär

**Rüdiger Schönrade,** *General Joachim von Stülpnagel und die Politik,* Berlin 2007.

**Uwe Hartmann,** *Innere Führung. Erfolge und Defizite der Führungsphilosophie für die Bundeswehr,* Berlin 2007.

**Dietrich Ungerer,** *Militärische Lagen. Analysen – Bedrohungen – Herausforderungen,* Berlin 2007.

**Klaus M. Brust,** *Söldner – Ausverkauf der Exekutive,* Berlin 2007.

**Ingo Werners,** *Fahren, Funken, Feuern. Hinweise für die Einsatzvorbereitung,* Berlin 2010.

**Peter Heinze,** *Bundeswehr „erobert" Deutschlands Osten,* Berlin 2010.

**Reinhard Schneider,** *Neuste Nachrichten aus unseren Kolonien. Pressemeldungen von den Aufständen in Deutsch-Ostafrika und Deutsch-Südwestafrika 1905-1906,* Berlin 2010.

**Dieter E. Kilian,** *Politik und Militär in Deutschland. Die Bundespräsidenten und Bundeskanzler und ihre Beziehung zu Soldatentum und Bundeswehr,* Berlin 2011.

**Hans Joachim Reeb,** *Sicherheitskultur als kommunikative und pädagogische Herausforderung – Der Umgang in Politik, Medien und Gesellschaft, Berlin 2011.*

**Reiner Pommerin (ed.),** *Clausewitz goes global. Carl von Clausewitz in the 21$^{st}$ Century, Berlin 2011.*

**Hans-Christian Beck, Christian Singer (Hrsg.),** *Entscheiden – Führen – Verantworten. Soldatsein im 21. Jahrhundert,* Berlin 2011.

**Dieter E. Kilian,** *Adenauers vergessener Retter – Major Fritz Schliebusch,* Berlin 2011.

**Ingo Pfeiffer,** *Gegner wider Willen. Konfrontation von Volksmarine und Bundesmarine auf See,* Berlin 2012.

**Eberhard Birk, Heiner Möllers, Wolfgang Schmidt (Hrsg.),** *Die Luftwaffe zwischen Politik und Technik. Schriften zur Geschichte der Deutschen Luftwaffe, Bd. 2,,* Berlin 2012.

**Eberhard Birk, Winfried Heinemann, Sven Lange (Hrsg.),** *Tradition für die Bundeswehr. Neue Aspekte einer alten Debatte,* Berlin 2012.

**Holger Müller,** *Clausewitz' Verständnis von Strategie im Spiegel der Spieltheorie,* Berlin 2012.

**Dieter E. Kilian,** *Kai-Uwe von Hassel und seine Familie. Zwischen Ostsee und Ostafrika. Militär-biographisches Mosaik,* Berlin 2013.

**Angelika Dörfler-Dierken,** *Führung in der Bundeswehr,* Berlin 2013.

**Peter Heinze,** *Berliner Militärgeschichten,* Berlin 2013.

**Cornelia Fedtke, Kai-Uwe Hellmann, Jan Hörmann,** *Migration und Militär. Zur Integration deutscher Soldaten mit Migrationshintergrund in der Bundeswehr,* Berlin 2013.

**Torsten Konopka,** *Afrikanische Wehrsysteme und ihre Entwicklung zwischen 1990/91 und 2011,* Berlin 2014.

**Ingo Pfeiffer,** *Seestreitkräfte der DDR,* Berlin 2014.

**Wolf Graf von Baudissin,** *Grundwert Frieden in Politik – Strategie – Führung von Streitkräften,* hrsg. von Claus von Rosen, Berlin 2014.

### Reihe: Jahrbuch Innere Führung

**Uwe Hartmann, Claus von Rosen, Christian Walther (Hrsg.),** *Jahrbuch Innere Führung 2009. Die Rückkehr des Soldatischen,* Eschede 2009.

**Helmut R. Hammerich, Uwe Hartmann, Claus von Rosen (Hrsg.),** *Jahrbuch Innere Führung 2010. Die Grenzen des Militärischen,* Berlin 2010.

**Uwe Hartmann, Claus von Rosen, Christian Walther (Hrsg.),** *Jahrbuch Innere Führung 2011. Ethik als geistige Rüstung für Soldaten,* Berlin 2011.

**Uwe Hartmann, Claus von Rosen, Christian Walther (Hrsg.),** *Jahrbuch Innere Führung 2012. Der Soldatenberuf zwischen gesellschaftlicher Integration und suis generis-Ansprüchen,* Berlin 2012.

**Uwe Hartmann, Claus von Rosen (Hrsg.),** *Jahrbuch Innere Führung 2013. Wissenschaften und ihre Relevanz für die Bundeswehr als Armee im Einsatz,* Berlin 2013.

### Einsatzerfahrungen

**Kay Kuhlen,** *Um des lieben Friedens willen. Als Peacekeeper im Kosovo,* Eschede 2009.

Sascha Brinkmann, Joachim Hoppe (Hrsg.), *Generation Einsatz, Fallschirmjäger berichten ihre Erfahrungen aus Afghanistan,* Berlin 2010.

Schwitalla, Artur, *Afghanistan, jetzt weiß ich erst… Gedanken aus meiner Zeit als Kommandeur des Provincial Reconstruction Team FEYZABAD,* Berlin 2010.

## Erinnerungen

Blue Braun, *Erinnerungen an die Marine 1956-1996,* Berlin 2012.

Harald Volkmar Schlieder, *Kommando zurück!,* Berlin 2012.

Harald Volkmar Schlieder, *Opa Willy. 1891 Dresden – 1958 Miltenberg. Von einem, der aufsteigen wollte. Eine sächsisch-deutsche Lebensgeschichte in Frieden und Krieg,* Berlin 2012.

Harald Volkmar Schlieder, *Mein Vater – Musiker und Offizier. 1918 Dresden – 1998 Miltenberg,* Berlin 2013.

Reinhart Lunderstädt, *Aus dem Leben eines Hochschullehrers. Persönlicher Bericht,* Berlin 2012.

Wulf Beeck, *Mit Überschall durch den Kalten Krieg. Mein Leben für die Marine,* Berlin 2013.

## Monterey Studies

Uwe Hartmann, *Carl von Clausewitz and the Making of Modern Strategy,* Potsdam 2002.

Zeljko Cepanec, *Croatia and NATO. The Stony Road to Membership,* Potsdam 2002.

Ekkehard Stemmer, *Demography and European Armed Forces,* Berlin 2006.

Sven Lange, *Revolt against the West. A Comparison of the Current War on Terror with the Boxer Rebellion in 1900-01,* Berlin 2007.

Klaus M. Brust, *Culture and the Transformation of the Bundeswehr,* Berlin 2007.

Donald Abenheim, *Soldier and Politics Transformed,* Berlin 2007.

Michael Stolzke, *The Conflict Aftermath. A Chance for Democracy: Norm Diffusion in Post-Conflict Peace Building,* Berlin 2007.

Frank Reimers, *Security Culture in Times of War. How did the Balkan War affect the Security Cultures in Germany and the United States?,* Berlin 2007.

**Michael G. Lux,** *Innere Führung – A Superior Concept of Leadership?*, Berlin 2009.

**Marc A. Walther,** *HAMAS between Violence and Pragmatism,* Berlin 2010.

**Frank Hagemann,** *Strategy Making in the European Union,* Berlin 2010.

**Ralf Hammerstein,** *Deliberalization in Jordan: the Roles of Islamists and U.S.-EU Assistance in stalled Democratization,* Berlin 2011.

**Ingo Wittmann,** *Auftragstaktik,* Berlin 2012.

**Uwe Hartmann,** *War without Fighting? The Reintegration of Former Combatants in Afghanistan seen through the Lens of Strategic Thought,* Berlin 2014.

## Neue Reihe: Standpunkte und Orientierungen

**Daniel Giese,** *Militärische Führung im Internetzeitalter – Die Bedeutung von Strategischer Kommunikation und Social Media für Entscheidungsprozesse, Organisationsstrukturen und Führerausbildung in der Bundeswehr,* Berlin 2014.

www.miles-verlag.jimdo.com